적극적 사고방식

노만 V. 필 / 이정빈 옮김

지성문화사

생각이 바뀌면 운명이 바뀐다

적극적 사고방식
The power of positive Thinking

노만 V. 필／이정빈 옮김

나는 여러분의 인생이 기쁨과 만족에
넘칠 수 있는 가능성에 대해 조금도 의심치 않는다.
왜냐하면 대단히 많은 사람들이 마음의 평화와 건전한 신체,
끊임없이 솟아오르는 힘의 소유자가 될 수 있는 간단한 '법칙'을
배운 뒤에 그것을 일상생활에 적용함으로써
빛나는 날을 맞은 것을 실제로
보아왔기 때문이다.

빛나는 인생을 가져다 주는 원칙

　이 책은 젊은이들에게 마음의 평화와 건전한 신체, 끊임없이 솟아오르는 힘의 소유자가 될 수 있는 '법칙'을 가르치는 한편 그것을 실증하기 위하여 씌어진 것이다. 바꾸어 말하면, 나는 여러분의 인생이 기쁨과 만족에 넘칠 수 있음을 증명하고 싶은 것이다.

　그 가능성에 대해 나는 조금도 의심치 않는다. 왜냐하면 대단히 많은 사람들이 간단한 방식을 배운 뒤 그것을 그들의 일상생활에 적용함으로써 앞서 말한 온갖 은혜를 획득한 것을 실제로 보아왔기 때문이다.

　이러한 나의 주장을 터무니없는 소리라고 할 사람도 있을 것이다. 그러나 나 자신과 주변 사람들의 생생한 삶을 통하여 그것이 거짓이 아님을 입증하고 있다.

　참으로 많은 사람들이 오늘날 일상생활의 여러 문제 때문에 억눌린 채 살아가고 있다. 그들은 인생의 '불운(不運)'이라고 간주되는 일에 대해서 어리석은 노여움을 있는 대로 드러내어 투덜거리고 안달하면서 나날을 보내고 있다. 물론 어떤 의미에서는 인생에 '운'이라는 것이 있을는지 모른다. 그렇지만 그 운을 조정하고 좌우할 수 있는 방법도 있는 것이다.

　사람들이 일상의 여러 가지 문제, 자질구레한 걱정·장애 등에 의해서 압도되고 있는데, 내가 볼 때 그런 것은 전혀 문제가 되지 않는다. 말은 이렇게 하지만, 나는 결코 인생에 있어서의 곤란, 비극이라고 하는 것을 무시하거나 경시할 생각은 없다. 다만 나는 그러한 것들이 제멋대로 만연됨을 용서할 수 없을 따름이다. 장애물이 여러분의 마음을 지배하도록 방치한다면, 그것은 끝내 당신들의 사고력을 지배하는 요소가 될 것이다. 그러므로 장애물을 마음속에서 제거하는 방법을 배워 스스로에게 정신력을 부여함으로써 그것을 심리적으로 극복해야만 한다. 내가 이제부터 말하는 여러 가지 방법을 사용한다면 장애물이 쉽사리 여러분의 행복과 안녕을 파괴하지 못할 것이다.

패배를 두려워한다는 것은 스스로 패배를 초래하는 것이다. 이 책은 여러분에게 어떻게 하면 불패(不敗)의 태세를 갖출 것인가, 그 비결을 가르친다.

이 책의 취지는 매우 직접적이고 간명한 것이다. 나는 이 책을 통하여 문학적인 재질을 자랑한다거나 남다른 학식을 과시할 생각은 추호도 없다.

이 책은 실제적이어서 실생활에 유용한, 사람들을 개선하고 향상시키기 위한 안내서 역할을 할 뿐이다. 따라서 다만 독자가 행복한, 그리고 충족되고 보람있는 인생을 보낼 수 있도록 씌어진 것이다. 나로서는 만약 그것을 실행하기만 하면 빛나는 인생을 가져다 주는 효과가 있는 원칙임을 진심으로 믿고 있다.

나는 이 책 속에서 합리적이고 간명하고 이해하기 쉬운 방법으로 그 원칙을 설명할 생각이다. 독자는 필요할 때마다 하나님의 도움을 빌려서 스스로가 바라는 생활을 구축하는 실제적인 방법을 배울 수 있을 것이다.

만일 여러분이 이 책에서 설명한 것을 진지하고 주의 깊게 마음에 되새기고, 그 원리와 방법을 참을성있게 실천한다면 놀랄 만큼 개선될 것이다.

또 여러분은 이 책에 씌어진 법칙을 응용함으로써, 종래의 환경을 바꾸거나 아예 환경의 지배를 벗어나 전과는 달리 적극적인 생활을 할 수 있을 것이다. 또한 대인관계도 개선되어 인망이 더욱 높아져 사람들로부터 존경과 사랑을 받는 인물이 될 것이다. 그리고 그 여러 원칙을 자기 것으로 함으로써 새롭고 빛나는 행복감을 맛볼 것이고, 남이 부러워할 만한 건강을 누릴 수 있을 뿐만 아니라, 다른 사람에게 영향력을 미칠 수도 있을 것이다.

그렇다면 나는 어떻게 그런 일에 확신을 가질 수 있는가, 그

답은 간단한 것이다. 우리는 여러 해 동안 뉴욕의 마블 협동교회에서 수백 명의 사람들의 생활에 나타난 효과를 주의 깊게 관찰하면서 정신수양에 의한 창조적 생활의 방법을 가르쳐왔다. 그 결과 이상의 여러 원칙이 장시일에 걸쳐서 효과를 거두었기 때문에 이제는 명실공히 진리로서 확인되었다. 따라서 내가 말하고 있는 일견 터무니없는 듯한 주장도 결코 공론(空論)이 아님을 알 수 있을 것이다. 참으로 여기에 저술된 내용은 인생에 성공하는 데 필요한 매우 뛰어난 방법이다.

여러 권의 저서에서, 약 1백여 종의 일간신문에 매주 정기적으로 쓰는 기고에서, 17년 이상에 걸친 라디오 방송에서, 내가 편집하고 있는 잡지 〈가이드 포스트〉에서, 또 수많은 도시에서의 강연에서 나는 지금까지 성공과 건강과 행복을 위한 이 과학적이고 간명한 원칙을 계속 가르쳐왔다. 많은 사람들이 그것을 읽고, 듣고, 그리고 실행했다. 그런데 그 결과는 언제나 같다. 새로운 인생, 새로운 힘, 능률의 증가, 보다 큰 행복이 바로 그것이었다.

그리고 많은 사람들이 여러 원칙을 배우기 쉽도록, 또 실행하기 쉽도록 단행본으로 간행할 것을 소망했으므로, 나는 이 새로운 책을 《적극적 사고방식》이라는 이름으로 간행하게 되었다.

여기에 기록되어 있는 여러 원칙은 결코 내가 발명한 것이 아니고, 인생에 있어서 최대의 교사인 하나님의 힘에 의하여 우리들에게 주어졌다는 사실은 새삼 언급할 필요도 없다. 즉, 이 책은 그리스도교를 응용하여 당신의 인생을 성공적으로 이끄는 데 필요한 간명하고도 과학적인 기술을 가르치는 것이다.

노만 V. 필

차례

적극적 사고방식

제 2 부 · 행복에의 길

차례

적극적 사고방식

차례

제4부 · 정신의 창조력

차례

적극적 사고방식

제1부

이길 수 있다고
믿는 자는 이긴다

✳

자기 자신을 믿으라
힘은 평화로운 마음에서 생긴다
어떻게 하면 항상 건강을 유지할 수 있을까

제1장

자기 자신을 믿으라

　자기 자신을 믿으라 ! 자신의 힘과 능력을 신뢰하라 ! 자신의 힘에 대해 겸손하면서도 확고한 자신감이 없으면 성공할 수도, 행복해질 수도 없다. 건전한 자기 자신이야말로 성공의 원인이 된다.

　열등감이나 무능감은 희망의 성취를 방해하지만, 자신감은 소망을 성취하도록 인도해준다. 모름지기 사람에게는 무엇보다도 마음가짐이 중요하다.

　나는 이 책으로써 당신이 당신 자신을 믿고 자신의 내부에 내재된 힘을 분출할 수 있도록 돕고자 한다.

열등감을 버리라

세상에는 열등감이라 일컫는 병으로 고민하는 사람의 수는 놀랄 만큼 많다 그러나 이제 당신은 결코 열등감 때문에 고민할 필요가 없게 되었다. 이 책에 씌어 있는 여러 가지 방법 가운데에서 자신에게 알맞는 것을 취한다면 열등감쯤을 얼마든지 극복할 수 있다.

어느 날, 내가 실업가들이 모인 자리에서 강연을 마치고 청중에게 인사를 하고 있을 때였다. 한 남자가 단상으로 다가와서 정중한 태도로 나에게 청했다.

"선생님, 저에게 매우 중요한 문제가 있습니다. 잠시 상의드릴 수 있을까요?"

"네, 잠시만 기다려 주십시오."

나는 그 남자에게 강연회가 끝날 때까지 기다리라고 대답했다.

강연이 끝난 후, 그 남자와 나는 연단 뒤에 있는 의자에 나란히 앉았다.

그 남자가 먼저 조심스러운 어조로 말을 꺼냈다.

"지금 저는 새로운 사업을 시작하려고 합니다만 웬지 불안합니다. 만약 제가 사업에 성공한다면 그것은 저에게 무엇에도 비길 수 없는 의의를 부여하겠지만, 실패한다면 모든 것이 끝장입니다."

나는 그의 마음이 진정되도록 위로해주었다. 그리고 어떤 일이라도 결과─성공과 실패─에 집착하지 말고 과정에서 의의를 찾아야 한다고 말해주었다.

그러나 그 말은 그에게 전혀 도움이 되지 않았다.

"저는 지금 마흔 살인데, 두려울 만큼 저 자신을 신용할 수가 없습니다. 저에게는 확신이라는 것이 전연 없습니다. 저는 틀림없이 사업에 실패할 것입니다. 이제 저는 끝장입니다."

그는 매우 낙심한 표정으로 말했다.

"자신감을 갖으셔야 합니다. 그러기 위해서는 무엇보다도 먼저 당신이 왜 자기불신에 빠지게 되었는지 그 원인을 찾아내는 것이 중요합니다. 여기에는 분석이 필요하며 시간도 꽤 걸립니다. 때문에 우선 급한 대로 당신이 직면한 문제를 해결하는 데 효과적인 방법을 일러드리겠습니다. 분명히 도움이 되리라 믿습니다."

나의 확신에 찬 목소리에 그 남자는 구원이라도 받은 듯이 반색을 했다.

"꼭 선생님께서 시키시는 대로 실행하겠습니다."

"그렇다면 내가 지금 당신께 하는 말을 집에 돌아가 열심히 외우십시오. 잠자리에서도 외우고, 아침에 눈을 뜨면 먼저 이 말부터 외우십시오. 또 당신이 사업을 하기 위해 나설 때에도 외고, 틈나는 대로 반복하여 되풀이하십시오. 당신이 진지하게 그것을 외워서 마음으로부터 충분히 그 말을 믿게 되면, 당신은 문제를 처리하는 데 충분한 능력을 갖게 될 것입니다. 그리고 당신이 원한다면, 당신의 열등감을 영원히 뿌리뽑는 근본적인 문제는 훗날 다시 상의하기로 합시다."

내가 그에게 외우라고 한 말은 《성경》의 한 구절이었다.

> 나에게 힘을 주시는 분을 통하여 나는 무슨 일이든 할 수 있느니라. 〈빌립보서 4 : 13〉

그 남자는 위와 같은 성경 문구를 알지 못했다. 그래서 나는 그것을 카드에 기입하여 건네주면서 큰 소리로 몇 번이나 읽게 했다.

"꾸준히 하셔야 효과가 있습니다. 꾸준하게만 한다면 나는 당신의 모든 일이 좋은 방향으로 나갈 것이라 확신합니다."

그는 벌떡 일어나서 한동안 잠자코 있었다. 마침내 그는 매우 감동된 어조로 말했다.

"알겠습니다, 선생님! 잘 알겠습니다."

나는 그가 어깨를 펴고 어둠 속으로 사라지는 모습을 주시했다. 그리고 그의 마음속에 이미 신앙의 힘이 작동하고 있음을 느낄 수 있었다.

그후 그 남자는 나에게 찾아와서 성서의 짤막한 구절이 자신에게 놀랄 만한 변화를 주었다고 보고했다. 그리고 나와 함께 자신이 열등감에 사로잡힌 원인을 찾아냈다.

그의 열등감은 과학적인 카운슬링과 신념의 힘으로 쉽게 없앨 수 있었다.

그는 서서히 강하고, 진실하고, 합리적인 사고방식을 갖게 되었다. 그의 인격은 소극적이 아니라 적극적으로 바뀌게 되었으며, 그는 성공을 배척하는 것이 아니라 자신에게로 끌어당기는 사람이 되었다. 그는 이제 자신의 능력에 대해 확고한 자신을 갖기에 이르렀다.

열등감의 원인

열등감의 원인에는 여러 가지가 있다. 그 대부분은 어린 시절에 형성된다.

　나는 어느 회사의 중역으로부터 그 회사에서 승진시키려고 하는 어떤 사원에 대해 상담을 받은 일이 있었다.

　그가 설명한 내용은 다음과 같았다.

　"우리 회사에 유능한 젊은이가 있습니다. 그를 나의 오른팔인 보좌관으로 승진시킬까 생각하고 있습니다. 그러나 유감스럽게도 그 사원에게는 회사의 기밀을 안심하고 맡길 수가 없다는 생각이 들어 판단에 혼란이 생깁니다. 그는 필요한 자격을 모두 갖추고 있는데 한 가지 흠은 지나치게 입이 가볍다는 것입니다. 일부러 그러는 것은 아니겠지만 꼭 지켜야 할 기밀까지도 함부로 누설하고 있습니다."

　나는 그 사원의 심리를 분석해본 결과 지나치게 입이 가벼운 것은 열등감 때문이라는 것을 발견했다. 그는 자신의 열등감을 은폐하기 위해 자신이 알고 있는 일을 과시하려는 유혹에 빠지고 만 것이다.

　그가 회사에서 함께 일하는 직원들은 대부분 부유한 가정의 출신으로서 대학을 졸업한 사람들이었다. 그런데 그는 집이 가난했고, 대학도 나오지 못했다. 그는 교육이나 사회적 배경이 동료들보다 뒤떨어진다고 느끼게 되었다. 그래서 자신을 동료들과 대등한 위치로 끌어올리고 자신의 자부심을 만족시키기 위해 '기밀 누설'이라는 비상수단을 강구했던 것이다.

　마침 그는 회사의 내막을 알 수 있는 직책에 있었고, 상사를 따라 여러 종류의 회의에 참석할 수 있었다. 자연스럽게 중역들과 자주 접촉하는 동안 그는 회사의 기밀을 들을 수가 있었다. 그러한 기밀을 동료들에게 남김없이 폭로함으로써 그는 감탄과 선망의 눈길을 받고 싶었던 것이다.

　이것이 그의 자부심을 만족시키고 동료들에게 인정받고 싶은 욕망을 충족시켜 주었던 것이다.

나를 찾아온 중역은 친절하고 이해심이 깊은 사람이었다. 그 사원의 결점에 대한 원인을 듣자 묵묵히 고개를 끄덕였다. 그런 후에 회사로 돌아가서 그에게 재능을 발휘할 수 있는 기회를 부여해주었다.

중역은 조용한 시간에 그를 불러 넌지시 '결점의 원인'을 말하고 자기의 고충을 털어놨다.

"보좌관인 자네가 열등감을 극복할 때까지 회사의 기밀을 맡길 수가 없네. 그래서 내가 불편하니 속히 열등감을 극복하게."

그후 그 사원은 자신에 대한 인식을 새로이 하고 신념과 기도의 기술을 진지하게 실행함으로써 드디어 회사에서 필요로 하는 유능한 인재가 되었다. 그의 참된 힘이 솟아오름으로써 열등감에서 해방되었던 것이다.

소년시절에 나를 괴롭힌 고민

나는 어렸을 때 남이 보기에도 민망할 정도로 말라깽이였다. 그렇지만 비교적 건강했던 나는 활력에 넘쳐 있어서 육상선수가 되었다.

나는 다른 아이들처럼 보기 좋게 살찌고 싶었다. 야윈 것은 아주 싫었다. 그것은 나의 커다란 고민이었다. 나는 '말라깽이'라고 불리고 있었는데, 그 별명이 몹시 싫어서 차라리 '뚱뚱보'라고 불리고 싶었다.

나는 살이 찌기 위해서라면 무엇이든 해보았다. 간유도 먹었고, 엄청난 양의 밀크세이크도 먹었고, 크림과 땅콩이 덮인 초콜릿도 먹었다. 또 호두나 밤, 생과자나 파이 따위를 얼마나 먹었는지 모른다.

그러나 효과는 조금도 나타나지 않았다. 나는 여전히 말라깽이였으며, 그 문제에 대해 너무 고민한 나머지 잠조차 이룰 수가 없었다.

나는 끊임없이 살찌기 위해 노력했다. 그런데 30세가 될 무렵부터 갑자기 체중이 늘기 시작했다. 그 이후 나는 도리어 비만해지는 것을 고민하게 되었다. 평균체중을 유지하기 위해 지난날과 똑같은 고민을 하던 끝에 40파운드나 되는 체중을 줄여야 할 처지에 놓이고 말았다.

어린 시절 나의 또 하나의 고민(나는 이 고민이 어떤 작용을 나타내는지를 설명하여 다른 사람들에게 좀더 도움을 주고자 굳이 개인적인 분석을 시도하고 있다.)은 내가 목사의 아들이라는 것이었다. 나는 목사의 아들임이 싫었다.

다른 아이들은 맘껏 뛰놀고 무슨 짓이나 할 수 있었다. 그렇지만 나는 조금만 잘못해도 사람들로부터 '목사의 아들이 그런 짓을…….'하는 책망을 들어야 했다.

목사의 아들은 착하고 친절해야 한다는 것이 어른들의 공통된 생각이었다. 그에 반해 나는 골목대장이 되고 싶었다. 그래서 나는 결코 커서 목사는 되지 않겠다고 결심했다.

나의 식구들은 모두 대중의 면전에 서서 연기자, 또는 단상의 연사 노릇을 하고 있었다. 그들은 걸핏하면 나를 연단 앞에 내세워 연설하도록 강요했는데, 어린 나는 그것이 두려웠다.

그것도 여러 해 전의 옛날 일이지만, 지금도 역시 단상에 오를 때는 가끔씩 그때의 공포가 나를 엄습하고 있다. 그럴 경우, 나는 하나님께서 주신 힘에 대한 확신을 갖기 위해서 알고 있는 온갖 수단을 활용하지 않으면 안 되었다.

결국 나는 이 문제의 해결책을 성서에 교시(敎示)된 간단한 신앙의 기술 속에서 발견했다. 이와 같은 원리는 과학적이고 견실한 것이어서, 어린 시절의 억압된 감정이나 자신이 한 일 중에서 좋지 않은 결과에 의해 짓눌렸던 힘을 해방시켜 준다.

신앙의 힘

어린 시절에 체험한 것들이 우리의 인격에 장벽을 이루고 있는 열등감의 원인인 것이다. 그것은 어린 시절에 우리들에게 가해진 어떤 압박일 수도 있고, 어떤 사건에서 유래된 결과일 수도 있고, 자신이 자신에게 가한 무엇일 수도 있다. 즉, 열등 감은 우리의 마음 깊숙한 곳에 잠재되어 있는 안개에 싸인 과거에서 생겨난 것이다.

예를 들어 당신에게 머리가 좋은 형이 있다고 하자. 형은 학교에서 A학점을 받는데 당신은 C학점을 받는다. 이런 경우에 당신은 사회에 진출해서도 형만큼 성공하지 못하리라 낙심하게 된다. 형은 A학점이고 당신은 C학점이기 때문에 당신은 일평생 C학점만 받을 운명이라고 생각하는 것이다. 그러나 이는 학교성적이 나빴던 사람도 사회에 나와서 크게 성공할 수 있다는 사실을 모르기 때문에 하는 말이다.

대학교에서 A학점만 받았더라도 사회에 나와서 성공하지 못하는 경우도 얼마든지 있다. 이와 반대로, 대학에서 C학점만 받았더라도 인생에서 A학점을 받아 크게 성공하는 경우도 얼마든지 있다.

병적 열등감이라 함은 자기 자신에 대한 심각한 의심이다.

이 열등감을 제거하는 최대의 비결은 당신의 마음을 넘치는 신앙으로 채우는 것이다. 진정한 신앙심을 갖게 된다면 당신은 현실적으로 굳은 자신감을 갖게 될 것이다.

나에게 큰 힘이 되어 준 한 친구는 뉴욕 시러큐스에 살던 고(故)앤드류스였다. 그는 내가 알고 있는 사람 중에서 가장 훌륭한 사업가의 한 사람이며, 신앙이 매우 두터운 사람이었다.

"기도를 해도 마음이 후련하지 않은 것은 그 기도가 참으로 크지 않기 때문이다."라고 그는 항상 말했었다.

"신앙심을 키우기 위해서는 성실한 기도를 드리는 것부터 배우라. 하나님은 당신의 기도의 크기에 따라 당신을 평가할 것이다."라고 그는 말했었다. 그 친구의 말은 물론 정당하다. 성서에도 "너의 마음대로 되리라."(마태복음 9 : 29)라고 씌어 있다. 따라서 당신의 문제가 심각하면 심각할수록 당신의 기도는 진정 성실한 것이 아니면 안 된다.

나는 이 장(章)의 끝에다 열등감을 극복하고 신앙을 발전시키기 위한 열 가지 방법을 열거해두었다. 이 방법을 충실히 실행하면 열등감을 제거하는 데 커다란 도움이 될 것이다.

확신의 힘

당신이 열등감을 극복하고 싶다면 목사나 신앙심이 깊은 분과 같은 정신적인 조언자를 찾아가라. 그리고 그분에게 어떻게 신앙을 가질 것인가를 배우라.

일단 신앙을 갖게 되었다면 이번에는 그것을 활용해서 그것이 주는 힘을 발휘해야 한다. 이 능력은 하나의 기술인데, 다른 모든 기술과 마찬가지로 그것을 완전한 기술로 만들기 위해서는 많은 연습이 필요하다.

신앙을 가지고 당신 자신에게 자신감을 갖게 하기 위해서는 당신의 마음속에 '확신'이라는 관념을 암시해주는 것이 매우 효과적이다. 사고(思考)의 훈련은 당신의 정신을 재정비하여 위력을 나타내게 하는 데 몹시 중요한 것이다. 신념이 당신의 마음에 자리잡을 때까지 자신에 넘치는 생각을 당신의 머릿속에 주입시켜야 하는 것이다.

나는 독특한 방법을 써서 그 기술을 실행한 한 사람에 대해 이야기하려 한다.

몹시 추운 어느 날 아침, 그 남자는 미드 웨스턴에 있는 호텔에 묵고 있는 나를 찾아왔다. 그곳에서 35마일쯤 떨어진 다른 마을에서 강연을 하기로 약속이 되어 있었는데, 나를 강연 회장으로 안내해주기 위해 찾아온 것이었다.

그는 나를 차에 태우고 미끄러운 도로를 고속으로 달려갔다. 유심히 지켜보고 있으려니까 너무 빠른 속도로 운전했다. 그래서 나는 그에게 아직 약속 시간이 충분히 남았으니 천천히 가자고 제안했다. 그러자 그는 다음과 같이 말하는 것이었다.

"저의 운전은 염려하지 마십시오. 저는 제 자신을 극복했습니다. 전에는 모든 것이 두려웠습니다. 운전을 하는 것도, 비행기를 타는 것도 두려웠으며, 가족의 한 사람이 무사히 귀가하기 전까지는 몹시 불안했습니다. 그처럼 나는 열등감에 깊이 빠져 있었으며, 자신감이 결여되어 있었습니다. 그러한 불신 때문인지 하는 일은 언제나 잘 풀리지 않았습니다. 그러나 이제는 한 가지 묘안을 찾아내서 자신을 갖고 생활하게 되었습니다."

그는 나에게 자동차 앞유리에 끼워져 있는 몇 장의 카드를 건네주었다. 그 한 장에는 다음과 같이 씌어 있었다.

"너희에게 만일 겨자씨만한 믿음이라도 있으면……, 불가능한 일이란 하나도 없으리라."〈마태복음 17 : 20〉

다른 카드에는 다음과 같이 씌어 있었다.

"하나님께서 우리편이시면 감히 누가 우리와 대적할 수 있으리오."〈로마서 8 : 31〉

나는 그가 신앙심이 깊은 사람이라는 생각이 들었다. 그렇지만 신앙심이나 자신감으로 과속을 하는 것은 위험하다는 생각을 버릴 수 없었다. 그러한 나의 마음을 읽었는지 그는 속도를 줄이면서 다음 말을 이었다.

"저는 지방을 순회하는 세일즈맨입니다. 그래서 저는 거의 하루 종일 고객을 방문하기 위해 운전을 합니다. 전에는 항상 불안과 패배만을 생각하며 운전을 했습니다. 그래서인지 저의 판매실적은 형편이 없었습니다. 그러나 그 카드를 자동차 유리 앞에 끼워놓고 운전하면서 그 말을 머릿속에 주입시킨 다음부터는 열등감이나 불안은 깨끗이 사라졌습니다.

이 방법은 나 자신을 완전히 변모시켰습니다. 내 판매실적은 하루가 다르게 향상되었습니다. 나 자신이 고민과 열등감에서 헤어나지 못하면서 고객을 찾아가 흥정을 성립시키려는 생각 자체가 무리였던 것입니다.

"정말 좋은 방법을 이용하여 좋은 습관을 들였네. 좋은 암시는 좋은 결과를 부르는 법일세."

나는 진심으로 칭찬해줬다.

이 세일즈맨이 채택한 방법은 매우 현명한 것이었다. 그는 성서를 반복해서 읽음으로써 불안과 공포에 시달리던 마음에 굳은 신념을 채워놓은 것이다. 그는 하나님의 존재와 지지와

원조의 확신으로 마음을 가득 채움으로써 오랫동안 고민해온
불안감에 종지부를 찍은 것이다.

이 세일즈맨의 경험을 통해 우리는 다음의 사항을 배울 수
있다.

> 우리들은 생각 여하에 따라 불안을 느끼기도 하고 평안을 느끼
> 기도 한다.

언제 일어날지도 모르는 불길한 사고를 염두에 두고 항상 주
의를 기울인다면 결코 불안감에서 벗어날 수 없다. 게다가 그
와 같은 사고력은 우리가 불안해 하는 결과를 그대로 만들어내
는 위력을 지니고 있다.

앞에서 말한 세일즈맨은 적극적 사고방식을 통해 그의 마음
에 가득 차 있던 공포와 불안을 몰아내고, 그 자리에 용기와 신
념을 채움으로써 현실적으로 성공적인 결과를 만든 것이다. 실
패할 것이라는 불안으로 억눌려 있던 그의 힘이 적극적인 행동
으로 인해 해방되어 솟아오르게 된 것이다.

자신의 결여라는 것은 오늘날 수많은 사람들을 괴롭히는 커
다란 문제 중의 하나이다.

한 대학에서 6백여 명의 심리학과 학생들을 대상으로 조사한
것이 있다.

"자신을 가장 괴롭히고 있는 개인적인 문제는 무엇인가."

이 설문에 대해 75퍼센트 정도의 학생들이 '자신의 결여'라
고 대답했다. 당신들은 종종 현실을 기피하고, 무력감과 불안
에 사로잡혀 자기 자신의 능력을 의심하고 있는 사람들을 만나

제 1 장/자기 자신을 믿으라 · 29

게 될 것이다. 그들은 항상 하는 일이 잘되지 않을 것 같다는
막연한 공포감에 억압되어 있다. 그들은 자신들이 이루고자 하
는 바가 자기 속에 있다는 사실을 믿으려 하지 않는다. 그래서
그들은 자신이 이룰 수 있는 것의 결과로써만 만족하려고 하는
것이다. 몇 천만이라는 사람들이 불안에 지쳐 인생을 허위적거
리면서 살아가고 있는 것이다.

당신의 개인적 자산을 재평가하라

생활의 빈곤, 곤란의 누적, 문제점의 증가 등이 당신의 에너
지를 소모시켜 당신을 무능력하게 만들고 있다. 사실 이런 상
태는 인간을 지치게 만든다. 신념과 열의를 가지고 노력하려고
마음을 먹어도 좋지 못한 상황에 발목을 잡혀 좀처럼 빠져나올
수 없다. 이와 같은 경우에는 자신이 가지고 있는 자산을 재평
가해보는 것이 중요하다.

어느 날, 50세쯤 되어 보이는 한 남자가 나를 찾아왔다. 그는
깊은 절망에 빠진 듯 몹시도 표정이 어두웠다.

"선생님, 이제 저에게 희망이란 하나도 없습니다. 한평생 공
들여 쌓아올린 모든 것이 와르르 무너져버렸습니다."

금방 울듯이 말하는 그에게 나는,

"정말 당신에게 가치있는 것들이 한 가지도 없을까요?"
하며 그의 시선을 유심히 살폈다. 그러자 그는 나의 시선을 살
짝 피했다.

"네, 저는 이제 끝장입니다. 저에게는 아무것도 남아 있지
않습니다. 희망도 없습니다. 무언가를 다시 시작하기에는 너무
늦었으니까요. 이제는 신앙마저도 잃고 말았습니다."

나는 그가 왜 절망에 빠졌을까 하고 그 원인을 생각해보았다. 그 결과, 희망이 사라졌다는 어두운 그림자가 그의 마음속에 스며들어서 그의 인생관의 빛을 바꾸고, 그처럼 왜곡된 사고력에 그의 참된 힘마저 물들어서 그를 무능력하게 만든 것이라고 생각했다.

그래서 나는 메모지를 들고 그 남자에게 말했다.

"그러면 이 메모지에 당신에게 남아 있는 가치있는 것들을 적어봅시다."

그는 한숨을 쉬며 말했다.

"소용없는 일입니다. 저에게는 이젠 그 어떤 것도 남아 있지 않습니다."

나는 애써 동정하는 표정을 지으며 이렇게 물었다.

"그래도 한번 해봅시다. 부인은 계십니까?"

"물론입니다. 아주 좋은 여자입니다. 결혼한 지 30년 되었는데 어떠한 난관에 부닥치더라도 그녀는 저와 이혼하지 않을 것입니다."

"좋습니다. 그것을 메모지에 쓰겠습니다. 당신에게는 어떠한 일이 일어나더라도 이혼하지 않을 훌륭한 부인이 있다. 그런데 자녀는 있습니까?"

"세 아이가 있습니다. 그 아이들은 내가 실의에 빠진 것을 보고, '우리들은 아버지를 좋아해요. 그리고 아버지의 힘이 되겠습니다.'라고 말했습니다."

"그것이 두번째 질문의 대답이군요. 당신을 사랑하고 당신의 힘이 되어줄 세 자녀가 있다, 그럼 친구는 있습니까?"

"네, 무척 다정하고 훌륭한 친구가 몇 명 있습니다. 그들은 저를 돕겠다고 말했지만 저는 거절했습니다. 그들의 힘으로 풀릴 문제가 아니기 때문입니다."

"몇 명의 친구가 있는데 모두 당신을 돕고자 하며 또 당신을 신뢰하고 있다, 이 말씀이시지요? 좋습니다. 이것이 세번째 질문의 답입니다. 그럼 당신은 이제까지 남에게 피해를 끼친 일이 있습니까?"

"없습니다. 저는 항상 바르게 살려고 노력했습니다. 조금도 양심에 거리낄 일은 하지 않았습니다."

"그것이 네번째 질문의 대답이군요. 그렇다면 당신의 건강상태는 어떻습니까?"

"건강상태는 극히 양호합니다. 제가 몸이 아파 앓은 날은 거의 없습니다."

"미국에 대해서는 어떻게 생각하십니까? 나날이 발전하며, 국민에게 기회를 주는 나라라고 생각하십니까?"

"그렇습니다. 저는 미국에 살고 있다는 사실에 한 번도 불만을 느껴본 일이 없습니다."

"좋습니다. 그럼 당신의 신앙심은 어떻습니까? 하나님이 당신을 돕고 있다고 생각하십니까?"

"네, 물론 굳게 믿습니다. 하나님의 도움이 없었다면 오늘날까지 생존할 수도 없었을 것이라고 생각합니다."

"이젠 됐습니다. 이제 저는 당신이 대답한 사항을 정리해서 보여드리겠습니다."

첫째, 훌륭한 아내 — 결혼 30년.

둘째, 당신의 힘이 되어줄 세 자녀.

셋째, 당신을 도우려 하고, 당신을 신뢰하고 있는 친구들.

넷째, 성실성 — 양심에 거리낄 일은 하지 않았다.

다섯째, 건강 양호.

여섯째, 현재 살고 있는 미국을 세계 최대의 나라라고 생각 한다.

일곱째, 굳고 의연한 신앙심이 있다.

나는 이 메모지를 테이블 맞은편에 있는 그에게 주었다.

"그곳에 적혀 있는 것을 보십시오. 조금 전에 당신은 아무것 도 가진 것이 없다고 말씀하셨지만, 제 생각에는 당신만큼 모 든 것을 완전히 소유한 사람도 드물다고 생각합니다."

내가 건네준 메모지를 본 그는 부끄러운 듯 싱긋 웃었다.

"제가 잘못 생각하고 있었나 봅니다. 이제는 자신을 가지고 다시 한 번 새출발을 할 수 있을 것 같습니다."

나를 쳐다보는 그의 표정이 변하고 있었다. 이 때 그의 정신 적인 사고방식도 변했던 것이다. 이제 그는 자신이 소유하고 있는 재산을 깨닫게 되어 소극적인 사고방식을 버리게 되었다. 즉, 어떠한 장애에 부딪히더라도 충분히 대비할 수 있는 능력 을 갖게 된 것이다.

태도는 사실보다 더 중요하다

그 사건은 저명한 정신병 학자 칼 메닝거 박사의 매우 중요 한 연설 속에 표현되어 있는 깊은 진리를 실증하고 있다.

태도는 사실보다 훨씬 중요하다.

이 말은 그 의미를 완전히 깨달을 때까지 몇 번이고 되새겨 음미해볼 가치를 지니고 있다.

우리들이 직면하게 되는 어떤 사건도, 비록 그것이 아무리 곤란하고 절망적으로 생각될지라도, 그 사건을 대하는 우리의 태도보다는 중요치 않다.

어떤 사건에 대하여 생각하는 당신의 사고방식이 당신이 그 것에 대하여 어떤 조처를 취하기도 전에 당신을 먼저 패배시킬 지도 모른다. 당신이 현실적으로 그 사건을 처리하기도 전에 당신의 사고방식이 당신을 정신적으로 압도해버릴지도 모른다.

이와는 반대로 당신의 적극적인 사고방식은 그 사건을 전면 적으로 변경시키거나 정복할 수 있는 것이다.

내가 아는 사람 중에 매사를 적극적으로 처리하는 친구가 있 다. 그는 남달리 뛰어난 재주를 가진 것은 아니지만, 그러한 사고방식으로 인해 그 회사에서 누구와도 바꿀 수 없는 중요한 존재가 되어 있었다.

만약 그의 동료들이 어떤 제안을 비관적으로 받아들인다면 그는 자기가 독특한 이름을 붙인 '진공청소법'이라는 것을 적 용했다.

이 '진공청소법'이란 동료들에게 어떤 질문을 함으로써 그들 의 마음에 있는 먼지를 완전히 뽑아내는 방법이다. 즉, 그들의 마음에서 소극적인 요소를 완전히 뽑아내고 적극적으로 생각할 수 있도록 조용히 암시를 주어 그들의 마음에 새로운 자신과 용기를 채워주는 것이다.

이리하여 모든 동료들은 "그가 암시를 주면 완전히 새사람으 로 변한다."고 말하고 있다. 결국 그것은 확신에 가득 찬 그의 태도가 그렇게 만든 것이다.

병적인 열등감을 가지고 있는 사람은 모든 사실을 색안경을 쓰고 바라보려고 한다.

그것을 교정하는 비결은 정상적인 마음을 회복하는 길밖에 없으며, 그렇게 하면 사람은 항상 적극적인 쪽으로 기울어지게 된다.

그러므로 당신도 만약 어떤 일에 압도되어 자신감을 상실하고 있다고 느낀다면, 조용히 앉아서 메모지에 그 리스트를 작성해 보라. 당신에게 불리한 조건이 아닌 유리한 조건만을 열거하여 리스트로 만들어야 한다.

당신이든 나든, 혹은 다른 누구이든지 자신에게 불리하다고 생각되는 힘에 대해 자주 생각하다 보면 그것은 사실 이상의 힘으로 과장되어 보이는 것이다. 실제로는 아무것도 아닌 힘이 놀라울 정도로 강력한 힘으로 자라나는 것이다.

그러나 강점도 이와 똑같은 작용을 한다. 당신이 실제 지니고 있는 강점을 마음으로 확신하고 되풀이하여 강화시킨다면 그 힘은 점점 자라서 어떤 어려움도 능히 극복할 수 있게 해준다.

이길 수 있다고 믿는 자는 이긴다

자신의 결여에 대한 확실한 치료법의 하나는 신을 믿고 의지하는 것이다. '전지전능하신 하나님은 항상 내 곁에 계시고, 나를 돕고, 또 지켜보고 계신다.'라는 것은 종교의 가장 초보적인 가르침의 하나이다.

그러나 다른 어떤 생각도 이 단순한 신앙만큼 자신을 갖게 만드는 데 유력한 것은 없다.

이것을 실행할 때는 그저 굳은 신앙을 가지고 '하나님은 나와 함께 계시고, 나를 도와주시고, 나를 인도해주신다.'라는 말을 되풀이하면 된다.

매일 잠시 동안이라도 하나님의 현존(現存)을 눈앞에 떠올리라. 그리고 그것을 믿으라.

이러한 신앙이 지닌 효과는 몹시 크다. 이윽고 당신은 자신에 넘치는 사람이 되어 뜻하는 바를 이룰 수 있을 것이다. 얼마만큼의 자신을 가지고 있느냐 하는 당신의 감정은, 곧 습관적으로 당신의 마음을 점령하고 있는 당신의 사고방식에 의해 결정되는 것이다.

만약 당신이 실패할 것만을 생각한다면 당신의 감정은 항상 실패에 대한 불안에 떨게 된다. 반면에 당신이 항상 자신에 넘치는 생각을 하고 그것이 습관화된다면, 당신은 어떠한 문제에 부닥치더라도 그것을 이겨 낼 수 있다는 강한 확신을 갖게 된다. 이처럼 자신감이라는 것은 놀라울 정도로 힘의 증가를 가져오는 것이다.

일찍이 버질 킹은 "대담하라. 그러면 위대한 힘이 당신을 도와줄 것이다."라고 말했었고, 경험은 그 말이 진리임을 증명하고 있다.

신념이 나날이 자라나 당신의 소극적인 태도를 적극적인 태도로 바꾸어준다면, 당신은 그 위대한 힘이 당신을 돕는다는 사실을 느낄 것이다.

에머슨은 불변의 진리를 말한 바 있다.

> 할 수 있다고 믿는 사람이 승리한다.

그리고 그는 다음과 같이 덧붙여 말했었다.

"당신이 두려워하고 있는 일을 실천하라. 그러면 그 두려움이 사라질 것이다."

당신도 자신과 신념을 가지고 실천하라. 그렇게 하면 이제까지 당신을 감싸던 공포와 불안이 보잘것없는 것이었다는 사실을 깨닫게 될 것이다.

일찍이 남북전쟁 때 스톤웰 잭슨 장군이 과감한 공격을 계획하자 그의 부하 장군 하나가 그것을 반대했다.

"매우 위험한 작전입니다. 저는 실패할 것을 두려워하고 있습니다."

그러나 잭슨 장군은 마음 약한 부하의 어깨에 손을 올려놓고 다음과 같이 말했다.

"장군, 자네의 공포감과 상의해서는 안 돼."

참으로 핵심을 찌른 말이었다. 당신은 결코 당신의 공포심에 마음이 솔깃해서는 안 된다. 오로지 당신의 신념에 귀를 기울여야 한다.

당신의 마음을 신앙과 자신과 안정된 생각으로 채우는 것이 모든 공포와 곤란을 극복하는 비결이다. 또한 의혹과 자신의 결여를 쫓아내는 비결이다.

나는 오랫동안 불안과 공포에 시달리던 사람에게 성서를 잘 읽고, 용기와 자신에 관계 있는 말에는 모두 붉은 연필로 줄을 치라고 일러준 일이 있다. 그 후 그는 내 말을 성실히 실천하고, 그 말을 모두 마음에 새겨 끝내는 그의 마음을 세상에서 가장 건강하고 행복한 생각으로 채우게 되었다. 내가 일러준 방법이 위축되고 절망에 빠져 있던 그를 적극적인 힘의 주인공으로 바꾸어놓은 것이다. 그것도 몇 주일 만에 구제할 수 없을 정

도로 패배감에 젖어 있던 그를 활력에 넘치는 사나이로 탈바꿈
시킨 것이다. 이제 그는 용기와 매력을 갖게 되었다. 그는 단
지 그의 사고방식을 조절한 것만으로 자기 자신과 자신의 힘에
대한 확신을 되찾게 되었던 것이다.

자신을 갖기 위한 열 가지 방법

이제까지 설명한 것을 요약하면 '자신을 갖기 위하여 현재
당신이 해야 할 일은 무엇인가?'하는 것이다.

다음에 열거한 항목들은 그릇된 태도를 수정하고 신념을 키
우는 데 필요한 간단하고도 효과적인 열 가지 법칙이다.

수많은 사람들이 이 법칙을 실천하여 커다란 성과를 거두었
다고 보고하고 있다. 당신도 이 법칙을 실천해보라. 그렇게 하
면 당신도 역시 당신의 힘에 대한 확신이 생기고, 새로운 힘에
대한 자각을 갖게 될 것이다.

1. 당신의 마음속에 성공의 설계도를 그리고, 다음에는 그
   것이 지워지지 않도록 강하게 인식하도록 하라. 결코 그
   설계도가 흐려지게 해서는 안 된다. 당신의 마음은 그 설
   계도가 점점 커지는 것을 염원하게 될 것이다. 결코 당신
   의 실패한 모습을 생각해서는 안 되며, 당신이 그린 설계
   도의 실현성을 의심해서도 안 된다. 인간은 항상 그 마음
   에 그린 것을 완성시키려고 노력한다. 때문에 만약 상태
   가 나쁠지라도 언제나 마음속에는 성공의 설계도를 그려
   야 한다.

2. 당신의 힘에 대한 소극적인 생각이 솟아날 때는 적극적
   인 생각을 말하라. 적극적인 생각을 계속 암시하면 소극

적인 생각은 자연히 물러간다.

3. 상상으로 장애물을 쌓아올려서는 안 된다. 소위 장애물이란 무조건 과소평가하라. 장애물을 없애려면 그것을 행하는 데 어려운 문제가 무엇인가를 잘 연구하여 신중히 처리해야 한다. 이 때 그 상황을 있는 그대로 직시하는 것이 무엇보다 중요하다. 절대로 불안이나 공포로 인해 그것을 확장시켜 바라보아서는 안 된다.

4. 타인의 위세에 눌려 그들을 흉내내려고 해서는 안 된다. 어떤 사람도 당신의 일을 대신 처리해줄 수는 없다. 많은 사람들이 자신에 넘치는 것처럼 행동하지만, 실은 당신처럼 불안을 느끼고, 자신의 능력을 의심하고 있는 경우가 많다는 사실을 명심하라.

5. 하루에 10번씩 다음과 같은 말을 되풀이해서 말하라. "하나님이 우리와 함께 계시면, 감히 누가 우리와 맞설 수 있으리오!"〈로마서 8 : 31〉 지금 당장 신념을 가지고 천천히 이 말을 반복해서 말하라.

6. 당신을 정확히 알기 위하여 당신의 힘이 되어줄 유능한 조언자를 구하라. 그리고 당신의 열등감과 자기불신감의 근원을 찾으라. 그러한 감정은 대부분 어린 시절에 싹튼다. 먼저 자신에 대해 정확히 알아야만 열등감을 치유할 수 있다.

7. 매일 10번씩 다음의 말을 소리 높여 읽으라. "내게 힘을 주시는 자 안에서 나는 무슨 일이든 할 수 있다."〈빌립보서 4 : 13〉 지금 곧 이 말을 되풀이해서 말하라. 이 마술적인 말씀은 이 지상에서 열등감을 없애주는 가장 강력한 해독제이다.

8. 자기 자신의 능력을 정당하게 평가하라. 그리고 그것을 10퍼센트만 높이라. 자기본위의 독단에 빠지지 않고, 건전한 자존심을 높이는 것은 매우 필요한 일이다. 하나님에 의해 해방된 자신의 능력을 신용하라.

9. 당신 자신을 하나님의 뜻에 완전히 맡기라. 그런 후 '나는 하나님의 손 안에 있다.'라고 철석같이 믿으라. 즉, 당신에게 필요한 일체의 힘을 모두 신으로부터 받고 있다고 믿는 것이다. 힘이 당신 속으로 흘러 들어오는 것을 실감하라. "하나님의 나라는 너희 속에 있느니라."(누가복음 17 : 21)라는 말을 긍정하라.

10. 하나님이 항상 곁에 계시어 당신은 결코 패배하지 않는다는 사실을 상기하라. 이제야말로 하나님으로부터 힘을 받고 있다고 굳게 믿으라.

제2장

힘은 평화로운 마음에서 생긴다

내가 어느 호텔에 묵고 있던 어느 날 아침, 식당에서 일행 중의 존슨 씨가 간밤에 잠을 자지 못했다고 불평했다.

"자기 전에 커피를 마신 것이 탈이었나 봅니다."

존슨 씨가 이맛살을 찌푸리고 말하자 곁에 앉아 있던 찰스 씨가 말참견을 했다.

"그렇지만 나는 지난밤에 커피를 마시고도 아주 잘 잤습니다. 하긴 나는 이제까지 한 번도 실패한 적이 없는 잠자는 비결을 알고 있습니다."

나는 찰스에게 잠자는 비결을 가르쳐 달라고 부탁했다. 그러자 그는 다음과 같이 설명하는 것이었다.

"저의 아버지는 농부였습니다. 제가 어렸을 때 아버지는 밤마다 식구들을 모두 거실에 모이게 한 다음 성경의 한 구절을 읽어주셨습니다.

지금까지도 저는 그때 성경을 읽으시던 아버지의 목소리가 또렷이 들려오는 것 같습니다. 게다가 성경 구절을 들을 때는 언제나 그것이 바로 아버지의 목소리처럼 생각됩니다.

기도가 끝나면 저는 제 방으로 가서 편안히 잠을 잘 수가 있었습니다. 그런데 저는 집을 떠난 이 후 그 습관과는 멀어지고 말았습니다. 솔직히 제가 집을 떠난 몇 년 동안 기도를 드린 것은 몹시 어려운 지경에 처했을 때 한 번뿐이었습니다.

그 이 후 잇달아 어려운 문제에 봉착하게 되었습니다. 그래서 아내와 저는 다시 기도를 해야겠다고 생각했습니다. 기도를 실행하고부터 우리는 그것이 매우 효과적인 방법임을 깨달았습니다.

지금 아내와 저는 매일 잠자리에 들기 전에 반드시 성경 구절을 읽고 간단히 기도를 드리고 있습니다. 무슨 영문인지는 모르겠지만 기도를 한 후에 잠자리에 들면 잠을 잘 잘 수 있게 되었으며, 곤란한 문제도 깨끗이 해결되었습니다.

그 방법이 저에게 많은 도움을 주기 때문에 이처럼 여행을 할 때도 반드시 성경을 읽고 기도를 드리는 것입니다. 어젯밤 저는 잠자리에 들기 전에 큰 소리로 시편 23편을 읽었습니다. 덕분에 저는 편안히 잠잘 수 있었습니다."

그는 나와 존슨 씨를 쳐다보며 이렇게 덧붙였다.

"저는 탐탁잖은 말을 가슴에 품은 채 잠자리에 들지 않습니다. 반드시 마음을 평화롭게 한 후에 잠자리에 들죠."

여기서 '탐탁잖은 말을 가슴에 품고'와 '마음을 평화롭게 한 후에'라는 대조적인 두 문장이 나왔는데, 당신은 과연 어느 쪽을 택하겠는가?

마음의 평화를 얻는 비결은 마음가짐을 바꾸는 데 있다. 앞에서 나와 함께 잠자는 비결을 들었던 존슨 씨는 분명히 이제까지와는 전혀 다른 사고방식에 의한 생활방법을 배워야 했을 것이다. 그리고 그 사고방식을 바꾸는 데 적잖은 노력을 했을 것이다.

긴장된 생활을 계속하기는 어렵지만 평온한 마음으로 생활하기는 훨씬 수월하다. 마음이 평온하면 생활이 조화를 이루고, 정신의 긴장이 사라지기 때문이다. 마음의 평화를 얻기 위해 가장 중요한 것은 당신의 사고방식을 고쳐 '평화'라는 하나님의 선물을 받아들일 수 있도록 너그러운 태도를 취하는 것이다.

마음의 평화를 얻는 방법

마음의 평화를 얻기 위한 매우 효과적인 방법은 마음을 너그럽게 하는 것이다. 나는 경험을 통해 그 놀라운 효과를 알게 되었다.

어느 날, 밤 강연을 했던 어느 도시에서의 경험이다. 나는 그날 밤 강연할 내용을 검토하면서 무대 뒤에 앉아 있었다. 연단에 오를 차례가 되어 막 자리에서 일어서는데 한 남자가 내게 다가와서 상의할 말이 있다고 했다.

나는 연단에 올라야 하니 강연이 끝날 때까지 기다려 달라고 부탁했다. 강연을 하는 동안 나는 신경질적으로 회장 이곳 저곳을 돌아다니는 그 남자를 발견했다. 얼마 후 그는 어디론가 사라지고 없었다. 그러나 나는 그가 준 명함을 보고 그가 그 도시에서 굉장히 중요한 위치에 있는 사람임을 알았다.

나는 밤이 깊어 호텔로 돌아갔다. 나는 그 남자의 일이 마음에 걸려서 수화기를 들고 명함에 씌어 있는 전화번호를 돌렸다.

그는 나의 전화를 받고 깜짝 놀랐다.

"몹시 바쁘신 것 같아서 그냥 돌아왔습니다. 저는 당신과 함께 기도하고 싶었습니다. 당신이 기도를 해주시면 얼마간 마음이 안정될 것 같았습니다."

그 말을 듣고 나는 부드럽게 말했다.

"그렇다면 지금 당장 기도를 해드리겠습니다."

그는 당황한 목소리로 반문했다.

"전화로 기도를 해주시겠다는 말씀입니까?"

"그렇습니다. 당신과 나는 상당한 거리를 두고 떨어져 있지만 전화라는 통신수단으로 인해 우리들은 함께 있는 것입니다. 또한 하나님은 어느 곳에나 계십니다. 하나님은 이 전화선의 양쪽에 계시며 또 중간에도 계십니다. 하나님은 당신 곁에도 계시며, 또 내 곁에도 계십니다."

"알겠습니다. 그럼 나를 위해 기도해주십시오."

그래서 나는 눈을 감고 수화기 저쪽에 있는 사람을 위해 기도했다. 기도가 끝났을 때 나는,

"당신도 기도하지 않겠습니까?"

하고 권했다. 그러나 내 말에는 응답이 없고 흐느껴 우는 소리가 들려왔습니다.

"마음껏 우십시오. 그런 다음 기도를 하십시오. 그저 당신의 괴로움을 모조리 하나님께 고하는 것입니다."

내가 이렇게 용기를 주자 그는 기도를 시작했다. 처음에는 다소 주저했으나, 점점 열의에 넘치는 목소리로 자신의 심정을

토로했다. 그는 여러 가지 욕구불만·증오·실패에 대해 말한 후에 애절한 목소리로 기도했다.

"하나님, 저의 마음은 당신에게 저를 위해 무엇을 해주십사고 부탁하는 것으로 가득 차 있습니다. 그러나 저는 이제까지 당신을 위해 아무것도 한 일이 없습니다. 제가 너무나도 보잘 것없는 인간이라는 것은 당신께서 더욱 잘 알고 계실 것입니다. 하나님, 저는 이러한 모든 문제 때문에 고민하고 있습니다. 제발 저를 도와주십시오."

그의 기도가 끝난 다음 나는 다시 기도했다.

"주여, 당신의 손을 저의 친구에게 얹어주소서. 그리고 그에게 평화를 주소서. 그가 몸을 내밀어 주의 선물을 받을 수 있도록 도와주소서."

이 기도가 끝나고 꽤 오랜 시간이 침묵 속에 흘렀다. 수화기를 통해 그의 숨소리가 전해지더니 이윽고 감격한 목소리가 들려왔다.

"저는 결코 이 놀라운 경험을 잊지 못할 것입니다. 어쩌면 이토록 모든 괴로움이 사라지고 제 마음이 행복과 평화로 가득 차게 되었을까요?"

그는 평화로운 마음을 얻기 위해 간단하면서도 효과적인 테크닉을 이용했던 것이다. 즉, 그는 자신을 괴롭히던 모든 문제를 털어놓아 마음을 텅 비게 한 다음, 하나님의 선물인 마음의 평화를 받아들였던 것이다.

건강을 위한 처방전

어느 의사는 이렇게 말했다.

"나를 찾아오는 환자의 대부분은 그들의 사고방식을 제외하고는 별로 병든 곳이 없습니다. 그래서 나는 그런 환자들에게 내가 즐겨 사용하는 처방을 써줍니다. 하지만 그것은 약방에서 구할 수 있는 처방이 아닙니다. 내가 쓰는 처방지에는 성서의 한 구절이 씌어 있을 뿐입니다.

> **마음을 고쳐 새롭게 하라.** 〈로마서 12 : 2〉

보다 행복해지고, 건강해지기 위해서는 마음을 새롭게 할 필요가 있습니다. 이는 곧 사고방식을 바꾸는 것입니다. 환자들이 내 처방대로 실천한다면 틀림없이 마음의 평화를 누릴 수 있습니다. 그것이 건강과 행복을 동시에 구하는 길입니다."

마음을 비우라

마음의 평화를 얻는 방법은 먼저 마음을 비우는 일이다. 이에 대해서는 다른 장에서도 거듭 설명하겠지만, 여기서 우선 그 간단한 테크닉을 설명하고자 한다.

매일 몇 번이라도 당신을 괴롭히고 있는 생각을 마음에서 몰아내어 마음을 텅 비게 하라. 잘못한 행동에 대한 후회, 다른 사람 때문에 상처받는 정신적 고통, 증오와 원망, 불안과 불쾌한 감정 등과 같은 좋지 않은 생각을 당신의 마음에서 깨끗이 모두 몰아내는 것이다. 나는 이러한 일 ―마음을 비우는 일―을 적어도 하루에 두 번, 필요하다면 더 자주 실행하기를 권한다.

당신이 불쾌한 생각을 마음에서 몰아내고자 의식적으로 노력한다면 당신의 마음은 쉽사리 텅 비게 된다. 당신은 아마 마음을 짓누르던 고민을 신뢰하는 사람에게 털어놓았을 때, 날아오를 것 같은 해방감을 맛본 일이 있을 것이다.

나는 최근에 호놀룰루로 가는 여객선 안에서 설교를 한 일이 있다. 그때 나는 "고민이 있는 사람은 모두 배의 뒤쪽으로 가서 자신의 걱정거리를 모조리 마음에서 끌어내어 바다 속으로 던져버리십시오. 그리고 그것이 뱃길 속으로 사라져가는 것을 지켜보십시오."라고 말했었다.

그날 밤늦게 한 승객이 나에게 와서 허리를 굽혀 공손히 인사했다.

"선생님 말씀대로 했더니 정말 마음이 안정되는 것 같았습니다. 그래서 저는 이 배에 타고 있는 동안 날마다 해질 무렵 고민이 완전히 사라질 때까지 그것을 바다 속으로 내던질 생각입니다."

성경에도 "지난 일을 잊어버리라."는 구절이 있다. 실제로 어떤 생각을 바다에 던지는 것은 불가능한 일이지만, 그것을 실행하려고 노력하는 자체가 당신의 마음에서 고민을 떨쳐버리려는 강한 욕구의 상징으로 작용하는 것이다. 이와같이 나타나는 절실한 소망은 그것을 현실화하려는 힘을 지니고 있다.

물론 마음을 비게 하는 것만으로 충분하다고 할 수는 없다. 마음이 텅 비었을 때 무언가가 반드시 들어와주지 않으면 안 된다. 마음은 오랫동안 진공상태로 있지는 못한다. 당신은 영원히 빈 마음으로 있을 수는 없다. 그 중에는 그렇게 할 수 있는 사람이 전연 없는 것은 아니지만, 일반적으로 빈 마음을 반드시 다른 생각으로 채워야 한다. 만약 그렇지 않으면 당신이 털어버린 불행한 생각이 다시 뚫고 들어오기 마련이다.

이 같은 현상을 방지하기 위해서는 당신의 빈 마음을 즉시 창조적이며, 건전한 생각으로 가득 채워야 한다. 그러면 오랫동안 당신의 마음에 붙어 있던 불안과 증오가 제자리로 돌아오려고 해도 빈 자리가 없어 들어갈 틈이 없다.

소극적인 생각은 기득권을 주장하며 당신의 마음으로 들어가려고 발버둥을 칠 것이다. 이 때 당신은 마음이 약해져서는 안된다. 단호히 소극적인 생각의 침입을 거부해야 한다. 만약 그렇지 않으면 고슴도치의 사정을 봐주다가 집을 빼앗긴 뱀의 우화처럼 될 것이다.

그러나 당신의 빈 마음에 채워놓은 건전한 생각은 이제 확고히 자리를 잡았을 때는 낡은 생각이 아무리 애를 써도 그것을 몰아내지 못한다. 그렇게 되면 결국 낡은 생각은 완전히 항복하고, 당신 곁에서 떠나게 되고, 당신은 영원히 평화로 가득 찬 안락한 마음을 지니게 되는 것이다.

암시의 효과

당신은 능히 아름다운 풍경을 상상할 수 있을 것이다. 당신이 직접 여행을 했거나, 아니면 영화나 그림에서 봤던 풍경 중에서 쉽게 잊지 못하는 광경이 틀림없이 있을 것이다.

이런 풍경을 조용히 떠올리는 것은 매우 유익하다. 매일 틈나는 대로 아름답고 평화로운 광경을 눈앞에 그리는 것은 마음을 평화롭게 하는 좋은 방법이다. 당신이 일찍이 경험한 평화로운 광경을 마음으로 그리는 것이다.

예를 들어 태양이 막 서산으로 넘어가려는 순간의 황혼에 물든 아름다운 골짜기……. 또는 잔물결이 출렁이는 호수 위에 쏟아지는 아름다운 달빛……. 끝없이 펼쳐진 백사장으로 잔잔한 파도가 조용히 밀려드는 해변의 풍경 등이 그것이다.

이러한 평화로운 상상의 그림은 당신의 마음을 평화롭게 해주는 신기한 효력을 발휘한다. 그러므로 날마다 몇 차례씩 그러한 광경을 천천히 당신의 마음에 떠오르게 하라.

마음의 평화를 얻는 또 다른 방법이 있다. 즉, 무언가 평온한 말을 소리내어 되풀이하는 것이다. 말은 놀라운 암시력을 지니고 있다. 만약 당신이 두려움에 지친 말을 하면 당신의 마음은 당장 가벼운 신경과민증에 빠질 것이다. 당신은 어쩐지 가슴이 답답해지고, 그 결과 몸의 기관이 다 이상해지는 듯한 느낌을 받을 것이다.

반면에 평화롭고 조용한 말을 소리내어 말하면 당신의 마음은 즉시 평화로운 반응을 일으키게 된다.

그러므로 '행복하다'는 말을 자주 소리내어 말하라. '행복하다'는 말은 음이 곱고도 즐거운 말이다. 그 말을 자주 쓰면 마음 상태가 행복해지게 마련이다.

또 한 가지 효과적인 것은 '평화롭다'는 말이다. '평화롭다'고 말하면서 그러한 상태를 마음에 그리는 것이다. 그 말을 천천히 반복하는 것이다.

이와 같은 말들을 계속해서 사용하면 마음의 상태가 바뀌게 마련이다.

또 시나 성서의 구절을 이용하는 것도 효과가 있다. 특히 《성경》의 말씀은 산란한 마음을 집중시켜 주는 강한 힘을 지니고 있다.

그 구절을 계속해서 당신의 마음속에 집어넣어 당신의 생각

으로 녹아들게 하라. 그것은 당신의 본질적인 정신상태를 개조
해줄 것이다.

이것은 실행하기 쉬우면서도 마음을 평화롭게 해주는 가장
효과적인 방법이다.

대화의 영향

마음의 평화를 유지할 수 있는 또 다른 방법이 있다. 그것은
대화를 통한 방법이다. 우리는 사용하는 말과 그것을 얘기하는
태도에 따라 신경질적이 되기도 하고 긴장되기도 한다. 그러므
로 마음의 평화를 유지하기 위해서는 온화하게 얘기할 필요가
있다. 그리고 적극적이고 건설적인 대화는 일의 상황을 호전시
켜 준다.

아침식사 때의 불유쾌한 대화는 흔히 그날 하루의 기분을 결
정지어 준다. 불쾌한 기분으로 대화를 나누는 동안 사태는 점
점 그러한 방향으로 전개되는 것이다. 그러므로 매일 평화스럽
고 만족스런 마음가짐으로 하루를 시작하는 것이 바람직하다.
그렇게 함으로써 당신의 하루를 유쾌하고 성공적인 방향으로
탈바꿈시킬 수 있는 것이다.

대화에서는 모름지기 소극적인 생각을 제거하는 것이 가장
중요하다. 왜냐하면 소극적인 생각은 당신의 마음을 긴장시키
고 곤혹스런 기분에 빠뜨리기 때문이다.

당신이 많은 사람들과 점심식사를 하고 있다고 가정하자. 그
때 당신은 절대로 '머지않아 세상의 종말이 올 것이다.'는 등
의 발언을 해서는 안 된다.

첫째로 그러한 주장은 다른 사람의 마음을 긴장시킬 것이며,

그것은 어김없이 소화에도 지장을 줄 것이다. 그리고 결국 대부분의 사람들은, 정도의 차이는 있지만 불안과 곤혹스런 감정을 품고 그 자리를 떠날 것이다.

그러므로 스스로 마음의 평화를 유지하기 위해서는, 또 타인의 기분을 상하지 않게 하려면 대화를 할 때 적극적이고 행복하고 낙천적인, 즉 사람의 마음을 만족시키는 표현을 써야 한다.

우리들이 하는 말은 우리들의 생각에 지대한 영향을 주고 있다.

생각은 말을 만들어낸다. 말이란 생각을 전하는 도구이기 때문이다. 그러나 일변 말은 생각에 영향을 주어, 그 태도까지는 만들어내지 못할지라도, 태도에 제한을 가하는 작용을 한다. 사실 우리의 생각이란 대화를 나누는 도중에 형성되는 경우가 많다.

그러므로 일상적인 대화가 평화로운 표현으로 이루어지도록 노력한다면 평화로운 생각을 하게 되고 그 결과 마음의 평화를 얻게 될 것이다.

침묵의 효과

마음을 평화롭게 만드는 또 하나의 방법은 침묵이다. 즉, 매일 15분 동안 침묵을 지키는 것이다. 그 동안 누군가와 말을 하거나 책을 읽거나 글씨를 쓰거나 하면 안 된다. 그리고 아무 생각도 하지 말아야 한다.

결국 당신의 마음을 아무것도 생각하지 않는 상태로 놔두는 것이다. 당신의 마음을 움직이지 않는 것, 활동하지 않는 것으로 생각해야 한다.

물론 처음 얼마 동안은 갖가지 생각이 당신의 마음을 마구 뒤흔들기 때문에 쉽사리 실행할 수 없을 것이다. 그러나 차츰 시간이 흐르는 동안 침묵을 유지하게끔 익숙해질 것이다.

당신의 마음을 물의 표면이라고 생각하라. 그리고 그 곳에 한 조각의 파문도 일지 않도록 가라앉히는 것이다. 이윽고 당신의 마음이 동요하지 않는 상태에 이르면, 침묵 속에서 발견되는 조화와 미의 깊은 울림과 하나님의 그윽한 목소리에 귀를 기울이도록 하라.

토머스 칼라일의 다음 말을 음미하라.

> **침묵이란 위대한 일을 이루어주는 중요한 요소이다.**

우리들의 마음에 평화가 결여되어 있는 것은 어쩌면 현대인의 신경조직에 미치는 소음 때문일지도 모른다. 우리들이 일하고, 생활하고, 수면을 취하는 장소의 소음이 그 능률을 현저하게 감소시키고 있다는 사실이 과학적인 실험을 통해 이미 증명된 바 있다.

사람들이 일반적인 사실로 믿고 있는 것과는 반대로, 우리들이 우리의 육체와 정신과 신경구조를 완전히 소음에 적응시킬 수 있다고는 말하기 어렵다. 반복되는 소음이 아무리 귀에 익숙해진다 해도, 우리들의 잠재의식은 그 소리를 결코 흘려보내지 않는 것이다.

자동차의 경적, 비행기의 폭음, 그밖에 우리의 고막을 자극하는 소음 등은 우리가 잠들어 있는 동안에도 막대한 지장을 주고 있다. 이러한 소음에 의해 신경계통에 전달되는 충격은 근육의 운동을 촉진시켜, 참다운 휴식을 취하지 못하게 방해한다. 이와 같은 반응이 아주 심하면 쇼크라는 형태로 나타나게 된다. 이로 인해 대부분의 현대인이 신경과민증에 시달리고 있다는 사실은 결코 그냥 지나칠 수 없는 문제로 대두되고 있다.

그러므로 매일 15분 동안 침묵의 시간을 갖는 것은 마음의 평화를 유지하기 위해서뿐만 아니라, 당신의 건강을 위해서도 매우 효과적인 치료법이다.

평화로운 경험을 회상하라

하루가 다르게 발전하는 현대생활의 환경 속에서 침묵을 실행한다는 것이 옛날처럼 간단한 일이 아님은 의심할 여지가 없다. 오늘날에는 옛날 사람들이 알지 못하는 소음을 일으키는 기계나 장치가 수없이 많아, 우리들은 하루하루를 어수선하게 보내야 한다.

현대 세계에서는 공간이 점점 사라져가고 있으며, 시간이란 요소까지 없어지고 있다. 한가로이 울창한 숲 속을 걷는다거나, 한적한 해변이나 산마루에 앉아 명상에 잠긴다거나, 배를 타고 바다 한가운데로 나가 사색에 잠기는 따위의 일을 실행하기는 결코 쉽지 않다. 너무들 바쁘기 때문이다.

삶에 지치고 인간관계에 환멸을 느낄 때는 다른 방법이 없다. 그저 자연에 몸을 맡기는 것이 유일한 방법이다. 조용한 산사나 해변을 찾아가 눈을 씻고, 마음을 씻으면 한결 홀가분한 기분을 느낄 수 있다.

> 대자연은 무어라 형용할 수 없는 힘으로, 대자연을 역행하는
> 인간의 마음을 치유해준다.

　지친 사람에게는 힘을 내라고 격려하며, 욕심에 눈이 어두워
진 사람에게는 욕심을 버리라고 설득한다. 또 사색의 시간으로
인도하여 인간의 진정한 삶의 방향을 제시하기도 한다.

　어쩌다 경험하게 되는 여행—즐겁고 유익한—은 두고두고
마음의 귀한 재산이 된다.

　마음속에 그 한적하고 평화로운 광경과 그때의 감정을 깊이
새겨둔다면 가끔씩 기억을 더듬어 그때 그 장소에서 경험한 것
과 유사한 생각과 감정을 맛볼 수 있다. 실제로 당신이 그와 같
은 감정을 되살리기 위해 기억을 더듬으면 현대생활에서 접하
게 되는 여러 가지 불쾌한 경험이 당신의 마음속에서 깨끗이
제거될 것이다.

　기억에 의한 감정은 현실을 개선해주는 경향이 있다. 그것은
우리의 마음이 회상할 때에는 단지 아름다운 광경만을 재생시
키는 경향이 강하기 때문이다.

　나는 낭만적인 와이키키 해변에 있는 아름다운 로열 하와이
언 호텔의 발코니에 앉아서 이 글을 썼었다. 상쾌한 미풍에 흔
들리는 우아한 야자수가 가득 심어져 있는 뜨락을 내려다보노
라면 바람은 이국적인 향취를 몰고 왔고, 하와이에 2천 종이나
있다는 목근(木槿)이 뜰을 뒤덮고 있었다. 창 앞에는 파파이아
나무가 잘 익은 과일을 잔뜩 달고 있었으며, 아카시아나무는
가지를 지탱하기 어려울 정도로 새하얀 꽃 속에 파묻혀 있었
다. 섬을 에워싸고 있는 새파란 대해는 끝도 없이 넓게 펼쳐져

있고, 하얀 파도는 해변을 남실남실 핥고 있었다.

참으로 황홀하도록 아름다운 광경이었다. 내가 그 곳에서 '힘은 평화로운 마음에서 생긴다.'에 대해 쓰고 있을 때 그 아름다운 경치가 나에게 무어라 형용할 수 없는 평화로운 효과를 주었던 것이다. 평소에 나의 어깨를 무겁게 짓누르던 책임감은 멀리 사라지고 없는 것처럼 생각되었다. 나는 강연과 이 책을 쓰기 위해 하와이에 갔지만, 그 곳에서 나는 무엇보다도 소중한 평화를 느낄 수 있었다. 이 아름다움, 이 기쁨은 나의 추억 속에 영원히 보존될 것이다. 설사 이 목가적인 장소를 떠나더라도 간혹 나는 회상 속에서 야자나무가 이어진 와이키키 해변 근처에서 평화를 찾아내리라 생각한다.

될 수 있는 대로 당신의 마음을 평화로운 경험으로 채우라고 권하고 싶다. 그리고 회상 속에서 계획적이고도 신중하게 평화로운 장소로 여행을 떠나는 것이다.

평온한 마음을 지니는 가장 용이한 방법은 마음을 평온하게 만드는 일이라는 사실을 잘 명심하라. 이것은 여기에서 설명한 몇 가지 간단한 원칙을 적용하면 쉽게 이룰 수가 있다.

본시 마음이란 교육이나 훈련에 민감한 반응을 나타낸다. 때문에 당신은 당신의 마음에 주었던 것은 무엇이나 마음으로부터 되돌려 받을 수가 있다.

그러나 당신의 마음이 되돌려주는 것은 최초에 받았던 것만이라는 사실을 기억해야 한다.

당신의 마음을 평화로운 경험과, 평화로운 말과, 평화로운 생각으로 물들이도록 하라. 그렇게 하면 당신은 비로소 평화를 저장한 경험의 창고를 갖게 될 것이다. 당신의 영혼에 활기를 불어넣어 정신을 새롭게 할 필요가 있을 때는, 주저하지 말고 그 창고에서 평화를 꺼내어 쓰라. 그 평화의 창고는 광대한 힘의 원천이 될 것이다.

언젠가 나는 대단히 아름다운 집에서 살고 있는 친구와 하룻밤을 지낸 일이 있다.

우리는 독특한 멋이 풍기는 식당에서 아침식사를 했다. 식당의 벽에는 그 집 주인이 어린 시절을 보낸 시골풍경을 그린 인상적인 벽화가 걸려 있었다.

기복이 심한 언덕, 한적한 골짜기, 햇빛을 받고 유유히 흘러가는 시냇물 등이 그려진 일대 파노라마였다. 꾸불꾸불한 길이 목장 사이를 돌아 한없이 달리고 있고, 작은 집이 이곳 저곳에 흩어져 있는 중앙에 높은 첨탑이 치솟아 있는 교회가 있었다.

식사를 하면서 주인은 그 벽화의 이곳 저곳을 가리키며, 그가 어렸을 때 살던 고향에 대해 이야기해주었다.

"때때로 나는 이 식당에 앉아서 고향의 여기저기를 돌아다니던 어린 시절의 생활을 회상해봅니다. 예를 들면, 나는 어렸을 때 저 길을 걸어다니던 일을 회상합니다. 여름이 되면 저 냇물에서 송어를 잡던 일을 회상하고, 겨울이면 썰매를 타고 저 언덕을 달리던 일을 회상하는 것입니다."

그는 빙그레 웃으면서 말을 이었다.

"저것은 어릴 때 내가 다니던 교회입니다. 목사가 긴 설교를 하는 동안 나는 저 교회 안에 앉아 있었던 것입니다. 마을 사람들의 친절이나, 진지하고 성실했던 생활태도를 지금도 감사하는 마음으로 회상해봅니다. 지금도 여기에 앉아서 저 교회를 쳐다보면 아버지와 어머니가 함께 의자에 앉아서 듣던 그 찬송가를 들을 수 있습니다. 그분들은 이미 오래전에 돌아가셔서 저 교회 옆에 있는 묘지에 묻혔지만, 나는 회상 속에서 성묘를 하고 지난날과 다름없이 그분들이 타이르는 말씀을 듣곤 합니다.

어떤 날은 생활에 몹시 지쳐 공연히 신경질적이 되고 흥분될 때가 있습니다. 그럴 때는 여기에 앉아서 저 그림을 봅니다. 그러면 나는 천진난만한 어린 시절의 때묻지 않은 마음으로, 모든 것이 새롭기만 했던 그 시절로 되돌아갈 수 있습니다. 저 그림은 나에게 마음의 평화를 주는 것입니다."

그럴 수만 있다면 다행이지만, 모든 사람이 이와같이 식당 벽에 그림을 걸어놓는 것은 어려운 일이다. 그러나 마음먹기에 따라 당신의 마음의 벽에 그와 같은 그림을 걸어놓기는 쉬운 일이다. 당신이 경험한 것 중에서 가장 아름답고 평화로운 그림을 걸어놓는 것이다. 그리고 그 그림이 암시하고 있는 생각 속에서 시간을 보내라. 당신이 아무리 바쁘더라도, 또 아무리 불안에 싸여 지낼지라도 이 간단하고도 독특한 방법을 실행한다면 좋은 효과를 볼 것이다.

그것은 누구라도 간단하게 실천할 수 있는 마음의 안정을 얻는 비결이다.

죄책감에서의 해방

마음의 평화를 얻기 위해 기술하지 않으면 안 될 또 하나의 중요한 요소가 있다.

나는 간혹 마음의 평화가 결여되어 있는 사람들이 죄책감의 희생물이 되는 것을 보는 경우가 있다.

만약 당신이 악한 일을 하여 양심의 가책을 받는 경우, 즉 거짓말을 했다거나, 남을 속였다거나, 친구에게 모욕을 주어 화나게 했다거나 하면 당신의 마음은 안정되지 못할 것이다. 사람의 마음속에는 자신의 잘못을 용서하지 않으려는 양심이 있기 때문이다.

그러므로 죄악을 범했을 때 하나님에게 용서를 구하지 않고는 죄책감에서 벗어날 수가 없다. 하나님께서는 용서를 빌고 구원을 청하는 자에게는 누구라도 관용을 베풀어주신다.

나는 글을 쓰기 위해 며칠간 체재했던 어느 피서지의 호텔에서 뉴욕에서 알게 된 한 남자를 우연히 만난 일이 있다. 그는 연극관계의 일로 몹시 바쁜 극히 신경질적인 사람이었다. 그는 휴대용 의자에 걸터앉아 일광욕을 하다가 나를 발견하고 손짓을 했다.

"이처럼 아름다운 장소에서 만나게 되어 반갑습니다."

나의 이 말에 그는 이맛살을 찌푸리며 매우 신경질적인 목소리를 토해냈다.

"이곳에서 내가 할 일이란 아무것도 없습니다. 그러나 집에서 내가 해야 할 일이 산더미처럼 쌓여 있습니다. 그 때문에 저의 신경은 극도로 긴장되어 있어 밤이면 잠을 이룰 수가 없습니다. 아내는 저에게 이곳으로 와서 1주일만 휴식을 취하라고 권했습니다. 의사가 내게 몸에 별다른 이상은 없지만 얼마 동안 휴양하는 것이 필요하다고 말했기 때문이죠. 그렇지만 나는 몹시 바쁩니다. 어떻게 편안히 휴양하라는 것인지 도대체 이해할 수가 없습니다."

그리고 그는 애원하는 듯한 눈빛으로 이렇게 말했다.

"선생님, 제 마음을 안정시켜 주신다면 어떤 보답이라도 다 하겠습니다."

나는 그와 잠시 대화를 나누었다. 그 결과, 그가 막연히 불행한 일이 일어나지 않을까 하는 강박관념에 사로잡혀 고민하고 있다는 사실을 발견했다. 그는 아내에게, 자녀에게, 혹은 가정에 '무슨 일이 일어난다.'라고 생각하고 항상 불안 속에서 떨며 살고 있었던 것이다.

그의 말에 의하면 그의 모친이 항상 그 같은 생각에 사로잡혀 있었다고 한다. 그는 모친의 막연한 공포심을 그대로 물려받았던 것이다.

그러나 그보다 더욱 문제가 되는 것은 그의 현재상태였다. 그는 지나칠 정도로 불안과 공포에 떨고 있었다.

나는 그에게 양심에 꺼리는 일을 한 일이 있느냐고 물어보았다. 그러자 그는 주저하며 여러 가지 도덕적인 죄를 범했다고 고백했다. 그래서 그는 죄책감에 사로잡혀 그것으로부터 헤어나지 못하고 있었던 것이다. 즉, 그는 자기처벌의 희생자였던 것이다.

가까운 곳에 아무도 없었으므로 나는 다소 주저하면서 이렇게 제안했다.

"함께 기도를 했으면 하는데 어떨까요?"

그는 고개를 끄덕였다. 그래서 나는 그의 어깨에 손을 얹고 기도를 시작했다.

"주여, 지난날 당신이 많은 사람들의 병을 고쳐주고 그들에게 평화를 주신 것과 같이 지금 이 사람을 구원해주소서. 그에게 충분한 관용을 베풀어주시고, 그로 하여금 자신을 용서하도록 도와주소서. 그의 마음에서 악을 소멸시켜 주시고, 당신께서 용서하셨음을 그에게 알려주소서. 부디 당신의 위대한 힘으로 그의 마음과 영혼과 육체에 평화가 깃들게 은총을 베풀어주소서."

그는 한동안 이상한 표정으로 나를 쳐다보더니 그만 옆으로 얼굴을 돌렸다. 그의 두 눈에는 눈물이 가득 괴어 있었다. 어쩐지 분위기가 어색해졌으므로, 나는 그를 그 곳에 남겨둔 채 그대로 돌아와버렸다.

몇 개월 후 나는 번화한 뉴욕 거리에서 그를 만났다. 그가 이렇게 말했다.

"선생님이 저를 위해 기도해주신 그날, 그 곳에서 저에게는 어떤 일이 일어났습니다. 저는 마음의 평화와 안정을 되찾을 수 있었습니다."

그 이후 나는 자주 그를 만나고 있다. 그는 착실하게 교회에 나가고, 매일 성경을 읽고 하나님의 길을 따르고 있다. 그는 이제 건강할 뿐만 아니라 행복하게 살고 있다. 왜냐하면 마음의 평화를 되찾았기 때문이다.

제3장

어떻게 하면 항상 건강을 유지할 수 있을까

한 야구팀의 투수가 몹시 무더운 여름날 시합을 한 적이 있었다. 그는 그 시합에 온 힘을 기울인 결과 몸무게가 6파운드나 줄었고 탈진상태에 빠졌다. 소모된 힘을 회복하는 그의 방법은 독특한 것이었다. 그것은 단지 다음과 같은 구절을 되풀이해서 읽는 것뿐이었다.

"오직 여호와를 앙망하는 자는 새 힘을 얻으리니 독수리의 날개치며 올라감 같을 것이요, 달음박질하여도 곤핍(?)치 아니 하겠고 걸어가도 피곤치 않으리라." 〈이사야 41 : 31〉

그 투수의 이름은 프랭크 힐러였다. 힐러는 나에게 성경 구절을 되풀이해서 외우면 새로운 힘이 솟아나기 때문에 충분히 여유를 갖고 시합을 끝마칠 수 있다고 말했다. 그는 그 독특한 방법을 이렇게 설명했다.

"항상 강력한 힘을 낳을 수 있는 생각을 해 자신의 마음속에 주입시키는 것입니다."

육체와 정신

우리의 생각은 육체에 지대한 영향을 준다. 당신이 속으로 지쳐 있다고 생각하면 육체의 모든 부분과 신경, 그리고 근육은 그 사실을 그대로 받아들인다. 반면에 당신의 마음이 어떤 일에 관심을 기울이고 있다면 한없이 활동을 전개할 수 있는 것이다.

또 마음에 신념감을 주입시켜 주면 힘을 증가시킬 수 있다. 우리가 두터운 신념과 힘의 원천에 의해 도움을 받는다고 확고히 믿는다면, 우리는 틀림없이 정력적인 활동을 전개할 수 있다.

항상 원기왕성한 나의 친구는 "나의 전지를 충전시키기 위하여 빠지지 않고 교회에 나가고 있다."라고 말하고 있다. 이것은 지극히 건전한 생각이다. 하나님은 모든 힘, 곧 우주의 에너지·원자력·전기 에너지의 근원인 것이다. 어떤 형식의 에너지일지라도 그분을 통해 나오고 있는 것이다.

성경에서 "피곤한 자에게는 능력을 주시며 무능한 자에게는 힘을 더하시나니."〈이사야 40 : 29〉라고 말하는 것은 바로 그러한 점을 강조한 것이다.

하나님의 세계에 접한다는 것은 우리의 내부세계를 새롭게 하고, 해마다의 봄을 새롭게 하는 저 에너지와 같은 형의 흐름을 수립하는 것이다. 우리들이 생각을 통해 정신적으로 하나님과 접할 때, 그분의 힘은 개개인의 인격을 통해 사람의 마음속으로 스며들게 된다. 하나님의 힘과의 교류가 사라진다면 사람은 결코 살아갈 수 없다. 이것은 마치 전지를 갈아끼우지 않아서 전자시계가 멎는 것과 같은 원리이다.

이와 같은 사실은 어느 저명한 의사에 의해서도 확증되었다. 나는 그 의사와 함께 우리 둘이 잘 알고 있는 어떤 사람에 대해 토의한 일이 있었다.

그 사람은 책임감이 대단하여 아침부터 저녁까지 쉴 새없이 일을 하면서도 다른 한편으로는 항상 새로운 일거리를 찾는 인물이었다. 그는 자기가 맡은 일을 효율적으로 처리하는 요령을 알고 있었다.

나는 의사에게 그 사람이 너무나 열심히 일을 하기 때문에 몸이 쇠약해질 우려가 있다고 말했다.

그러자 의사는 고개를 좌우로 흔들며 이런 말을 했다.

"그렇지 않습니다. 나는 그 사람의 주치의로서, 그의 건강이 나빠질 염려는 조금도 없다고 확신합니다. 왜냐하면 그의 육체 기관이 매우 훌륭해서 그의 몸에서는 절대로 정력이 소모되지 않기 때문입니다. 그는 마치 성능이 좋은 기계처럼 원활히 활동하고 있습니다. 그는 효과적으로 일을 처리하며, 조금도 긴장하지 않고 맡은 임무를 수행하고 있습니다. 그는 단 1온스의 에너지도 허비하지 않고 모든 일에 온 힘을 기울여 노력하고 있습니다."

"그렇다면 당신은 그의 능률을 어떻게 생각하십니까? 그는 무한한 정력을 갖고 있는 듯한데요."

의사는 한동안 생각에 잠겨 있다가 대답했다.

"그는 지극히 정상적인 사람입니다. 감정적인 면에서도 잘 통일되어 있지요. 그러나 그보다 더 중요한 점은 그가 건전한 신념을 지니고 있다는 것입니다. 그는 그 신념의 힘으로 그의 정력이 헛되이 소비되는 것을 방지하는 방법을 배웠습니다. 그의 신념은 정력의 소비를 방지하는 유용한 장치라고도 표현할 수 있습니다. 나 역시 정력을 소모시키는 것은 고된 일이 아니라 마음의 불안이라고 생각합니다."

많은 사람들이 점차적으로 건전한 정신적인 생활을 실행하는 것이 정력과 힘을 유지하는 데 매우 중요하다는 사실을 깨닫고 있다.

인간의 육체는 모든 필요한 정력을 생산하도록 조직되어 있다. 그러므로 사람은 적당한 음식, 수면, 운동을 취하고 그다지 육체를 혹사하지 않으면서 육체를 적당히 훈련시킨다면 놀랄 힘을 생산하고 건강하게 생활할 수 있다. 만약 잘 조화된 감정생활을 할 수 있도록 세심한 주의를 기울인다면 정력의 소모를 방지할 수 있을 것이다.

반면에 정력이 소모되는 것은 그 원인이 유전적이든, 후천적이든간에, 신체를 쇠약하게 만드는 성질의 감정적 반동에 의해 일어나는 것이다. 심신이 조화있게 작용할 때의 인간의 자연스러운 상태는, 필요한 정력을 끊임없이 보충해주는 그런 상태인 것이다.

에디슨의 건강법

언젠가 나는 우연한 기회에 세계적인 발명왕 토머스 에디슨의 부인과 만났다. 그때 나는 에디슨의 습관과 성격에 대해 물었는데, 그녀는 나에게 이렇게 말했다.

"몇 시간이나 연구실에서 연구에 골몰하다가 집으로 돌아오

면, 으레 자기 침대에 쓰러지듯 몸을 눕히고 곤히 잠드는 것입
니다. 마치 어린아이처럼 마음놓고 이내 깊은 잠에 빠지고 맙
니다. 그리고 3, 4시간 또는 5시간 정도 곤하게 잠을 자고 나서
는 완전히 원기를 되찾아 서둘러 연구실로 가곤 했습니다."

에디슨 부인은 그처럼 자연스럽게 깊은 잠에 빠질 수 있는
남편의 능력을 분석해보았느냐는 나의 질문에 이렇게 대답했
다.

"그 사람은 자연인이었습니다."

즉, 에디슨은 자연과 완전히 조화를 이룬 사람이었다는 뜻이
다.

에디슨에게는 망상은 물론 혼란도, 마음의 갈등도, 괴벽성
도, 또 감정의 불안도 없었던 것이다. 그는 잠을 자야 할 필요
가 있을 때까지 일을 했다. 그리고는 숙면을 취한 다음 다시 일
을 시작했던 것이다.

그는 이런 식으로 오랜 세월을 살았으며, 어느 면으로나 미
국에서 태어난 사람 중에 가장 창조적인 두뇌를 소유한 자였
다.

그는 감정을 자제하여 완전히 심신을 잠재움으로써 필요한
정력을 재생산할 수 있었다. 그는 놀랄 만큼 우주와 조화가 되
었기 때문에 자연의 불가사의한 비밀을 밝히고 세계적인 발명
가가 된 것이다.

내가 알고 있는 모든 위대한 인물들은 한결같이 큰일을 할
수 있는 능력을 갖춘 사람이었다. 그들은 모두 신앙심이 깊을
뿐만 아니라 자연과 잘 조화되어 있었다. 또 감정적·심리적인
견지에서 볼 때 극히 잘 조화된 사람들이었다.

좋은 사상도 이것을 행하지 않으면 좋은 꿈과 다를 바 없다. — 에머슨

종교와 건강

나이를 먹을수록 세월이나 환경이 우리의 정력과 힘을 빼앗을 수 없다는 사실을 나는 더욱 확신하게 되었다. 또 신념과 건강 사이에 밀접한 관계가 있는 것도 깨닫게 되었다. 이는 곧 이제까지 돌아보지 않았던 기초적인 진리를 터득하게 된 것이다.

우리들의 육체의 상태는 감정상태에 많은 영향을 받으며, 또 우리들의 감정생활은 우리들의 사고생활에 의해서 조절되고 있는 것이다.

어느 페이지를 넘기더라도 활력과 힘과 생명에 대해 기술하고 있는 것은《성경》이다.《성경》의 말씀 중에 생명이란 활력, 곧 정력으로 채워진 활력을 의미하는 것이다.

"도적이 오는 것은 도적질하고 죽이고 멸망시키려는 것뿐이요, 내가 온 것은 양으로 생명을 얻게 하고 더 풍성히 얻게 하려는 것이라."〈요한복음 10 : 10〉

이것은 괴로움·수난·곤란 따위를 부정하는 것이 아니라, 만약 기독교의 창조적이고도 영기를 소생시킬 교리를 실행한다면 누구라도 힘과 정력을 얻어서 잘 살 수 있다는 것을 말하는 것이다.

위에서 말한 교리를 실행하면 우리는 적당한 생활의 템포를 체득할 수 있게 된다. 우리들의 정력이 비정상적으로 빠른 속도의 생활로 인해 파괴되기 때문이다. 그러므로 정력을 잃지 않기 위해서는 우리 생활의 속도를 하나님의 움직임의 속도와 맞추어 나가야 한다.

하나님은 당신의 마음속에 있다. 만약 당신의 보조(步調)가 하나님과 동떨어진다면 갖가지 무리가 따르게 된다. 원래 하나님의 물방아는 천천히 돌고 있지만 그 가루는 매우 보드랍다. 그런데 우리들 대부분의 물방아는 몹시 빨리 돌고 있기 때문에 그 가루는 엉망인 것이다.

삶의 여유를 찾는 것이 무엇보다 중요하다. 인간적인 욕망에만 사로잡혀 질주하는 동안에는 평화로운 감정은 이미 멀어져 있다. 우리가 하나님의 리듬에 가락을 맞추었을 때 비로소 자기 자신 속에 정상적인 속도를 내게 되고 힘과 정력이 자유롭게 샘솟는 것이다.

자연의 리듬

현대인의 정력 소비적인 습관은 많은 비참한 결과를 초래하고 있다. 나의 여자친구는 자기 할아버지가 항상 말씀하시던 교훈을 다음과 같이 설명해주었다.

그녀의 할아버지가 생존시에 즐겨 앉아 계시던 거실에는 커다란 벽시계가 걸려 있었다. 기다란 추가 달린 그 시계는 '똑—딱—똑—딱'하면서 천천히 가고 있었는데, 마치 이렇게 말하는 것 같았다고 한다.

'시간—은—충분—합니다. 시간—은—충분—합니다. 시간—은—충분—합니다.'

그러나 요즈음 시계는 추가 짧아지고 재빨리 '똑딱똑딱'하기 때문에 마치 이렇게 말하는 것 같다고 한다.

'시간 없어! 시간 없어! 시간 없어! 시간 없어!'

모든 것의 속도가 지나칠 만큼 빨라졌기 때문에 많은 사람들이 지치게 되었다. 이것을 해결하려면 생활의 템포를 적당하게 조절해야 한다.

그렇게 하는 방법의 하나는 어느 따뜻한 날에 야외로 나가 땅에 드러눕는 것이다. 그리고는 땅에 귀를 대고 들어보라. 그러면 온갖 소리를 들을 수 있을 것이다.

나무를 스치는 바람소리, 또 벌레 우는 소리도 들을 수 있다. 당신은 곧 그 모든 소리가 잘 조절된 규칙적인 템포인 것을 깨달을 수 있을 것이다.

우리가 자동차에 귀를 기울여보더라도 결코 그러한 소리의 템포는 들을 수 없다. 그것이 소음 속에서 사라져버리기 때문이다.

오하이오 주에서 커다란 공장을 경영하고 있는 나의 친구는 이런 말을 했다.

"공장에서 가장 유능한 공원은 그들이 다루는 기계의 리듬과 조화를 이룰 수 있는 사람이야."

그리고 그는 또 공원들이 자기가 다루는 기계와 조화를 이루기만 한다면 하루 종일 일하더라도 피로하지 않을 것이라고 단언하고 있다.

기계는 어떤 법칙에 따라 존재하는 각 부분의 합성체이다. 우리가 기계를 사랑하고 그 구조를 잘 알게 되면, 그것이 리듬을 가지고 있다는 사실을 깨닫게 될 것이다. 때문에 당신이 기계와 같이 일하고 기계와 조화된다면 결코 지치지 않을 것이다.

스토브와 타이프라이터와 자동차에도 리듬이 있다. 때문에 피로하지 않고 정력을 갖게 되려면 우선 그 같은 본질적인 리듬과 조화를 이루어야 한다.

그렇게 하려면 모든 일을 멈추고 당신의 마음이 평온한 상태를 유지하도록 노력하라.

그런 다음 다음과 같이 기도하는 것이다.

"주여, 당신은 모든 에너지의 근원입니다. 당신은 태양, 원자, 육체……, 그리고 우리들의 마음속에 있는 에너지의 근원이십니다. 그러므로 마치 무한정 솟아나는 샘물에서 물을 퍼내는 것처럼 당신에게서 에너지를 퍼낼 수 있도록 허락하소서."

그리고는 필요한 에너지를 충분히 공급받았다고 굳게 믿는 것이다.

에베레스트를 정복한 힘

세계에서 가장 높은 산인 에베레스트 영봉을 처음으로 정복한 존 한트는 이런 말을 했다.

"우리들이 만년설 에베레스트의 정상에 도달할 수 있었던 것은 잘 짜여진 팀워크와 훌륭한 장비 때문이었습니다. 그리고 눈으로는 볼 수 없는 또 하나의 중요한 것이 있습니다. 그것은 우리를 지켜보고 기대해주었던 수많은 사람들의 생각과 기도입니다. 우리는 항상 이 숨은 힘을 의식하고 힘을 얻었습니다."

육체적인 힘의 한계를 정신력으로 극복한 예는 헤아릴 수도 없이 많다. 그 정신력은 신앙일 수도 있고, 신념일 수도 있다. 그 어느 경우에 속한다 하더라도 놀라운 힘을 발휘하는 것이 정신의 힘이다.

한트는 그의 저서 《에베레스트의 정복》의 끝에 이렇게 말하고 있다.

"……모험으로의 기회는 이후에도 여러 가지 있을 것이다. 그러나 하나님에게 인도된 인간의 정신이 도달할 수 없는 깊은 바다나 높은 산은 결코 존재하지 않는다."

일에 열중하는 사람은 피곤을 느끼지 않는다

흔히 많은 사람들은 단지 어떤 일에 관심을 갖지 않았기 때문에 지치는 수가 있다. 어떤 일도 그들의 마음을 움직일 수는 없다.

어떤 사람들은 무슨 일이 시작되든, 일이 어떻게 추진되어 가든 전혀 관심을 갖지 않는다. 그들에게는 그들 자신의 조그마한 이해관계가 인류 역사상의 모든 위기보다 훨씬 중요한 것이다. 그들 자신의 조그만 고민·욕망, 그리고 증오를 제외하고는 어떤 문제에도 참된 관심을 가질 수 없는 것이다. 그들은 보잘것없는 일에 매달려 안절부절 못하며 심신을 소모하고 있는 것이다. 때문에 그들은 쉽사리 지치고, 병에 걸리는 수도 있다.

지치지 않는 가장 확실한 방법은 깊은 신념을 가지고 어떤 일에 몸과 마음을 바쳐 몰두하는 것이다.

어느 저명한 정치가는 하루에 일곱 번이나 정력적인 연설을 하고도 조금도 피로한 기색을 보이지 않았다.

"일곱 번씩이나 연설을 하고도 피로해 보이지 않으니, 도대체 어찌 된 영문입니까?"

하고 내가 묻자, 그 정치가는 이렇게 대답했다.

"그것은 내가 연설한 모든 내용에 확고한 믿음을 갖고 있기 때문입니다. 나는 나의 신념에 대해 매우 열성적입니다."

이것이 그가 지치지 않는 비결이었다. 그는 어떤 일에 열중했던 것이다. 그 자신을 일 속에 투입시켰던 것이다. 그러므로 그는 정력과 활력을 잃는 일이 없었던 것이다. 우리의 마음이 해이해졌을 때에만 비로소 정력을 잃는다.

어떤 일에 관심을 갖자. 완전히 몰두하자.

마치 자기 자신을 내던지는 것처럼 일에 몰두하는 것이다. 자기 자신을 벗어나서 다른 사람처럼 되어 어떤 일을 해보는 것이다.

신문을 읽으면서 '그놈들은 왜 그런 일도 못해.'라고 투덜대든가 가만히 앉아서 불평만 늘어놓아서는 안 된다.

밖에 나가서 무언가 하는 사람은 지치지 않게 마련이다. 자신보다 훨씬 더 넓은 문제에 정신을 집중시킨다면 당신은 보다 많은 정력을 얻게 될 것이다.

지나친 우려와 정력의 관계

많은 권위자들은 정력에 작용하는 죄스러운 감정과 지나친 우려가 인간의 체력문제와 관련된다고 인정하고 있다.

죄나 지나친 우려, 또는 그들의 합성체로부터 벗어나도록 도와주는 데 필요한 활력의 양이 너무나 크기 때문에, 생활의 기능을 청산하기 위해 남는 정력은 아주 조금밖에 되지 않는다. 죄와 걱정으로 인해 소모된 힘의 양을 제외하면 우리의 인생에 소용될 힘은 극히 적어지고 만다.

그 결과 곧 피곤해지고 마는 것이다.

자신의 책임을 완수하지 못하는 사람은 누구나 무감각하고 우둔한 상태에 빠져, 자포자기의 쇠약상태를 벗어나지 못하고 무기력한 생활을 하게 되는 것이다.

한 정신과 의사가 자신에게 상의하러 왔다는 한 실업가의 경우를 나에게 말해준 일이 있다.

그 실업가는 세상 사람들로부터 도덕심이 깊은 사람이라는 칭찬을 받았으나, 아주 우연한 기회에 어떤 유부녀와 관계를 맺게 되었다고 한다. 그는 곧 잘못을 깨닫고 그녀와의 관계를 끊으려고 몇 번이나 시도해보았으나, 상대방의 반대에 부딪혀 뜻을 이루지 못했다고 한다.

뿐만 아니라 그 여자는 만약 끝까지 관계를 끊으려고 쓴다면 불의의 관계를 털어놓겠다고 위협했다. 그 실업가 여자의 남편이 자기네들의 관계를 알게 되면 자신의 사회적 지위는 엉망진창이 될지도 모른다고 두려워했다. 왜냐하면 그는 명망이 높은 사람이었고, 그때까지 자기의 지위에 부끄럽지 않은 사회적 일꾼이었기 때문이다.

드디어 그는 유부녀와의 관계가 폭로되지 않을까 하는 두려움과 죄책감 때문에 쉴 수도, 잠을 잘 수도 없게 되었다. 그러한 상태가 2, 3개월 지속되자 그의 정력은 눈에 띌 만큼 소모되고, 효과적으로 사업을 추진할 만한 활력조차 잃고 말았다. 게다가 연일 사업상 중요한 문제를 결재하지 않은 채 방치해두었기 때문에 사태는 지극히 심각해졌다. 그때 정신과 의사는 실업가에게 나를 만나보라고 권했던 것이다.

나는 그 실업가와 만난 자리에서 어떻게 두 명의 불쾌한 동침자를 데리고 편안히 잠을 이룰 수 있겠느냐고 말했다.

"나는 항상 혼자 잠을 잡니다. 그런데 동침자라뇨?"
하고 그는 깜짝 놀라며 반문했다.

"아닙니다. 당신에게는 분명 동침자가 있습니다. 침대 양쪽에 그런 사람을 데리고 잘 수 있는 사람은 아마 이 세상에 한 명도 없을 것입니다."

"도대체 무슨 말씀을 하시는지 이해할 수가 없습니다."

"당신은 한쪽에는 공포를, 다른 한쪽에는 죄를 두고 매일 밤 잠들려고 애쓰고 있습니다. 사실 당신은 불가능한 재주를 부리려고 했습니다. 당신이 여러 종류의 수면제를 복용하더라도 별 소용이 없을 것입니다. 그 이유는 약이 당신 마음속에 있는 그 잠자지 못하는 원인에 대해 아무런 영향력도 행사하지 못하기 때문입니다. 당신이 편안히 잠을 자고, 정력을 되찾기 위해서는 공포심과 죄의식을 조절하지 않으면 안 됩니다."

나는 그에게 정당한 일을 하고(그것은 뒷일을 고려하지 말고 그 여자와의 관계를 끊으라는 것이다.), 그것을 행한 결과가 어떻게 나타날지라도 용감하게 직면할 마음의 태세를 갖추라고 했다. 그리고 정당한 일을 하는데 그릇된 경과가 나타날 리는 없다고 확신시켜 주었다.

그는 내가 시킨 대로 했다. 마음의 동요가 없을 수는 없지만 대단한 용기를 가지고 그 여자와의 관계를 끊은 것이다. 그 여자는 자신의 좋은 점과 사랑을 고백함으로써 그와 헤어지지 않으려고 하였으나, 결국 그를 해방시켜 주었다. 성의껏 올바른 행동을 할 때 우리는 결코 배반당하지 않는다.

우리의 환자인 그 실업가는 드디어 구원을 발견했다. 그의 마음을 압박하던 죄의식과 공포심이 완전히 제거되었을 때, 그의 인격은 다시 정상적인 기능을 발휘하기 시작했다. 그는 편안히 잠들 수 있게 되었으며, 정력도 신속히 회복되었다.

정말 놀라운 변화였다. 보다 더 현명한 사람이 된 그는 정상적인 활동을 수행할 수 있게 된 것이다.

제2부

행복에의 길

기도의 힘
어떻게 하면 행복하게 될 수 있을까
흥분하거나 조바심하지 말라
최선을 다하여 그것을 얻으라

제4장

기도의 힘

　도로변에서 멀리 떨어진 어느 사무실에서 두 남자가 서로 중요한 대화를 나누고 있었다.

　한 사람은 사업이 잘 풀리지 않을 뿐만 아니라 건강마저 좋지 않아서 매우 고민중이었다. 그는 안절부절 못하고 방 안을 서성거리다가 이윽고 머리를 감싸쥐고 그 자리에 주저앉았다. 그는 친구에게 조언을 구하기 위해 왔던 것이다.

　친구는 세상물정을 매우 잘 아는 것처럼 보이는 인물이었다. 그들은 함께 여러 모로 문제점을 분석해보았지만 만족할 만한 결과는 얻지 못한 것 같았다. 그 때문에 곤경에 처한 남자는 한층 더 실망하게 되었다.

　"이 세상의 어떤 힘도 나를 도와줄 수 없는 것 같네."
하고 그는 탄식했다.

한동안 생각에 잠겨 있던 친구는 확신에 찬 목소리로 이야기를 시작했다.

"나는 그렇게 생각하지 않아. 자네를 도와줄 수 있는 힘이 하나도 없다는 것은 잘못된 생각일세."

이렇게 말한 다음 그는 천천히 실의에 잠긴 친구에게 따지듯 반문했다.

"왜 기도의 힘을 시험해보지 않는 거지?"

이 말에 실망에 잠겨 있던 사내는 조금 놀라는 기색을 보이며 대답했다.

"물론 나는 기도를 부정하지 않네. 그렇지만 그 방법을 모르겠어. 마치 자네는 사업문제를 의논하는 데 적합한 기도법을 알고 있는 듯한데……, 나에게도 그 방법을 가르쳐준다면 기쁜 마음으로 기도를 하겠네."

이윽고 그는 실용적인 기도법을 써서 모든 문제를 해결했다. 악화된 사태는 그가 원하는 방향으로 전환되었다. 물론 그렇게 되기까지는 많은 난관에 부딪혀야 했지만, 결국 끝없는 노력으로 그 곤란에서 탈출했던 것이다. 그는 기도의 힘을 이렇게 확신하고 있다.

"어떤 문제라도 기도를 하면 해결할 수 있으며, 그것도 올바르게 해결될 수 있는 것입니다."

무력감이나 불안하고 절망적인 기분은 마음의 조화의 결여에서 오기 때문이다. 이러한 경우에 기도가 심신의 기능을 자연스럽게 만회시키는 효과는 참으로 놀라운 것이다.

많은 사람들의 경험으로 인해 기도만 하면 모든 문제가 자연스럽게 해결된다는 사실이 입증되었다. 선수들의 코치나 체육선생, 혹은 헬스클럽 경영자와 같은 건강과 복지의 전문가들은 자주 이 기도의 힘을 이용하고 있다.

자연 요법(自然療法)을 이용하여 환자를 치료하는 나의 친구가 있다. 그는 신경질적인 환자를 마사지 요법으로 치료하면서 이렇게 말했다.

"당신의 육체, 그것은 당신의 영혼이 묵고 있는 신전(神殿)입니다. 이 육체를 내가 안락하게 해드리고 있는 동안에 하나님께서 나의 손가락을 통하여 일을 하시는 겁니다. 내가 당신의 몸을 주무르고 있는 동안, 당신은 마음속으로 하나님의 구원을 기원하시기 바랍니다."

그 환자는 그의 말에 따랐고, 그 결과는 놀라운 효과를 얻을 수 있었다.

긍정적인 기도는 적극적인 성과를 올리는 힘을 해방시킨다.

위의 말은 기도의 힘을 체험한 환자가 새로 만든 자신의 좌우명이다. 당신도 깊이 음미해볼 충분한 가치가 있다.

창조적인 기도의 방식

기도할 때는 무엇보다 당신이 이 세상에서 가장 위대한 힘과 맞붙어 있다는 사실을 실감하는 것이 중요하다. 건전하고 효과적인 방법에 의하여 기도의 힘을 실험해보는 것이 현명하다.

몇 년 전에 한 젊은이가 뉴욕에서 사업을 시작했다. 그의 표현에 따르면 그의 사무실은 '벽 속의 작은 구멍'에 지나지 않았다. 고용인은 단 한 사람뿐이었다. 그러나 그는 불과 몇 년

만에 커다란 사무실로 옮겼고 다시 더 큰 규모의 사무실로 이
사갔다. 그의 사업은 하루가 다르게 번창했으며, 그는 크게 성
공한 실업가가 되었다.

훗날 그는 자기의 사업방법을 '벽 속의 작은 구멍을 낙천적
인 기도와 생각으로 채우는 일'이라고 말했다. 그는 열심히 일
하고, 적극적인 생각, 공정한 거래, 사람들을 올바르게 대하
고, 적절한 기도가 언제나 좋은 결과를 가져다 주었다고 말하
고 있다.

그 사람은 창조적이며 뛰어난 두뇌의 소유자였는데, 그는 기
도의 힘에 의해서 어려운 문제를 해결하기 위해 독특하고 간단
한 방법을 연구해낸 것이다.

그것은 좀 특이한 방법이었다. 그러나 실험해본 결과, 나는
그것이 꽤 효과적이라는 사실을 발견했다. 그래서 많은 사람들
에게 이 방법을 권했는데, 내 말을 실천한 모든 사람들이 효과
를 보았다고 말하고 있다. 그래서 나는 여기에서 마찬가지로
당신에게도 그 방법을 꼭 실행하도록 권하고 싶다.

그가 연구해낸 방법이란 이러하다.

① 기도하는 일.
② 그림으로 만드는 일.
③ 현실화시키는 일.

그의 말에 따르면 '기도하는 일'이란 창조적인 기도를 나날
의 일과로 삼는 일이다.

어떤 문제가 생기면, 그는 기도를 통해 하나님과 아주 솔직
하게 그것을 터놓고 상의하는 것이었다. 그는 하나님을 거대하
고도 큰 그림자와 같은 존재로 생각하고 상의하는 것이 아니
라, 하나님을 자기의 사무실·가정·자동차 안에 항상 함께 있

는 친한 친구로서 생각하는 것이다.

그는 "끊임없이 기도하라."는 《성경》의 명령을 성실하게 실천했다. 그는 그 말을 매일 자기가 직면하는 해결해야 할 문제에 대하여 자연스러운 방법으로 하나님과 대화하는 일이라고 해석했던 것이다.

그렇게 함으로써 드디어 하나님은 그의 의식과 잠재의식을 지배하는 존재가 되었다.

그는 그의 일상생활을 '기도하는 일'로 만들었다. 그는 걸으면서, 차를 운전하면서, 일을 하면서도 기도했다. 그가 그의 일상생활을 기도로 채웠다는 것은 곧 기도에 의해 산 것을 의미한다.

그는 기도를 하기 위해 무릎을 꿇지는 않았다. 마치 친한 친구에게 의논하듯이,

"하나님, 이 문제는 어떻게 처리하는 것이 좋을까요?"
라든가,

"하나님, 이 일에 대해 저에게 새로운 통찰을 내려주소서."
하고 말하는 것이었다.

그는 그의 마음을 기도화하고, 그렇게 함으로써 그의 활동을 기도로 만들었던 것이다.

그가 생각해낸 창조적인 기도의 두번째 방식은 그림을 만드는 일이었다.

물리학의 기본적인 요소는 힘이며, 심리학의 기본적인 요소는 실현할 수 있는 소망이다. 성공의 태도를 취하는 젊은이는 이미 성공을 향해 나아가는 것이며, 실패의 태도를 취하는 젊은이는 이미 실패를 향해 나아가는 것이다. 실패이든, 성공이든 일단 마음에 그려진 그림은 실현되는 경향이 강하다.

가치있는 일을 하기 위해서는 우선 기도로써 그것이 하나님의 뜻에 적합한지 아닌지를 테스트해본 다음, 그것을 그림으로 당신의 마음에 새겨, 의식적으로 그 그림을 마음에 지니도록 노력해야 한다.

그 그림을 하나님의 의사에 맡기고, 그리고 하나님의 인도에 따르라. 그 일을 열심히 지혜롭게 해나감으로써, 그 문제의 성공을 위하여 해야 할 일을 다하라.

이 일을 성실히 실천해나가면, 당신은 엉뚱한 방법으로 결국 마음속의 그림이 실현되는 것을 보고 깜짝 놀랄 것이다. 이와 같이 해서 그 그림을 현실적인 것으로 만드는 것이다.

당신이 기도로 삼고 그림으로 그린 것은, 거기에 하나의 힘이 가해지고, 또 그 실현에 전력을 기울이면, 당신이 바라는 형태의 소망이 그대로 현실화될 수 있다.

어느 부인의 체험

그 일례로써, 결혼한 지 5년이 지난 어느 부인은 남편이 자기에게서 멀어져간다는 사실을 발견했다.

남편이 최근에 이사 온 이웃 아가씨를 집으로 초대하라고 부인에게 계속 요구했던 것이다. 남편이 그 아가씨에게 계속 관심을 기울이자 아내는 자존심이 상해 남편을 책망하기 시작했다. 그런데 이와 같은 아내의 히스테리 때문에 이제까지 행복했던 부부 사이에 마침내는 틈이 벌어지고 말았다. 아내는 깜짝 놀라 어느 날 목사한테 이 문제를 상의했다.

목사는 그 부인에게 이것저것 질문한 결과, 그녀는 남편에게 불친절하고 사소한 일에 신경질을 부릴 뿐만 아니라, 적의마저 품고 있다는 사실을 발견했다. 또 그녀는 집안일에도 흥미를 잃어, 정리가 안 된 어수선한 집 안에서 정성이 깃들이지 않은 음식을 남편에게 주었던 것이다.

목사는 그 부인에게 부부 사이에 금이 간 것은 그녀의 책임이라는 사실을 교묘하게 암시했다.

그 부인은 자기가 남편과 동등하다고 생각한 적은 단 한 번도 없었다고 고백했다. 그녀는 사회적으로나 지적으로 결코 남편과 동등한 위치에서 살아갈 수 없다는 심한 열등감을 갖고 있었던 것이다. 그녀의 열등감은 남편을 적대시하고 짜증을 부리는 형태로 나타났던 것이다.

그래서 목사는 그 부인에게 마음속에 상냥한 미소를 지님으로써 사람의 마음을 끄는 매력적인 아내로 탈바꿈하라고 넌지시 충고했다.

목사는 약간 익살스럽게 이렇게 말하는 것이었다.

"하나님은 미용실도 경영하고 계십니다."

그리고 신앙과 기도는 사람의 얼굴을 아름답게 만들어주고, 그 태도에 매력과 우아함을 더해줄 것이라고 덧붙여 말했다.

목사는 부인에게 기도하는 방법과 마음의 그림을 만드는 방법을 가르쳐주었다. 그리고 지난날 그들 부부의 행복했던 사이가 부활된 마음의 그림을 그리고, 남편의 좋은 점만을 생생하게 마음의 그림으로 그리라고 충고했다.

부인은 목사의 충고를 진심으로 받아들여 실천하겠다고 맹세했다.

그 후 남편은 그녀에게 이혼하자고 제의했다. 그전 같으면 반드시 큰 소란이 벌어졌을 테지만, 이제 그녀는 이 제안을 냉정히 받아들일 수 있게 되었다. 이윽고 아내는 이혼이란 부부

생활의 최후이므로 그 결정을 90일 뒤로 미루자고 제안했다.

"만약 90일이 지나도 당신이 이혼을 바란다면 저도 당신의 뜻에 따르겠어요."

그녀는 조용히 말했다. 남편은 전혀 예상 밖이라는 시선으로 아내를 쳐다보았다.

그는 아내가 분명히 신경질적으로 감정을 폭발하리라 예상했던 것이다.

그 이후 남편은 매일 밤 외출했고, 아내는 매일 밤 집에 조신하게 있었다.

아내는 매일 밤 집에서 남편이 의자에 앉아서 책을 읽는 모습을 마음속에 그렸다. 남편이 정원에 물을 주고, 페인트 칠을 하고, 가구의 위치를 바꾸고 있는 모습을 마음에 그렸다. 그들이 아직 신혼이었을 때 남편이 접시를 닦아주던 광경을 그렸고, 함께 골프를 치고 하이킹을 가던 모습을 생생하게 그렸던 것이다.

그러던 어느 날 밤이었다. 남편은 외출하지 않고 지난날처럼 의자에 앉아서 책을 읽는 것이었다. 그녀는 그것이 환상이 아님을 확인하기 위하여 몇 번이나 눈을 비비고 그 모습을 쳐다보았다. 매일 밤 마음에 그리던 그림이 현실로 나타난 것이다.

그 후 남편은 때때로 외출할 때가 있었지만, 점점 집에 있는 시간이 많아졌다. 그리고 옛날처럼 그녀에게 책을 읽어주기도 했다. 그리고 드디어 어느 화창한 토요일 오후에는 그전처럼 골프장에 가보지 않겠느냐고 말하는 것이었다.

약속한 90일은 즐겁게 지나갔다. 마침내는 그 90일째의 밤이 되었다.

"오늘이 약속한 90일째예요."

이렇게 아내가 말하자, 남편은 어리둥절한 표정을 지었다.

"갑자기 난데없이 그게 무슨 소리야? 90일째라니?"

아내는 나직한 목소리로 말했다.

"정말 잊으셨나요? 이혼문제를 결정하기 위해 90일을 기다리기로 한 것 말예요. 오늘이 바로 그날이에요."

그러자 남편은 아내를 한참 동안 뚫어지게 쳐다보았다. 이윽고 그는 보고 있던 신문으로 얼굴을 가리며 이렇게 말하는 것이었다.

"바보 같은 소리는 그만해. 나는 당신이 없으면 살아갈 수 없다구."

결국 그들 부부는 기도의 힘으로, 소멸되었던 애정을 되찾고 다시 옛날의 행복했던 생활을 시작하게 된 것이다.

이 사건은 기도의 힘이 얼마나 강력한 작용을 하는가를 증명해준 것이다. 아내는 기도와 마음의 그림을 그림으로써 그녀가 바라는 것을 현실화시켰던 것이다. 그리고 이것은 그녀의 문제와 함께 남편의 문제까지도 동시에 해결해주었던 것이다.

나는 이 기술을 가정적인 문제가 아니라 사업상의 문제에 적용하여 성공한 사람들을 알고 있다. 성의껏 이 기술을 사정에 맞춰 실행한다면 분명히 훌륭한 결과를 얻을 수 있을 것이다.

창조적 힘을 일으키는 기도

기도의 중요한 기능의 하나는 창조적인 힘을 불러일으키는 일이다. 인간의 마음속에는 성공하기 위해 필요한 일체의 근원이 있다. 만약 마음속에 잠들어 있는 그 힘이 해방되어 적당히 활동한다면 어떠한 계획이나 시도도 성공으로 이끌어간다.

《성경》에 "하나님의 나라는 너희 안에 있느니라."(누가복음 17 : 21)하는 말씀은 우리들의 창조주인 하나님이 우리들의 마음속에 성공에 필요한 모든 가능성에 깃들어 있음을 일깨워주는 것이다.

그러므로 우리들이 성공을 위해 해야 할 일은 단지 우리들의 마음속에 잠재되어 있는 위대한 힘을 해방시켜 주기만 하면 되는 것이다.

내가 잘 아는 회사에는 네 사람의 중역이 있는데, 그들은 정기적으로 '아이디어 회의'라는 것을 개최하고 있었다. 그 회의의 목적은 그들의 마음속에 잠재해 있는 창조적인 생각을 남김없이 토론하는 것이었다. 이 회의를 위하여 그들은 전화도 인터폰도 없고, 그 밖에 사무실에 필요한 설비가 전혀 갖춰지지 않은 방을 사용했다. 창문도 이중으로 되어 있어 거리의 소음도 전혀 들리지 않았다.

그들은 회의를 시작하기 전에 약 10분간 기도와 명상에 잠긴다. 그들은 각자 나름대로의 기도방법으로 사업에 필요한 창조적인 생각을 머릿속에서 해방시키기 위해 준비를 하는 것이다.

이 엄숙한 기도의 시간이 끝나면, 비로소 네 사람은 각자 마음에 떠오른 생각을 꺼내기 시작하는 것이다. 그들의 생각은 모조리 메모지에 기록된다. 그 시간에는 누구도 다른 사람의 아이디어를 비판하지 않는다. 그것이 창조적인 생각을 방해할지도 모르기 때문이다.

아이디어를 적은 메모지를 모두 모았다가 다음 회의에서 평가한다. 그러므로 이 회의는 단순히 기도로 자극받은 아이디어를 털어놓기 위한 것이다.

이 '아이디어 회의'에서 나온 아이디어는 처음 얼마 동안은 가치가 없는 것이 많았지만, 점차 회의를 거듭함에 따라 좋은 아이디어가 많이 나오게 되었다. 이리하여 얼마 후에는 실용적 가치가 실증된 좋은 아이디어가 나왔다.

그들 중 내가 잘 아는 중역이 이렇게 말했다.

"이 회의 때문에 우리들은 좋은 아이디어를 만들어낼 수 있게 되었습니다. 그것은 이미 대차대조표에서도 나타나 있지만, 그뿐만 아니라 우리들은 새로운 자신을 갖게 되었습니다. 우리 네 사람 사이에는 협조정신이 두터워졌으며, 이 기풍은 사내의 다른 사원들에게도 퍼져나가게 되었습니다."

아직까지도 종교가 사업에 방해물이라고 생각하는 낡아빠진 사고방식의 경영주가 많은 것 같다. 오늘날 사업에 성공한 사람들은 생산·판매·관리 등에 있어서 가장 확실한 방법을 도입하고 있다.

그리고 많은 현명한 사업가들이 사업의 능률을 올리는 가장 확실하고도 새로운 방법의 하나는 기도의 힘이라는 사실을 인정하고 있다.

현명한 사람들은 어느 곳에 있더라도 이 기도의 힘을 시도함으로써 보다 좋게 생각하고, 보다 좋게 일하고, 보다 좋게 생활하고, 일이 더욱 잘 되어가고 있다는 사실을 깨닫고 있었다.

기도의 힘의 방사(放射)

나의 주의를 끈 기도의 방법은 여러 가지가 있지만, 가장 효과적인 것의 하나는 프랭크 라우바하가 그의 뛰어난 저서 《기도, 세계의 가장 강대한 힘》에서 제기하고 있는 것이다.

나는 이 저서가 기도에 관한 가장 실용적인 책의 하나라고 생각하고 있는데, 그것은 그 곳에 기도의 신선한 기법이 기술되어 있기 때문이다.

라우바하 박사는 현실의 힘이 기도에 의해 생기는 것이라고 강력히 믿고 있다. 그의 방법의 하나는 거리를 걸으면서도 사람들을 향해 '기도를 행하는 것'이다. 그는 이것을 '발화(發火) 기도'라고 부르고 있다. 그는 선과 사랑이 깃들인 기도를 통행인들에게 '포격'하는 것이다. 그가 기도를 하면 지나가는 사람들이 자신을 물끄러미 바라본 다음 미소짓는다는 것이다. 그들은 전기에너지와 같은 방사를 느끼는 것이었다.

버스 안에서도 그는 승객들에게 기도를 발사한다. 어느 날, 그는 매우 우울해 보이는 남자의 등뒤에 서 있었다고 한다. 그는 그 남자를 위해 선과 사랑이 깃들인 기도를 했다고 한다. 그러자 그 남자는 손으로 자기 머리를 치기 시작했다. 이윽고 차에서 내릴 때 그 남자의 얼굴에는 어두운 표정이 사라지고 미소가 떠올라 있었다 한다.

이것은 내가 열차 안에서 경험한 일이다. 한 술 취한 남자가 아무에게나 시비를 걸고 함부로 욕지거리를 하고 있었다. 나는 열차 안의 모든 사람이 그에게 혐오감을 느끼고 있다고 느꼈다. 그래서 나는 프랭크 라우바하의 방법을 시도해보리라 생각했다. 나는 그의 보다 좋은 모습을 상상하며 그를 위해 열심히 기도하기 시작했다. 그러자 그 남자는 뚜렷한 이유도 없이 갑자기 내 쪽으로 몸을 돌리더니 나를 향해 적의없는 미소를 보내며 손을 흔드는 것이었다. 그는 갑자기 태도를 바꿨으며, 얌전히 자기 자리에 앉아 잠을 자기 시작했다. 내가 그를 위해 한 기도가 그의 태도를 그렇듯 갑작스레 변화시킨 것이었다.

그런 일을 또 한 번 경험한 적이 있는데, 그것은 최근 사우스

웨스턴의 어느 도시에서 상업회의소의 만찬회 연사로 초청되었을 때였다. 나는 연설을 하는 동안 찡그린 표정으로 나를 쳐다보고 있는 한 남자를 발견했다. 그는 어쩐지 꼭 나에게 적의를 갖고 있는 것처럼 보였다. 나는 연설을 하면서도 그를 위해서 마음속으로 기도를 했다.

회합이 끝나고 주위 사람들과 악수를 하고 있을 때였다. 갑자기 억센 힘으로 나의 손을 잡는 사람이 있었다. 그 사람은 찡그린 표정으로 나를 쳐다보고 있던 그 남자였다. 그는 크게 소리내어 웃으며 말했다.

"솔직히 말해서 나는 전도사가 싫습니다. 그래서 목사인 당신이 우리 상업회의소의 만찬회 연사로 초청되었을 때 몹시도 못마땅했습니다. 저는 선생님이 연설을 하는 동안 무언가가 제 마음속에 와 닿는 것을 느꼈습니다. 저의 못마땅한 생각은 순식간에 사라졌으며, 이제까지 경험하지 못했던 평화로운 감정을 갖게 되었습니다. 정말 이상한 변화지만 저는 선생님이 좋아졌습니다."

그 남자를 변화시킨 것은 나의 연설이 아니었다. 그것은 기도의 힘의 방사였던 것이다.

우리들의 뇌 속에는 약 20억 개의 작은 축전지가 있어서 사상과 기도에 의해 힘을 발휘하도록 되어 있다. 우리들에게는 몇 천개라는 작은 방송실이 있어서 이러한 것이 기도에 의해 조정되면 무서운 힘이 인간내부에 가득 차서 인류간에 그 힘을 전파할 수 있는 것이다. 우리들은 송신소와 수신소를 겸하는 기도에 의해 힘을 방출할 수 있는 것이다.

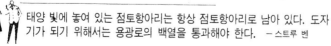

태양 빛에 놓여 있는 점토항아리는 항상 점토항아리로 남아 있다. 도자기가 되기 위해서는 용광로의 백열을 통과해야 한다. ─스트루 벤

기도하는 힘을 발견한 두 여성

어느 유원지의 관리 보조원으로 일하고 있는 젊은 여성이 있었다. 이 아가씨는 어린이들이 놀이기구를 타다가 혹시 다치지 나 않을까 하고 늘 노심초사했다. 또 어린이들이 횡단보도를 건너는 것을 볼 때는 교통사고를 당하지나 않을까를 걱정했다.

"어린이들이 놀고 있는 것을 보고 있으면 걱정이 되어 호흡이 멎어버릴 것만 같습니다."

그녀는 그와 같은 사실을 상사인 유원지 관리자에게 말했다. 관리자는 독실한 기독교인으로서 무척 밝은 성격의 소유자였다.

"이제까지 기도해본 일이 있나요?"

상사가 부드러운 목소리로 물었을 때 그녀는 이렇게 말했다.

"기도 같은 것은 별로 생각해본 일이 없습니다."

그러자 관리자는 기도—참다운 기도에는 어떤 힘이 숨어 있는지—에 대하여 열심히 설명한 후에 이렇게 덧붙였다.

"만일 당신이 하나님께 어린이들을 항상 잘 보살펴주시라고 기도하고, 그 기도에 확신을 가질 수 있다면 하나님은 어린이들을 지켜주십니다. 그리고 당신도 불안과 공포에서 해방되어 즐겁게 생활할 수 있습니다."

처음에 그녀는 관리자의 말을 믿으려 하지 않았다. 그렇지만 관리자의 정성스런 설득으로 기도하기 시작했다. 그리고 현재는 기도의 힘을 열성스럽게 제창하는 사람이 되었다.

또 한 사람은 나한테 찾아온 젊은 부인의 예이다.

그 젊은 부인은 자기가 이웃이나 친구에 대한 증오·질투·원한에 차 있다고 고백했다. 그녀는 대단히 소심하여 항상 자기 아이들이 병에 걸리지 않을까, 재난을 당하지 않을까 걱정하면서 불안과 증오로 나날을 보내고 있었다.

내가 기도를 해본 일이 있느냐고 묻자, 그녀는 이렇게 대답했다.

"자포자기로 인해 절망적일 때에만 기도를 했습니다. 그러나 저는 기도가 아무런 도움도 되지 못한다는 사실을 깨달았습니다. 때문에 이제 저는 거의 기도를 하지 않습니다."

나는 그녀의 이야기를 듣고 난 다음, 참된 기도를 실행하면 생활을 변화시킬 수 있으며, 증오 대신 사랑을, 걱정 대신 자신있는 생각을 갖게 될 것이라고 말해주었다. 또 아이들이 학교에서 돌아올 때쯤 되어서 기도를 하고, 기도로 인해 하나님의 은혜를 긍정해야 된다고 설명했다.

처음 그녀는 의심하는 눈치였으나, 결국에는 내가 알고 지내는 사람 중에서 가장 열심히 기도하는 사람이 되었다.

기도로 인해 그녀의 생활이 어떻게 변화되었는가는 다음에 소개하는 그녀의 편지에 잘 나타나 있다.

'저는 이 몇 주일 동안에 굉장한 발전을 했습니다. 그것은 선생님께서 "기도를 하면 하루하루가 기분 좋은 날이 된다."라고 말씀해주신 그날부터 시작되었습니다. 저는 아침에 눈을 뜨면 "오늘도 즐거운 날이 될 것이다."라고 자신에게 암시했습니다. 그리고 그날부터 저에게는 나쁜 날이나, 혼란된 날이란 단 하루도 없었습니다.

그렇다고 이전과 비교하여 조그마한 고민이나 마음대로 되지 않는 일이 없어진 것은 아닙니다. 이상하게도 그런 일들로 제 마음에 혼란이 일어나지 않는 것입니다. 매일 밤 저는 감사해야 할 여러 가지 일들, 하루의 행복에 도움을 준 자질구레한 일들을 열거하는 것으로 기도를 시작하고 있습니다. 저는 이 습관이, 좋은 일은 역력히 떠오르게 하고 불쾌한 일은 잊어버리게 한다는 사실을 잘 알고 있습니다. 지난 6주일 동안 단 하루도 불쾌한 날이 없었으며, 어떤 일도 결코 제 마음에 상처를 주지 못했다는 사실은 정말 기적입니다.'

그녀는 결국 기도로 인해 생겨나는 놀라운 위력을 발견했던 것이다.

기도로 효과를 얻기 위한 열 가지 방법

당신도 이와 똑같은 기적을 경험할 수 있다. 다음에 열거하는 사항은 기도로써 효과적인 결과를 얻기 위한 열 가지 법칙이다.

1. 매일 몇 분씩 기도하라. 그 동안은 아무 말도 하지 말아야 한다. 그저 한마음으로 하나님만을 생각하라. 그렇게 함으로써 당신의 마음은 하나님을 받아들일 수 있는 상태가 될 것이다.

2. 그 다음에는 간단하고 자연스러운 말로 기도하라. 당신의 마음에 떠오른 것은 무엇이든 하나님에게 이야기하라. 틀에 박힌 종교적인 언어를 써야 한다고 생각할 필요는 없다. 평소에 흔히 사용하던 말로써 하나님에게 얘기하면 된다. 하나님은 그것을 충분히 이해해주실 것이다.

3. 그날 업무를 시작하기 전에 먼저 기도하라. 지하철에서, 버스 속에서, 혹은 당신의 책상 앞에서 기도하라. 눈을

감고 당신 자신을 외부로부터 차단하고 오직 하나님의 존재에 정신을 집중시킨 다음 짤막한 기도를 하면 된다. 매일 이런 기도를 하면 하나님의 존재를 신변에서 느끼게 될 것이다.

4. 기도할 때는 의문을 갖지 말고 하나님의 축복이 당신에게 내리고 있다는 사실을 확신하라. 그렇게 하여 당신의 기도의 대부분이 하나님에 대한 감사를 나타내는 기도가 되게 하라.

5. 정성어린 기도는 반드시 하나님에게 이르러 당신이 사랑하는 모든 사람들을 하나님의 사랑과 보호로 감싸줄 수 있다는 믿음을 갖고 기도하라.

6. 기도할 때는 결코 소극적인 생각을 해서는 안 된다. 적극적인 생각만이 좋은 결과를 가져온다는 사실을 굳게 믿으라.

7. 항상 자진해서 하나님의 뜻을 기꺼이 받아들이려는 자세를 갖춰야 한다. 당신이 바라는 것을 하나님으로부터 구하려는 것보다 하나님이 당신에게 주시려는 것을 기꺼이 받아들이도록 해야 한다. 그것이 당신이 바라는 것보다 더욱 좋을 수도 있다.

8. 어떤 일이나 하나님의 손에 맡긴다는 태도를 취하라. 항상 모든 일에 최선을 다한 다음, 그 결과는 하나님을 믿고 하나님에게 맡기도록 하라.

9. 당신이 좋아하지 않는 사람, 혹은 당신에게 냉정한 사람들을 위해 기도하라. 원한과 분노는 종교적인 힘을 봉쇄하는 가장 큰 장애이다.

10. 기도해주어야 할 사람들의 명부를 작성하라. 다른 사람

들, 특히 당신과 전혀 관계가 없는 사람들을 위해 기도하
라. 그렇게 하면 할수록 기도의 많은 성과가 당신에게 돌
아온다는 사실을 명심하라.

제5장

어떻게 하면 행복하게 될 수 있을까

　당신이 장차 행복해질 것인가, 아니면 불행해질 것인가를 결정하는 것은 누구일까? 당신, 다름 아닌 자신이다.

　어느 TV의 유명한 사회자가 자기 프로의 초대손님으로 한 노인을 초청한 일이 있었다. 그는 참으로 세상에서 보기 드문 노인이었다. 그 노인이 하는 말은 미리 준비하여 연습해둔 것이 아니었다. 그 자리에서 즉흥적으로 하는 말이었다. 그의 말은 명랑하고 행복한 그의 인격에서 저절로 우러나온 것이었다.

　그의 말이 조금도 꾸밈이 없고 너무나 적절한 내용이었기 때문에, 모든 청중은 크게 소리를 지르며 즐거워했다. 그 프로의 사회자도 깊은 감명을 받아 다른 사람들처럼 즐거워했다.

　마지막으로 사회자는 노인에게 이렇게 물었다.

　"어쩌면 그토록 행복하게 보이십니까? 틀림없이 노인께서는 색다른 행복의 비결을 갖고 계신 것 같습니다."

그러자 노인은 커다랗게 손을 내저으며 대답했다.

"아닙니다. 행복의 비결 같은 것은 갖고 있지 않습니다. 다만 사람의 얼굴에 코가 있는 것처럼 아주 평범한 것이죠. 나는 아침에 눈을 뜨면 둘 중에 하나를 선택합니다. 행복이냐 불행이냐 둘 중의 하나를 말입니다. 당신들은 내가 어느 쪽을 선택할 것 같습니까? 물론 나는 행복을 선택합니다. 비결이란 단지 그것뿐입니다."

이것은 지나치게 단순한 것처럼 보일지도 모른다. 그러나 이런 단순함 속에 행복의 비결이 숨어 있는 것이다. 이 말은 에이브라함 링컨의 말과도 일맥상통한다.

> 인간은 행복해지려고 결심한 정도의 행복을 얻을 수 있다.

당신이 만약 불행해지기를 원한다면 당신은 불행하게 될 수 있다. 세상에서 이처럼 손쉬운 일은 없을 것이다. 마음속으로 불행을 선택하면 그만이다. 일이 잘 풀리지 않으며 모든 것이 못마땅하다. 그렇게 생각하면 당신은 틀림없이 불행해질 수 있다.

그러나 당신이 당신 자신에게 '만사가 잘 풀리고 있다. 역시 인생은 즐겁다. 나는 행복을 선택할 것이다.'라고 말한다면 행복은 틀림없이 당신에게 들어올 것이다.

 삶에 관한 나의 공식은 아주 간단하지요. 아침에 일어나서 밤에 잠드는 일이지요. 그 사이에 최선을 다해 일하지요. ─그란트 : 배우

어린이의 마음

어린이는 어른들보다 행복이란 점에서는 훨씬 전문가이다. 어린 시절의 정신을 중년, 그리고 노년까지 이어갈 수 있는 사람은 천재이다. 왜냐하면 그는 하나님이 인간에게 베풀어준 참된 행복의 정신을 끝까지 보유하려 하기 때문이다.

예수의 명민함에는 참으로 감탄을 금할 수가 없다. 왜냐하면 예수는 "사람이 이 세상을 살아가는 길은 어린아이와 같은 마음과 정신을 지니는 데 있다."고 말했기 때문이다. 즉, 절대로 천진난만한 순진성을 잃어서는 안 된다는 말이다.

나의 딸, 아홉 살짜리 엘리자베스는 행복이 무엇인가에 대해 잘 알고 있다.

어느 날, 엘리자베스에게 물었다.

"너는 행복하니?"

"네, 저는 정말 행복해요."

"언제나 행복하니?"

내가 다그쳐 묻자,

"그럼요, 저는 언제나 행복해요."

이렇게 대답하는 것이었다.

"너를 행복하게 하는 것이 뭐지?"

"무엇이 저를 행복하게 해주는지는 모르겠어요. 그저 행복할 뿐이에요."

"너를 행복하게 해주는 것이 반드시 있을 거야."

그러자 나의 딸은 이렇게 말했다.

"글쎄요, 그렇다면 한번 생각해볼게요. 우선 저와 놀아주는 친구들, 그애들이 저를 행복하게 해줘요. 저는 그애들을 무척 좋아하거든요. 그리고 학교도 저를 행복하게 해줘요. 저는 학교에 가는 것이 좋아요. 선생님도 좋구요. 또 교회에 나가는 것도 좋아요. 주일학교 선생님들도 좋거든요. 그리고 마가렛 언니와 존 오빠도 좋아요. 또 아빠와 엄마도 좋아요. 모두들 저에게 친절하고 잘해줘요.”

이것이 엘리자베스의 행복의 방식인 것이다. 그리고 나는 엘리자베스의 말에 행복의 모든 것이 구비되어 있다고 생각했다. 그애의 놀이친구(그것은 그애의 동료들이다.), 그애의 학교(그것은 그애가 일하는 장소이다.), 그애의 교회와 주일학교(이것은 그애가 예배 드리는 장소이다.).

당신의 행복도 그 곳에 집약되어 있다. 그리고 당신 생활의 가장 행복한 시간도 그러한 요소에 관계되어 있는 것이다.

언젠가 소년소녀들에게 자신을 가장 행복하게 해주는 것이 무엇인가를 쓰도록 한 일이 있었다.

다음은 그때 소년들이 써낸 것들이다.

“하늘을 제비가 날아가고 있다. 밑을 들여다보니 바닥까지 환하게 비치는 맑은 물이 졸졸 흘러 가고 있다. 달리는 보트로 인해 갈라지는 수면, 달리는 기차, 무거운 물건을 들어올리는 공사장의 크레인, 집에서 기른 강아지의 눈.”

다음은 그때 소녀들이 써낸 것들이다.

“강물에 비치는 가로등, 나무 사이로 엿보이는 붉은 지붕, 굴뚝에서 피어오르는 연기, 붉은 우단, 구름에 가린 달.”

어린이들이 열거한 것들에는 우주의 아름다움이 표현되어 있다. 행복한 사람이 되기 위해서는 깨끗한 영혼을, 사물을 순수하게 바라볼 수 있는 안목을 가질 필요가 있다.

위대한 것 치고 정열이 없이 이루어진 것은 없다. ―에머슨

불행을 만드는 사람들

대부분의 사람들은 자기가 자신의 불행을 만들어내고 있다. 물론 모든 불행을 자신이 만드는 것은 아니다. 사회적 여건도 우리 불행의 적잖은 부분을 차지하고 있다. 그러나 대부분은 우리들의 생각이나 태도에 의해 행복이나 불행을 만들어내고 있는 것이다.

이 방면에 어떤 유명한 권위자는 "다섯 사람 중 네 사람은 마땅히 행복할 수 있는 데도 행복하지 않다. 불행이란 가장 흔한 마음의 생태이다."라고 말하고 있다.

행복해지고 싶다고 생각하는 것은 인간의 가장 자연스런 욕망이다. 그러나 행복을 얻는 절차는 조금도 복잡하지 않다. 그것을 얻고자 열망하고, 올바로 배우고 활용하는 사람이라면 반드시 행복하게 될 수 있다.

언젠가 나는 기차의 식당차에서 처음 보는 부부의 앞자리에 앉은 적이 있었다.

그 부인은 얼핏 보기에도 매우 값비싸 보이는 모피코트를 걸치고, 옷깃에 다이아몬드 핀을 꽂고 있었다. 그런데 그녀의 태도는 매우 불쾌했다. 연신 창 틈으로 바람이 들어온다느니, 차 안이 더럽다느니, 식사가 형편없다느니 하는 따위의 불평을 줄줄이 늘어놓았다.

반면에 그 여자의 남편은 붙임성이 있고 모나지 않은 사람이었다.

그는 분위기를 바꾸기 위해 나에게 직업을 물었다. 그리고 나서 자기는 법률가라고 소개했다.

"그리고 제 아내는 제조업을 하고 있습니다."

이 말에 나는 깜짝 놀랐다. 왜냐하면 그 부인은 아무리 보아도 사업가 타입으로는 전혀 보이지 않았기 때문이었다.

그래서 나는 그에게 물어보았다.

"도대체 무슨 제조업을 하십니까?"

"불행입니다. 저 사람은 불행을 제조하고 있습니다."

이 말을 듣고 그의 부인은 펄펄 뛰며 화를 냈지만, 나는 속으로 그의 말에 큰 감동을 받았다. 왜냐하면 그 사람은 아주 적절히 많은 사람들이 불행해지는 이유를 설명해주었기 때문이다. 실제로 대부분의 사람들은 자신의 불행을 자기 스스로 만들어내고 있는 것이다.

이것은 정말 유감스러운 일이다. 그러잖아도 우리들의 행복을 뺏으려는 외적인 문제가 얼마든지 널려 있는데, 스스로의 마음속에 더 큰 불행을 제조하여 키워나가다니 이 얼마나 어리석은 우스운 짓인가!

스스로 불행하다고 생각하는 것이 자신의 불행을 만들어내는 것이다. 당신은 아마 다른 사람은 그 실력 이상의 것을 얻고 있는데, 자신은 대가 이하의 것만을 받고 있다고 생각할 것이다.

우리의 불행은 원한이나, 악의나, 증오를 마음속에 새겨두는 것에 의하여 더욱 가중되게 된다. 이처럼 불안을 만들어내는 일로 인하여 걱정과 괴로움도 현저히 증가한다.

그러면 어떻게 해야 우리의 마음속에서 나쁜 불행을 몰아내고 좋은 행복이 찾아들게 할 수 있을 것인가?

행복의 습관

이것도 기차여행을 했을 때에 일어난 일인데, 행복이 깃들이게 하는 한 가지 해답을 암시해주고 있다.

어느 날 아침, 대략 6명 정도의 사람들이 열차의 남자 화장실에서 면도를 하고 있었다. 열차에서 하룻밤을 지낸 뒤 그처럼 비좁고 혼잡한 곳에서는 흔히 있는 일이지만, 이 서로 모르는 사람끼리의 분위기가 부드러울 수는 없었다. 서로 얘기를 하는 법도 없고, 어쩌다가 말하는 사람도 입속말을 중얼거릴 뿐이었다.

그 때 한 남자가 밝은 미소를 띄우고 들어왔다. 그는 상냥하게 그 곳에 있던 사람들에게 아침인사를 했다. 그러나 사람들은 관심없는 태도로 가까스로 중얼거리며 대답할 뿐이었다.

그는 면도를 하면서 거의 무의식적으로 콧노래를 부르기 시작했다. 그것이 몇몇 사람의 비위를 건드렸던 모양이다.

드디어 한 남자가 비꼬는 투로 말했다.

"오늘 아침 당신은 몹시 행복한 것 같군요. 어째서 그처럼 기분이 좋습니까?"

그러자 그 남자는 이렇게 대답했다.

"그렇습니다. 사실 나는 행복합니다. 정말 말할 수 없이 유쾌한 기분입니다."

그리고 나서 그는 이렇게 덧붙였다.

> **"나는 행복을 습관처럼 느끼고 있습니다."**

그가 한 말은 단지 그것뿐이었지만, 그 자리에 있었던 모든 사람들은 "나는 행복을 습관처럼 느끼고 있습니다."라는 말을 마음에 되새기며 기차에서 내렸을 것이다.

이 말은 참으로 깊은 의의를 지니고 있다. 왜냐하면 우리들의 행복이나 불행이 우리들이 갖고 있는 마음의 습관에 의해 크게 좌우되기 때문이다.

현인들의 격언을 모은 《성경》의 잠언에서도 "고난받는 자는 그날이 다 험악하나, 마음이 즐거운 자는 항상 잔치하느니라." 〈잠언 15 : 15〉라고 가르치고 있다. 즉, 즐거운 생각을 하라는 것이다. 곧 행복의 습관을 몸에 배게 한다면 인생은 항상 잔치하는 것처럼 즐겁다는 뜻이다.

행복의 습관으로 인생은 결국 행복해지게 마련이다. 습관은 만들어낼 수 있는 것이다. 그러므로 우리들은 우리 자신의 행복도 만들어낼 수가 있다.

단지 행복한 생각을 하는 것만으로도 행복을 습관화할 수 있다. 먼저 행복한 생각을 리스트로 만들어 하루에 몇 번이라도 그것을 마음에 떠올리는 것이다. 만약 불행한 생각이 마음에 떠오르려 하면 그 즉시로 그것을 축출해버려야 한다. 그리고 그 자리에 행복한 생각을 채우는 것이다.

매일 아침 자리에서 일어나기 전에 당신의 마음속에 행복한 생각을 투입시키라. 당신이 그날 경험하고자 원하는 것을 마음속에 그림으로 그리라, 그리고 그 상상의 기쁨을 음미하는 것이다. 이와 같은 생각은 그날 당신이 바라는 일이 이루어지도록 도와줄 것이다. 절대로 오늘은 일이 뜻대로 안 되리라고 단언해서는 안 된다. 단지 그렇게 말하는 것만으로도 당신은 나쁜 일이 일어나도록 돕는 것이 된다. 불행한 일이 일어나도록 하는 크고 작은 요소들을 모조리 당신에게 자석처럼 끌어당기는 것이 되는 것이다.

그 결과 당신은 이렇게 투덜거리게 된다.

'나에게는 왜 모든 일이 나쁜 방향으로만 흐르는 것일까? 이것이 내 운명이란 말인가?'

그 이유는 당신이 그날 아침에 했던 생각이 나빴기 때문이다.

그렇게 하는 대신, 내일부터는 다음과 같이 해보라. 우선 아침에 눈을 뜨면 다음과 같은 말을 세 번 되풀이 외치는 것이다.

"이 날은 여호와가 정하신 것이다. 이 날에 우리가 즐거워하고 기뻐하리로다."〈시편 118 : 24〉

이 말을 당신의 처지에 맞춰서 이렇게 말해도 좋다.

'나는 오늘을 기뻐하고 즐기리라.'

이 말을 강하고 똑똑한 목소리로, 그리고 적극적인 태도로 반복해서 말하면 되는 것이다.

이 말은 《성경》에서 인용한 것이지만 불행을 고치는 좋은 약이 된다. 만약 당신이 아침식사를 하기 전에 이 말을 세 번 이상 반복해서 말하고 그 속뜻을 깊이 생각한다면, 당신은 행복한 마음으로 그날을 시작하여 그날의 성격을 바꿀 수 있을 것이다.

옷을 갈아입을 때나, 면도를 할 때도 다음과 같은 말을 큰 소리로 외치라.

"나는 오늘 하루가 멋진 날이 될 것을 굳게 믿고 있다. 나는 오늘 일어나는 모든 일을 훌륭하게 처리할 수 있다. 지금의 나는 몸도 마음도 모두 양호한 상태이다. 살아 있다는 것이 가슴 벅찬 환희를 주고 있다. 나는 과거에 가졌던 것과 현재 가지고 있는 것, 그리고 미래에 가질 모든 것에 감사하고 있으며, 나에게 잘못되는 것은 전혀 없고, 하나님께서는 항상 나와 함께 계시며 무슨 일이 일어나더라도 도와주실 것이다. 나는 모든 좋은 일에 대해 하나님께 감사 드리고 있다."

내가 알고 있는 한 젊은이는 항상 아침식사 때 아내에게 이렇게 말하는 것이었다.

"오늘도 불쾌한 일이 일어날 것만 같군."

사실 그는 진심으로 그렇게 말한 것은 아니었다. 어쩌면 좋은 일이 생길지도 모른다는 정신적 탈출구로써 그렇게 말한 것에 불과했던 것이다. 그러나 그의 일은 하나도 잘되는 것이 없었다. 모든 사태가 점점 악화될 뿐이었다.

그러나 이것은 결코 놀랄 만한 일이 아니다. 불행한 결과를 생각하고 그것을 표현하면, 그것은 불행한 결과를 만들어내는 경향이 있다는 점에서 오히려 당연한 일이다.

그러므로 당신은 아침마다 행복한 결과를 생각하고 그것을 말로써 표현해야 한다. 그러면 모든 일이 자신이 원하는 방향으로 잘 풀려나가는 것을 보고 깜짝 놀랄 것이다.

행복을 가져오는 기본적인 요건

그러나 내가 지금까지 당신에게 권한 것을 마음에 적용하는 것만으로는 행복해지는 데 불충분하다. 당신은 하루 종일 당신의 행동과 마음 태세를 행복한 생활의 기본원칙 위에 올려놓지 않으면 행복해질 수 없다.

이러한 원칙 중에서 가장 단순하고도 기본적인 것은 봉사와 친절이 깃들인 봉사를 실천하는 것이 우리에게 가져다 주는 행복은 정말 놀라울 정도이다.

나의 친구인 사무엘 슈메이커 박사는, 우리 두 사람의 친구인, 뉴욕의 그랜드 센트럴 역의 포터(짐꾼)로 유명한 랠스턴 영에 대한 감동적인 이야기를 쓴 일이 있다.

랠스턴 영은 생활을 위하여 남의 가방을 운반해주고 있었지만, 보다 중요한 일은 이 세상에서 가장 큰 기차역의 포터로서 기독교 정신으로 사는 것에 있었다.

그는 크리스천으로서 사람들의 가방을 운반할 때마다 조그마한 친절이나마 베풀려고 노력했다. 그는 용기와 희망을 줄 수 있는 길을 찾기 위하여 손님들의 태도를 눈여겨 관찰했다. 그가 관찰을 하는 방법은 참으로 교묘했다.

예를 들면, 어느 날 그는 몸집이 작은 한 노부인을 기차에 태워 달라는 부탁을 받았다. 노파는 휠체어에 앉아 있었다. 휠체어에 앉은 그대로 엘리베이터에 태웠을 때, 그는 그 노부인의 눈에 눈물이 괴어 있는 것을 발견했다. 엘리베이터가 내려가는 동안 랠스턴 영은 눈을 감고 어떻게 하면 이 노부인을 도울 수 있을까를 하나님에게 물었다. 하나님은 그에게 한 가지 아이디어를 가르쳐주었다.

그는 노부인을 엘리베이터에서 내려주면서, 미소를 띄우고 이렇게 말했다.

"마님, 쓰고 계신 그 모자가 참으로 잘 어울리는군요."

그러자 그녀는 랠스턴 영을 쳐다보면서 고맙다고 인사했다.

랠스턴 영은 다시 이렇게 말했다.

"게다가 입고 계신 옷은 정말 훌륭합니다. 저는 그런 의상을 매우 좋아합니다."

상대가 여자였으므로, 그의 이 말은 노부인의 마음을 감동시켰다. 기분이 완전히 풀린 것은 아니었지만 그녀는 한층 밝아진 얼굴로 물었다.

"대체 어째서 나를 칭찬하신 거죠? 정말 친절하군요."

"그것은 마님이 너무 불행하게 보였기 때문입니다. 저는 마님의 눈에 눈물이 어린 것을 보았습니다. 그래서 저는 하나님에게 어떻게 하면 마님을 도울 수 있을까 물어보았습니다. 하나님은 '그녀의 모자에 대한 말로 이야기를 걸라.'고 말씀하셨습니다. 그리고 의상에 대해 말씀 드린 것은 제 생각이었습니다."

랠스턴 영은 하나님의 도움을 받고 한 부인의 마음을 불행으로부터 해방시켜 주는 방법을 알고 있었던 것이다.

"마님은 지금도 기분이 안 좋으십니까?"

그는 물었다.

"물론이에요. 나는 항상 괴로워하고 있습니다. 한 번도 그것으로부터 해방된 적이 없습니다. 때로는 참아내기가 여간 어려운 것이 아닙니다. 당신은 아마 밤낮없이 괴로워하는 것이 얼마나 고통스러운 일인지 잘 모를 겁니다."

"마님, 저도 잘 알고 있습니다. 그것은 저의 한쪽 눈이 멀었기 때문입니다. 그때 저의 눈은 밤이나 낮이나 뜨거운 쇠를 대고 있는 것처럼 굉장히 아팠습니다."

"그렇지만 지금 당신은 매우 행복한 것 같은데, 어떻게 해서 그렇게 되었죠?"

부인이 진지하게 물었다. 그러는 동안 그들은 벌써 기차의 좌석까지 와 있었다. 그는 그녀를 지정된 자리에 앉혀주면서 대답했다.

"기도 덕분입니다, 마님. 단지 기도를 드렸을 뿐입니다."

"기도가 정말 당신의 고통을 없애주었단 말인가요?"

"네, 그렇습니다. 기도가 언제나 괴로움을 가시게 한다고는 꼭 말할 수 없지만, 그것을 극복하는 데 힘을 빌려줍니다. 그렇기 때문에 진심으로 기도를 하는 동안 차츰 괴로움이 없어지게 마련입니다. 마님, 계속 기도를 해보십시오. 저도 마님을 위해 기도하겠습니다."

그녀의 눈에 이미 눈물은 사라지고 없었다. 부인은 상냥한 미소를 띠우고 그를 쳐다보았다.

그리고 그의 손을 잡고 말했다.

"당신은 참으로 좋은 충고를 해주었어요."

그로부터 1년이 지났다. 랠스턴 영은 어느 날 밤 역의 안내소로 급히 오라는 연락을 받았다. 안내소로 가자, 한 젊은 부인이 그를 기다리고 있다가 이렇게 말하는 것이었다.

"저의 어머니로부터 당신의 말씀을 많이 들었습니다. 어머니는 돌아가시기 전에 저에게 당신을 찾아가서 지난해 휠체어를 기차에 실어주신 일에 대해 감사의 말씀을 전해 달라고 하셨습니다. 어머니는 영원히 당신을 기억하실 것입니다. 저 세상에 가셔서도 말입니다. 당신은 그처럼 깊은 친절과 이해를 어머니에게 베풀어주셨으니까요."

그 젊은 부인은 말을 마치자 그만 울음을 터뜨리고 말았다. 그것은 깊은 슬픔의 표현이었다.

랠스턴 영은 그녀를 쳐다보고 있다가 말했다.

"부인, 눈물을 닦으십시오. 울어서는 안 됩니다. 감사의 기도를 드려야 합니다."

부인은 깜짝 놀라며 물었다.

"왜 제가 감사의 기도를 드려야 하죠?"

"그것은 세상에는 부인보다 더 어린 나이에 부모를 잃은 사람이 많기 때문입니다. 부인은 오랫동안 어머님과 함께 사셨습니다. 게다가 부인에게는 지금도 어머님이 계십니다. 지금도

어머님은 부인 곁에 계십니다. 어머님은 언제까지나 부인 곁에
계실지도 모릅니다."

랠스턴 영이 말했다.

부인은 울음을 그치고 눈물을 거두었다. 랠스턴 영의 친절은
그 모친에게 주었던 것과 같은 효과를 역시 그 딸에게도 주었
던 것이다. 그 두 부인은 몇 만이라는 사람들이 왕래하고 있는
그 거대한 정류장에서 친절과 사랑으로 사람들의 괴로움을 덜
어주도록 포터를 격려해주신 하나님의 존재를 느꼈던 것이다.

행복에의 길

문호 톨스토이는 "사람이 있는 곳에 하나님은 존재한다."라
고 말했다. 나는 '하나님과 사랑이 있는 곳에 행복이 존재한
다.'라고 덧붙여 말하고 싶다. 그러므로 우리가 행복해지려면
사랑을 베풀어야 하는 것이다.

나의 친구인 마튼은 참으로 행복한 사람이다. 그는 그의 아
내와 함께 나라 안을 돌아다니며 사업을 하고 있었는데, 매우
독특한 명함을 가지고 다녔다.

그의 명함 앞쪽에는 여느 명함처럼 이름과 주소가 씌어 있었
고, 뒤쪽에는 자신뿐만 아니라 수많은 사람들에게 행복을 가져
다 준 그의 철학이 기재되어 있었다.

행복의 길은 다음과 같다. 당신의 마음을 증오에서, 당신의 뇌
리를 고민에서 해방시키라. 간소하게 생활하라. 즉, 적게 기대
하고 많이 베풀라. 나를 잊고 남을 생각하라.

당신은 이것을 읽고 '아무것도 새로운 것이 없지 않은가?' 라고 반문할지도 모른다. 만약 당신이 이것을 실행하지 않는다면 거기에 새로운 것은 단 하나도 없다. 그렇지만 이것을 실행한다면 당신이 지금껏 사용한 방법 중에서 행복을 얻을 수 있는 가장 새로운 방법이라는 사실을 발견할 것이다.

어쩌면 당신은 이 행복의 원칙을 오래전부터 알고 있었을지도 모른다. 그러나 아직 한 번도 실천하지 않았다면 그것이 당신에게 무슨 가치가 있었겠는가. 마치 문 밖에 황금을 놓아두고도 여전히 가난하고 불행한 생활을 계속하는 것과 다름이 없다.

그러나 이 원칙을 실행한다면 당신은 분명히 그것이 진정한 행복을 가져다 준다는 사실을 깨닫게 될 것이다.

당신의 마음을 증오로부터 해방시키라. 이것은 결코 어떤 사람일지라도 미워하거나 싫어해서는 안 된다는 말이다. 당신을 싫어하는 사람도 미워해서는 안 된다. 상대방이 당신을 어떻게 생각하든 그런 것에는 조금도 관심을 갖지 말아야 한다. 잘못은 미워하되 그 사람까지 미워해서는 안 된다. 만약 당신이 진심으로 행복을 바란다면 결코 아무도 미워해서는 안 된다는 사실을 명심하라.

적게 기대하고 많이 베풀라. 우리들이 남에게 무엇을 줄 때에는 적어도 같은 정도의 보답을 바라게 된다. 그러나 만약 받는 것보다 많은 것을 베푸는 습관을 갖는다면 그만큼 더 인생을 즐겁게 살아갈 수 있는 것이다.

예컨대, 어머니가 나에게 무엇을 해주리라 바라지 말고 내가 어머니를 위해 무엇을 해드릴까 하고 생각하는 것이다. 친구가 무엇을 해줄 것을 바라지 말고 내가 친구를 위해 무엇을 해야

할 것인가를 생각하는 것이다. 이와 같은 생각이 일시적이어서
는 안 된다.

항상 꾸준히 그 생각을 머릿속에 지속해야 한다.

당신이 행복을 느낄 때는, 이와 같은 행동을 실행하는 습관
을 몸에 익혔을 때이다.

행복한 사람들

나는 국내를 두루 여행하는 동안에 진실로 행복한 사람들의
수가 점차 증가하고 있다는 사실을 알았다. 그런 사람들 중에
는 내가 쓴 이 책의 테크닉을 실행한 사람도 있고, 내가 다른
책이나 강연에서 설명한 것, 또는 다른 저자나 강연자가 나와
같은 생각을 설명한 것을 실행한 사람들도 있었다.

많은 사람들이 '정신의 변화'에 의해 행복을 느끼게 되었다
는 사실은 정말 놀라운 일이다. 여러 곳에서 많은 타입의 사람
들이 오늘날 이와 같은 일들을 경험하고 있다. 실제로 이것은
극히 일반적인 일이 되어가고 있어, 만약 이것이 계속 발전하
고 확대된다면 진정한 정신적 경험을 한 일이 없는 사람은 낡
은 인간으로서 시대에 뒤떨어질 것이다.

정신적으로 살아가는 것이 시대의 조류이므로 여러 지역에서
많은 사람들이 즐기고 있는 '행복을 낳는 마음의 개혁'을 모르
고 있는 것은 실로 커다란 손해이다.

최근 어느 도시에서 강연을 끝냈을 때였다.

키가 크고 건장한 청년이 나에게 뚜벅뚜벅 걸어와서 우렁찬
목소리로 말했다.

"선생님! 이제 강연은 다 끝났지요? 저희들은 스미스의 집

에서 파티를 하려 합니다. 만약 선생님께서 참석하신다면 틀림 없이 멋진 파티가 될 것입니다. 꼭 참석해주십시오."

그것은 목사인 내가 참석할 파티가 못 되는 것 같았다. 그래서 나는 주저하며 내가 흥겨운 파티에 방해가 될 것이라고 변명했다.

그러자 그는 다시 분명한 태도로 말했다.

"그런 것은 조금도 염려할 필요가 없습니다. 아마 선생님께서도 저희들의 파티를 좋아하게 될 것입니다. 선생님은 분명히 깜짝 놀라실 것입니다. 선생님, 꼭 참석해주십시오. 아마 그곳에서 인생의 자극을 받으실 것입니다."

일단 이렇게 되자 나는 어쩔 수 없이 승낙하고, 이 쾌활하고 시원스런 청년과 함께 가기로 했다. 그는 분명 내가 최근 만난 사람 중에서 가장 감화력이 강한 인물이었다.

이윽고 우리들은 자동차가 현관까지 들어갈 수 있는 정원수가 울창한, 넓고 커다란 저택에 도착했다. 열린 창문에서 흘러나오는 소음으로 미루어 파티가 절정에 이르렀음을 짐작할 수 있었다. 이 때 나는 은근히 걱정이 되었다.

나와 함께 온 젊은이는 무어라고 크게 소리를 지르더니 나를 방으로 안내했다. 나는 거기에 있는 젊은이들과 악수를 했다. 청년은 나를 쾌활하고 당당한 그의 친구들에게 소개했다. 그들은 모두 저마다 행복하고 즐거워 보였다.

나는 사방을 둘러보았지만 술은 아무 곳에도 없었다. 식탁에 있는 것은 커피와 과즙, 생강을 넣은 진저엘, 샌드위치와 아이스크림뿐이었다.

"이 사람들은 이곳에 오기 전에 다른 곳에 들렀다 왔군요."

이렇게 내가 말하자, 그는 어리둥절한 표정으로 말했다.

"어디에 들렸다는 말씀입니까? 왜 그렇게 생각하시죠? 이 사람들은 올바른 스피리트(정신)를 갖고 있지만 그것은 선생님이 우려하시는 스피리트[술, 곧 주정(酒精)]는 아닙니다."

그는 계속 말을 이었다.

"여기 있는 친구들이 행복해 보이는 이유를 아시겠습니까? 저들은 정신적인 그 무엇을 얻은 것입니다. 자신으로부터 해방된 것입니다. 저들은 살아 계신 실체로서의 하나님을 발견한 것입니다. 그렇습니다. 저들은 분명히 올바른 스피리트를 얻었습니다. 그렇지만 그것은 술병에서 나온 그러한 스피리트가 아닙니다. 저들은 그들의 가슴에 스피리트를 얻은 것입니다."

그래서 나는 그의 말뜻을 알았다. 그들은 슬픔에 젖은 멋이 없는 인간이 아니었다. 그들은 이 지방의 젊은이들의 지도자였다. 그리고 그들은 이 파티에서 하나님에 관한 이야기를 하면서 멋진 시간을 보냈던 것이다. 그들은 하나님에 관한 이야기를 가장 자연스러운 방식으로 하고 있었다. 그들은 새로운 생명을 부여해준 정신의 힘에 의해 그들의 인생에 일어난 변화에 대하여 서로 이야기하고 있었던 것이다.

종교라는 문제에 대해 웃거나 명랑하게 될 수 없다는 소박한 견해를 가진 사람들을 한 번쯤 그와 같은 파티에 참석시키고 싶은 생각이 들었다.

그때 나는 《성경》 한 구절을 머리에 떠올리면서 그 파티석상을 나왔다.

"그 안에 생명이 있었으니, 이 생명은 사람들의 빛이라."〈요한복음 1:4〉

이것이 그 행복한 사람들의 얼굴에서 내가 발견한 빛이었다. 마음속에 있는 빛이 외부로 드러나 그들의 얼굴에 반영되었던

것이다. 그리고 그 빛은 그들이 자신의 마음에 받아들인, 활기
에 넘치는 정신력 속에서 나온 것이었다.

생명은 활력을 의미한다. 그 젊은이들은 분명히 그들의 활력
을 하나님에게서 얻고 있었던 것이다. 그들은 행복을 만드는
힘을 발견했던 것이다.

이것은 반드시 그 경우에만 국한된 이야기는 아니다. 당신이
만약 찾아내려고만 한다면 위에 말한 젊은이들과 똑같은 사람
들을 당신 주위에서도 많이 발견할 수 있을 것이다. 만약 당신
이 살고 있는 지역에서 이러한 사람들을 발견할 수 없다면, 그
럼 뉴욕에 있는 나의 교회로 오라.

그러나 당신은 다음에 설명하는 간단한 원칙을 실행한다면
그들과 똑같은 행복한 마음을 얻을 수 있을 것이다.

행복을 낳는 실제적인 제안

믿음보다 강한 힘은 없다. 당신이 진정으로 행복하기를 바란
다면 먼저 이 책을 읽으면서 당신이 읽은 것을 믿어야 한다. 그
리고 이 책에서 말하는 실질적인 테크닉을 시도해보라. 그러면
당신 역시 행복을 낳는 경험을 갖게 될 것이다.

이렇게 하여 당신의 마음에 개혁이 일어난다면, 그 때부터
당신은 불행 대신 행복을 만들어내게 될 것이다. 그러면 당신
의 인생은 스스로도 깜짝 놀랄 만큼 분명히 달라질 것이다.

사실 세상이 다르게 보이는 것은 당연한 현상이다. 왜냐하면
당신은 이미 지난날의 당신이 아니기 때문이다. 당신이 어떤
방향으로 인생을 전개하느냐에 따라 당신이 살고 있는 세상이
결정된다. 따라서 당신이 변하면 세상이 다르게 보이는 것은

너무나도 당연한 일이다.

이처럼 행복이 우리들의 사상에 의해 결정되는 것이라면, 첫째로 의기소침과 절망이란 단어를 마음에서 당장 몰아내는 것이 필요하다.

다음은 내가 어느 사업가에게 권했던 기술이다. 나는 그와 어느 오찬회에서 만났는데 그는 심한 우울증에 걸려 있었다. 그의 말을 들으면 모든 일이 파멸을 향해 나아가는 것처럼 느껴졌다. 그 사람은 몹시 지쳤기 때문에 속으로는 구원받을 것을 간절히 염원했으나, 산재해 있는 많은 문제들이 그 길을 막아버렸다. 그는 신앙과 광명을 필요로 하고 있었다. 나는 그에게 말했다.

"만약 당신이 행복해지는 것을 원하신다면 내가 그 해결책을 드리겠습니다."

그러자 그는 코웃음을 쳤다.

"도대체 나에게 무슨 해결책을 주겠단 말이오? 당신이 기적을 낳기라도 한단 말이오?"

"그런 것은 아닙니다만, 나는 당신을 기적을 만드는 분과 만나게 해드릴 수 있습니다. 그분은 당신의 마음속에 쌓인 불행을 몰아내고 사물을 다르게 바라보는 새로운 안목을 주실 것입니다. 내가 할 수 있는 일은 단지 그것뿐입니다."

이 말에 그는 호기심을 갖게 되었다. 그 후에 나는 그에게 내가 저술한 《건전한 사고를 갖는 방법》을 주었다. 그 책은 건강과 행복을 낳는 40종류의 사고에 대해 쓴 것이었다. 그것은 포켓용의 작은 크기였는데, 나는 그에게 하루에 하나씩 40일간 그 책에 씌어 있는 사상을 머릿속에 주입시키라고 권유했다.

나는 그에게 마음에 깊이 새겨둔 그 사상들이 극적으로 그의 마음을 안정시켜 줄 것이라고 단언했다.

처음 그는 그 나름대로 나의 말에 의심을 품었지만, 결국에는 나의 지시대로 했다.

그 후 3주일이 지난 어느 날, 그는 나에게 전화를 걸어 큰 소리로 이렇게 말하는 것이었다.

"당신의 말이 맞았습니다. 참으로 이상한 일입니다. 나에게 이런 변화가 오리라고는 꿈에도 생각지 못했습니다."

그는 지금 행복하게 생활하고 있다. 이 행복한 상태는, 그가 행복을 만들어내는 힘을 몸에 지니게 됨으로써 이루어진 것이다.

훗날 그는 자기가 우울증에 걸렸던 것은, 불행이 자기를 비참하게 만들고 있을 때 자신은 단지 스스로를 애처롭게 생각했을 뿐이기 때문이라고 회상했다. 그의 병적인 사고방식이 우울증에 걸린 원인이었던 것이다. 근본적으로 자기 자신을 개혁하는 데 필요한 노력을 게을리했기 때문이었다.

그러나 그가 나의 지시에 따라 마음속에 건전한 사고방식을 주입하도록 노력한 뒤로는,

① 그는 새로운 인생을 바라게 되었고,

② 그것을 실현할 수 있다는 감격적인 사실을 깨닫게 되었고,

③ 그것을 실제로 얻고 있다는 사실을 실감하게 되었다.

그 결과, 새로운 사고방식을 주입하기 시작한 지 3주일 후에는 갑자기 눈앞에 새로운 행복이 나타난 것이다.

이것이 바로 행복의 비결이다. 그 밖의 것은 모두 2차적인 의미밖에 지니고 있지 않은 것이다.

그러므로 우선 이와 같은 경험을 체험하라. 그렇게 하면 당

신은 참된, 혼합되지 않은 행복, 즉 세상이 제공하는 최상의 행복을 얻게 될 것이다. 당신은 어떤 일을 하더라도 이 사실을 잊어서는 안 된다. 왜냐하면 이것이야말로 가장 귀중한 행복의 비결이므로.

흥분하거나 조바심하지 말라

많은 사람들이 흥분하거나 조바심을 치기 때문에, 힘과 정력을 소비하고 스스로의 생활을 어렵게 만들고 있다.

《성경》에도 "행악자를 인하여 불평하지 말며"〈시편 37 : 1〉라고 충고하고 있다. 이 말은 오늘을 살아가는 현대인들에게는 아주 건전한 충고라고 할 수 있다.

당신의 보조를 늦추라

만약 당신이 인생을 효과적으로 살고 싶다면 절대로 흥분하거나 조급해 하지 말고 평온한 마음을 지닐 필요가 있다.

우리들의 사고방식은 우리들의 인생의 보조를 결정짓는다. 우리들이 격앙된 상태에서 무언가를 향해 내달릴 때면, 우리들의 감정은 흥분되고 초조해진다. 이와 같은 상태는 마음의 평화를 깨뜨릴 뿐만 아니라 인체 내에 독기를 불어넣어 일종의 정신적 질환을 만들어낸다.

그런 상태가 되면 우리들은 매사에 불만을 느끼게 되며 흥분하고 초조하게 된다. 이같은 정신적 불안정은 결과적으로 인격의 깊은 내부에 큰 영향을 미치게 마련이다.

마음의 평화를 유지하는 것은, 당신이 열병적인 속도의 생활을 영위하는 한 불가능하다. 하나님은 당신이 그처럼 빨리 전진하는 것을 바라지 않는다. 결코 당신과 보조를 맞추려고 하지 않을 것이다.

실제로 하나님은 당신에게 이렇게 말하고 있다.

"진정 그것이 네 소원이라면 열심히 앞서가거라. 그리하여 네가 완전히 지친다면 나에게 구원을 청하라. 나는 네 인생을 너에게 적합한 페이스로 늦추어줄 수 있다. 그 때 너는 마음놓고 내 속에서 살고, 존재하는 법을 배울 수 있을 것이다."

하나님은 언제나 천천히 필요한 공백을 유지하면서 움직이시는 것이다. 인생을 살아가는 데 가장 현명한 속도는 바로 이 하나님의 속도이다.

하나님은 모든 일을 완벽하고 올바르게 완성시킨다. 하나님은 결코 서두르지 않고 그것을 이루시는 것이다. 그분은 흥분하지도, 조급해 하지도 않는다.

하나님의 마음은 항상 평화로 채워져 있으며, 그래서 그분은 유능한 것이다. 하나님과 보조를 맞춘다면, 그와 동일한 평화가 우리에게 주어지는 것이다.

"평안을 너희에게 끼치노니, 곧 나의 평안을 너희에게 주노라."(요한복음 14 : 27)

대자연의 평화

어떤 의미에서 현대는 고통스러운 시대라고 할 수 있다. 특히 대도시에서는 신경의 긴장, 종합적 흥분, 소음의 영향이 있기 때문에 더욱 그러한 것이다. 그러나 이러한 병폐는 서서히 퍼져 시골에도 만연되고 있다.

어느 여름날 오후에 나는 아내와 함께 숲 속을 산책한 일이 있다.

그때 우리들은 아름다운 모홍크의 산장에 숙박하고 있었다. 모홍크 호수는 미국에서도 손꼽히는 아름다운 자연공원 중의 하나였다.

'모홍크'라는 말은 '공중의 호수'라는 뜻이다. 그 옛날 태고시절에 지구의 대변동에 의하여 이 깎아지른 듯한 낭떠러지가 생겨났던 것이다.

깊은 삼림을 빠져나가면 웅대한 갑(岬)이 나오는데, 언덕 사이에 가로놓인 천고불역의 대계곡이 눈길을 끈다. 이러한 삼림과 산과 계곡이 이 세상의 모든 혼잡에서의 피난처 구실을 한다.

우리가 산책한 그날 오후는 여름날의 소나기가 쏟아지고 태양이 반짝이고 있었다. 우리는 비를 흠뻑 맞았기 때문에 별로 기분이 좋지 않았다. 그러나 우리들은 깨끗한 빗물은 조금도 인체에 해롭지 않다든가, 비는 사람의 얼굴을 싱싱하게 만들어 준다든가, 젖은 옷은 햇볕에 말리면 곧 마른다는 따위의 말을 주고받았다.

우리들은 숲 속을 걸으며 이러한 대화를 나누다가 곧 침묵에 잠기고 말았다.

우리들은 어느새 자연의 정적에 귀를 기울이게 되었던 것이다. 엄밀히 말해 숲 속은 결코 고요하지만은 않았다. 그 곳에서는 항상 큰 활동이 진행되고 있었다. 그러나 자연의 활동은 광범위하지만 결코 시끄러운 소리는 내지 않았다. 자연이 만드는 소리는 조용하고도 조화로운 것이었다.

이 아름다운 오후, 자연은 우리의 마음을 치유해주는 정적이라는 손을 우리들의 머리에 올려놓고 있었다. 때문에 우리는 실제로 긴장이 풀리는 것을 느낄 수 있었다.

내가 이러한 정적 속에서 황홀함을 느끼고 있을 때, 어디선가 희미한 음악소리가 들려왔다. 그것은 신경을 건드리는 재즈 음악이었다. 그리고 얼마 후에 두 여자와 한 젊은이가 우리에게로 다가왔다. 그 젊은이가 포터블 라디오를 어깨에 메고 있었던 것이다.

그들은 숲 속으로 피크닉을 온 도시의 젊은이들이었는데, 거기까지 그 도시의 소음을 끌고 온 것이었다.

나는 그들에게 라디오를 끄고 이 숲의 음악에 귀를 기울이라고 말해주고 싶었으나, 그들을 훈계하는 일이 나의 임무가 아니라는 사실을 깨닫고 입을 다물었다. 결국 그들은 계속 재즈 곡을 들으며 사라져버렸다.

아내와 나는 그들이 초래한 손실에 대해 얘기했다. 그들이 평화로 가득 찬 숲 속을 지나면서도, 인간으로서는 도저히 만들어낼 수 없는 태고의 하모니와 멜로디, 숲을 빠져 나가는 바람의 노래, 새들이 지저귀는 감미로운 가락, 그리고 이와 같은 음악의 배경인 자연의 정적에 귀를 기울이지 않았던 것을 비평했다.

그런 것은 우리가 숲 속이나, 대평원이나, 계곡이나, 장엄한

산악이나, 파도가 부드럽게 밀려오는 해변에서 흔히 볼 수 있는 광경이다.

우리는 그 자연의 정적을 현대생활에 시달려 지쳐 있는 사람들의 마음을 가라앉히는 치료제로 이용해야 한다.

예수의 말씀을 상기해봄이 좋다.

너희는 따로 한적한 곳에 와서 잠깐 쉬어라. 〈마가복음 6 : 31〉

나에게 자연의 정적이 얼마나 중요한가를 일깨워준 예를 들어보겠다.

어느 가을날, 아내와 나는 티어필드 아카데미에 다니고 있는 아들 존을 만나기 위해 매사추세츠로 출발했다. 우리들은 아들에게 오전 11시에 도착한다고 말해두었고, 시간관념이 정확한 미국인의 습관을 자랑으로 삼고 있었기 때문에, 약속시간에 늦지 않도록 가을의 풍경 속을 초고속으로 자동차를 몰았다.

그 때 아내가 말했다.

"저 아름다운 산을 좀 보세요."

"어느 산 말이야?"

"벌써 지나치고 말았어요."

잠시 후, 아내는 또 말했다.

"저 아름다운 나무를 좀 보세요."

"어떤 나무 말이지?"

내가 물었을 때는 벌써 아내가 말하는 곳에서 1마일이나 지난 뒤였다.

"아무튼 오늘은 내가 이제까지 맞이한 날 중에서 가장 멋진 날이에요."

아내가 말했다.

"10월의 뉴잉글랜드의 단풍에 물든 아름다운 산을 상상해보세요. 그것은 정말 나의 마음을 행복하게 해주었어요."

나는 아내의 말에 감동되어 차를 세운 다음, 단풍이 곱게 물든 산을 배경으로 한 호수까지 4분의 1마일쯤 되돌아갔다.

우리는 그 곳에 앉아 주위의 경관을 바라보며 명상에 잠겼다. 하나님은 그 천재적인 솜씨로 갖가지 아름다운 경치를 그려놓고 있었다. 호수의 잔잔한 수면에 하나님의 영광을 반영시킨 아름다운 경치가 수놓여 있었다. 그 거울과 같이 투명한 수면에는 산의 모습이 영원히 잊을 수 없을 만큼 선명하게 투영되어 있었다.

한동안 우리는 아무런 대화도 없이 앉아 있었는데, 이윽고 아내가 가장 적절한 표현으로 침묵을 깨뜨렸다.

"그가 나를 푸른 초장에 누이시며 쉴 만한 물가로 인도하시는도다."(시편 23 : 2)

우리들은 예정된 11시에 티어필드에 도착했는데, 조금도 지쳐 있지 않았다. 오히려 왕성한 원기를 회복하고 있었다.

긴장을 완화하는 법

도처에서 현대인을 지배하고 있는 긴장을 완화시키기 위해서는, 먼저 당신의 활동의 속도를 늦추는 일부터 시작해야 한다. 그렇게 함으로써 마음의 평정을 얻을 수 있을 것이다. 흥분하거나 조바심을 치면 안 된다. 마음을 평온하게 유지시켜야 한다.

"모든 지각에 뛰어난 하나님의 평안"〈빌립보서 4 : 7〉을 실행해야 한다. 그리고 당신의 마음속에 솟아오르는 조용한 힘의 느낌에 생각을 집중하라.

내 친구의 한 사람은 협박 비슷한 의사의 엄포 때문에 할 수 없이 휴식을 취하게 되었다. 그는 휴양지에서 나에게 이런 편지를 보냈다.

"나는 부득이 찾아온 이 휴양지에서 많은 교훈을 얻었습니다. 나는 한층 더 깊어진 정적 속에서 하나님의 실재를 느끼게 되었습니다. 생활은 오염되기 싫습니다. 그러나 '탁한 물일지라도 그대로 놔두면 언젠가는 깨끗해진다.'라고 노자가 말하지 않았습니까?"

어느 날, 아주 수완이 좋은 한 사업가가 몸에 이상을 느끼고 의사를 찾아갔다. 의사가 그에게 휴식을 취하라고 권하자, 그는 심하게 화를 내며 이렇게 말했다.

"나는 날마다 막대한 양의 일을 처리하지 않으면 안 됩니다. 심지어 나는 매일 밤 서류가방을 집으로 가지고 가서 일을 합니다. 그런 나에게 어떻게 편히 쉬라고 하십니까?"

의사는 안타깝다는 표정을 지으며 나직이 말했다.

"왜 당신은 일거리를 집에까지 가지고 가십니까?"

"그 일을 내가 처리해야 하기 때문입니다."

"다른 사람에게 시키면 되지 않습니까?"

"절대로 안 됩니다. 그 일을 할 수 있는 사람은 나뿐이니까요. 게다가 그 일들은 모두 신속히 처리해야만 합니다."

그러자 의사가 말했다.

"지금 당신에게는 일보다 먼저 건강이 더 중요합니다. 내가 처방을 써드릴 테니 그대로 해보십시오."

의사의 처방은 다음과 같았다.

"매일 2시간씩 산책하라. 그리고 1주일에 한 번씩 한나절 동안 묘지에 가서 지내라."

그는 깜짝 놀라며 물었다.

"왜 묘지에 가서 한나절씩 시간을 보내야 하죠?"

"그 곳에 영원히 잠들어 있는 사람들의 묘비를 관찰하기 위해서입니다. 그들 중의 많은 사람들은 당신처럼 온 세상을 짊어지고 있다고 생각했겠지만, 지금은 그 곳에 잠들어 있다는 사실을 생각해주시기 바랍니다. 앞으로 당신이 그 곳에 잠들어 있을 때에도 세상은 지금과 똑같이 움직일 것이며, 누군가가 지금 당신이 하고 있는 일을 대신 할 것이라는 당연한 사실을 깊이 생각해보십시오. 나는 당신이 그 중 하나의 묘지 앞에 앉아서 '주의 목전에는 천 년이 지나간 어제 같으며, 밤의 한 경점 같을 뿐이다.'〈시편 90:4〉라고 되풀이하여 말했으면 합니다."

이 말을 듣고 의사의 처방을 이해한 그는 자기 생활의 속도를 늦췄다. 그리고 자기가 하던 일을 다른 사람에게 나누어 시켰다. 또한 조바심을 치지 않았으며 마음의 평화를 얻기 위해 노력했다.

이윽고 그는 건강을 되찾았을 뿐만 아니라, 전보다 더한층 일을 능률적으로 할 수 있게 되었다.

새가 일깨워준 사실

한 유능한 제조업자가 긴장 때문에 고민하고 있었다. 그는 매일 아침 자리에서 일어나자마자 일에 몰입하기 시작하는 것이었다. 그는 "업무를 빨리 시작하기 위하여 조반을 계란 반숙으로 때웠다."라고 말할 정도였다. 때문에 그는 극도로 신경이 날카로웠다. 이처럼 광적인 오버페이스는 사람을 완전히 지치게 만들어, 그는 매일 밤 심신이 축 늘어질 대로 늘어진 상태로 잠자리에 들었다.

불행 중 다행하게도 그의 집은 작은 숲 속에 있었다.

어느 날 아침 잠을 설치고 새벽에 일어난 그는 피곤에 지친 모습으로 창가에 앉아 있었다. 그 때 막 잠에서 깨어나는 한 마리의 새가 그의 눈에 띄었다.

새는 머리를 날개 속에 파묻고, 온몸을 날개로 완전히 감싸고 잠들어 있었다. 새는 잠에서 깨어나자 부리를 날개 밑에서 꺼내고, 아직도 졸리운 것처럼 앉아 있다가 한쪽 다리를 길게 뻗었다. 그런 다음 다리 위로 한쪽 날개를 부채와 같이 폈다. 그리고 날개와 다리를 오므리고 다른 쪽 다리와 날개로 같은 동작을 반복하기 시작했다. 그것은 마치 보건체조를 하는 것과도 같았다. 한참을 그런 동작을 취한 후 다시 머리를 날개 속에 파묻고 편안하게 잠을 잔 다음 머리를 쳐들었다. 그리고는 열심히 주위를 둘러본 다음 머리를 치켜들고 날개와 다리를 크게 뻗고서 아름다운 소리로 지저귀기 시작했다. 그리고 나서 가지에서 날아 내려와 찬물을 한 모금 마시고 먹이를 찾아나서는 것이었다.

이 광경을 보고 긴장상태에 빠져 있던 그는 이렇게 중얼거렸다.

"저것이 새가 아침에 일어날 때의 생리로구나. 저처럼 여유 있고 낙천적인 방법이 좋다면, 나도 저런 방법으로 하루를 시작해보아야겠다."

너의 운명의 별은 너의 가슴속에 있다. — 쉴러

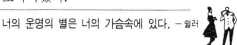

그는 새가 하던 모든 동작을 흉내내어 보았다. 이 때 그는 노래가 마음의 긴장을 풀어주는 독특한 힘을 지니고 있다는 사실을 깨달았다.

그는 웃으면서 나에게 말했다.

"사실 저는 노래를 잘 부르지 못합니다. 그러나 나는 마음을 가라앉히고 의자에 앉아서 노래를 불렀습니다. 그것은 대부분 찬송가였습니다. 내가 노래를 부르리라고는 생각도 못했었는데, 결국 불렀습니다. 아내는 제가 갑자기 미친 줄 알았다고 합니다. 그 새보다 제가 한 가지 더한 것은 간단한 기도를 한 것뿐입니다. 그러자 저는 그 새처럼 시장기를 느꼈습니다. 계란반숙이 아니라 베이컨을 곁들여 정식으로 조반을 먹고 싶었던 것입니다. 나는 되도록 천천히 조반을 먹었습니다. 그리고 편안한 기분으로 출근했습니다. 확실히 그 방법은 안정된 기분으로 일을 하는 데 많은 도움을 주었습니다."

빨리 가기 위해서 천천히 노를 저어라

대학의 보트 경기에서 우승한 팀의 멤버 중 한 사람이 나에게 매우 흥미로운 말을 해주었다. 그들의 코치는 선수들에게 "경기에서 이기고 싶으면 노를 천천히 저어라."라고 가르쳤다고 한다. 왜냐하면 노를 빨리 저으려고 하다가 보면 자칫 리듬이 깨져 혼란이 일어나고, 일단 그러한 상태에 빠지면 리듬을 회복하기가 힘들기 때문이라는 것이다.

> 빨리 가려면 노를 천천히 저어라.

이것은 참으로 현명한 충고이다.

노를 천천히 젓기 위해서는, 혹은 천천히 일을 하여 승리를 거두는 안정된 페이스를 유지하기 위해서는, 당신의 마음과 정신과 신경과 근육에 하나님의 평화를 받아들이는 것이 우선 필요하다.

아무리 급한 일일지라도 여유있게 처리하려는 생각을 갖으라. 만약 서두르지 않고 일을 해나간다면, 자신이 바라는 것을 절대로 놓치지 않는다.

정상적이며 자연스러운 페이스를 찾도록 노력하라. 마음을 평온하게 유지하도록 노력하라. 신경질적인 모든 흥분이 사라지도록 평화로운 사고를 유지하는 방법을 실행하라.

우리들은 매일 몸을 적당히 보호하기 위해 여러 가지의 행동을 하고 있다. 즉, 목욕을 하고 이를 닦고 운동을 하는 것이다. 이와 마찬가지로 우리는 마음의 건강을 보유하기 위해 시간을 할애하고 계획적인 노력을 해야 한다.

그 방법 중의 하나는, 조용히 앉아서 일련의 평화로운 생각을 머리에 떠올리는 일이다.

예를 들면, 하늘 높이 솟아 있는 산, 안개가 자욱한 골짜기, 햇빛으로 인해 번쩍이는 냇물, 수면에 비치는 하얀 달과 같은 것을 회상해보는 것이다.

적어도 하루에 한 번씩, 특히 업무가 제일 바쁠 때를 택하여 15분 내지 16분간 앞에서 말한 평온한 광경을 떠올려보라.

언젠가 나는 강연을 위해 어느 도시를 방문한 일이 있었다. 기차 안에서는 어떤 위원회가 열렸고, 그 도시에 도착하자 나는 내 저서의 사인회가 열리고 있는 서점들로 바쁘게 뛰어다녔다. 그들이 나를 오찬회에 초청했으므로, 서둘러 식사를 끝마친 후에야 회합에 참석했다.

회합이 끝나기가 바쁘게 나는 급히 호텔로 돌아가 옷을 갈아 입고, 다시 다른 회합으로 달려가야 했다. 그 곳에서 나는 수백 명의 사람들을 만나 세 잔의 르푸트 펀치를 마셨다.

그리고는 다시 부지런히 호텔로 돌아왔는데, 만찬회에 참석할 옷을 갈아입을 시간적 여유가 20분밖에 없었다.

내가 옷을 다 갈아입었을 때 요란하게 전화벨이 울렸다. 수화기를 들자 누군가가 소리쳤다.

"서둘러야 합니다. 우리는 지금 급히 만찬회에 가야 합니다."

"나도 부지런히 준비하는 중이오."

나는 흥분해서 대답했다.

나는 서둘러 방을 나왔다. 너무 흥분해 있었기 때문에 자물쇠를 잠그는 것조차 잊을 뻔했다. 나는 급히 엘리베이터로 달려가다가 갑자기 걸음을 멈췄다. 숨을 몰아쉬면서 나 자신에게 물어보았다.

'도대체 어찌 된 일인가? 이렇게까지 쉴 사이도 없이 서두르다니, 정말 어처구니가 없군!'

그래서 나는 독단적으로 행동하리라 결심하고 입 속으로 중얼거렸다.

'만찬회에 참석하는 일에 너무 신경을 쓰지 말자. 그리고 연설을 하든, 안하든 염두에 두지 말자. 꼭 그 만찬회에 참석해야 할 의무는 없다. 그리고 연설을 하지 않으면 안 되는 것도 아니다.'

나는 이렇게 중얼거린 다음, 천천히 내 방으로 되돌아와서 아래층에서 기다리고 있는 사람에게 전화를 걸었다.

"만약 저녁식사를 하고 싶다면 먼저 가십시오. 저를 위해 자리를 잡아주신다면, 잠시 후에 가겠습니다. 그러나 나는 이제 서둘러 가고 싶은 생각은 없습니다."

나는 웃옷을 벗고 의자에 앉아 구두를 벗고 다리를 쭉 뻗었다. 그리고 《성경》을 꺼내 시편 121편을 아주 천천히 소리내어 읽었다.

"내가 산을 향해 눈을 들리라. 나의 도움이 어디서 올꼬."

나는 《성경》을 덮고 말했다.

"이제부터 긴장을 풀고 더 천천히 여유있게 인생을 살아가자."

그리고 또 이렇게 말했다.

"하나님은 여기에 계시다. 그분의 평화가 나에게 내리고 있다."

그런 다음, 나는 곰곰이 생각해보았다.

'나는 아무것도 먹을 필요가 없다. 이곳 저곳에서 많이 먹었기 때문에 더 이상 먹는다면 몸에 해로울 것이다. 이곳에 앉아 조용히 마음을 진정시키면 오늘 밤 8시의 강연도 더 잘 할 수 있을 거야.'

그래서 나는 평화로운 마음으로 앉아서 15분 동안 기도를 드렸다.

그후 내가 방을 나섰을 때의 마음의 평화와 스스로를 자제한 기쁨은 결코 영원히 잊지 못할 것이다. 나는 나 자신이 그 무언가를 극복하고, 나 자신의 감정을 견제할 수 있었다는 빛나는 경험을 가진 것이다.

내가 만찬회에 도착했을 때, 사람들은 그때 막 첫 코스를 끝마쳤을 뿐이었다. 따라서 내가 먹지 못한 것은 스푸뿐이었다. 그것은 결코 큰 손실이 아니었다.

이 사건은 내가 모든 것을 치유해주시는 하나님의 존재를 깨닫게 된 매우 귀중한 체험이었다. 나는 단지 잠깐 걸음을 멈추고 조용히 앉아 《성경》을 읽고, 마음에서 우러나온 기도를 드리고, 잠시 동안 평화로운 광경을 생각함으로써 그처럼 귀한 경험을 한 것이다.

평화로운 사고법의 실행

일반적으로 의사들은 흥분과 초조를 없앰으로써 육체적 고통을 피하거나, 혹은 극복할 수 있다고 말하고 있다.

어느 날, 뉴욕의 어떤 저명인사가 의사의 권유를 받고 나를 찾아온 일이 있었다.

"의사는 내가 스스로의 힘에 한계를 만든다고 말합니다. 그리고 내가 너무 긴장하고, 너무 신경이 날카롭다고 합니다."

그 신사는 쉴 새 없이 왔다갔다 하며 말하는 것이었다.

"의사는 나에게 병을 고치려면 '조용한 인생철학'을 배워야 한다고 말합니다. 어떻게 하면 그것을 배울 수 있겠습니까? 그건 말하기는 쉽지만 실천은 어려운 것 아닙니까?"

그 흥분한 신사는 의사가 조용한 인생철학을 익히기 위한 어떤 방법을 가르쳐주었다고 말했다.

"그러나……."

그는 말을 이었다.

"의사는 나에게 당신을 만나 '신념을 활용하는 방법을 배운다면 마음의 평화를 얻게 되고 혈압도 떨어질 것이다.'라고 말했습니다. 물론 건강도 되찾을 수 있다구요. 그러나 나처럼 한 평생을 신경질적으로 살아온 사람이 어찌 갑작스레 습관을 고칠 수 있겠습니까?"

참으로 흥분하기 쉽고, 신경쇠약증에 걸린 사람으로서는 그럴 듯한 말이었다. 그는 잠시도 가만히 있지 못했다. 탁자를 탕탕 치기도 하고, 말하는 태도는 몹시 성급해 보였다. 완전히 안정을 잃고 극도로 신경이 예민해진 것 같은 인상을 주었다.

나는 그의 말을 주의 깊게 듣고, 그의 태도를 자세히 관찰하는 동안, 왜 예수가 사람들에 대해 그토록 놀라운 지배력을 갖게 되었는가를 이해하게 되었다. 그것은 그가 그 문제에 대한 해답을 갖고 있었기 때문이었다.

나는 이 사실을 대화의 흐름을 갑자기 바꿈으로써 증명할 수 있었다.

나는 한 마디의 말도 하지 않고서 다음과 같은 성경 구절을 중얼거렸다.

수고하고 무거운 짐을 진 자들아, 다 내게로 오라. 내가 너희를 쉬게 하리라. 〈마태복음 11 : 28〉

평안을 너희에게 끼치노니, 곧 나의 평안을 너희에게 주노라. 〈요한복음 14 : 27〉

주께서 심지가 견고한 자를 평강에 지키시리니 이는 그가 주를 의뢰함이라. 〈이사야 26 : 3〉

나는 이 성경 말씀을 깊이 새기면서 천천히 읊었다. 그러는

동안 나는 그 남자의 홍분이 차츰 가라앉는 것을 보았다. 그에게 평안이 깃들인 것이다.

우리 두 사람은 약 5, 6분 가량 침묵을 지키며 앉아 있었다. 이윽고 그는 길게 한숨을 내쉬며 말했다.

"선생님, 참으로 이상한 일입니다. 이제 저의 홍분은 완전히 가라앉았습니다. 이처럼 신기한 현상은 지금 선생님께서 말씀하신 그 말의 효력입니까?"

나는 조용한 어조로 대답했다.

"물론 그《성경》의 말씀이 당신의 마음에 커다란 영향을 준 것은 사실입니다. 그러나 말씀의 효력만은 아닙니다. 그보다 더 중요한 일이 일어난 것입니다. 영험이 놀라운 의사이기도 한 하나님이 조금 전에 당신의 마음을 어루만져주신 것입니다. 하나님은 지금 이 방에 계십니다."

내가 이렇게 말하는 동안, 그는 조금도 놀라는 기색을 보이지 않았다. 어떤 확신이 그의 표정에 분명하게 떠올라 있었다.

"저 역시 그렇게 생각합니다. 하나님께서는 분명히 이곳에 계십니다. 저는 하나님의 존재를 느꼈습니다. 그렇기 때문에 선생님의 말씀을 이해할 수 있습니다. 하나님께서 저에게 조용한 인생철학을 갖게 해주신 것입니다."

그는 신앙의 원리와 테크닉을 실행하면 마음의 평안을 얻을 수 있고, 나아가서 육체와 정신에 새로운 힘을 불어넣어준다는, 이미 수많은 사람들이 발견한 바 있는 진리를 깨달은 것이다.

그것이야말로 홍분과 초조를 말끔히 제거해주는 해독제인 것이다. 이와 같은 테크닉은 마음의 평화를 얻어 새로운 힘의 원천을 해방시키는 역할을 한다.

감정을 제어하는 방법

초조한 감정을 가라앉히기 위해서는 이제까지 말한 치료방법을 매일 실행하는 것이 제일 중요하다. 감정의 제어는 안이한 방법으로는 결코 이룰 수 없다. 어느 정도의 도움은 되겠지만 단순히 책을 읽는 것만으로는 절대로 성취할 수 없는 것이다. 확실한 단 하나의 방법은, 그것을 규칙적으로 또 과학적으로 쉬지 않고 활용함으로써, 또 창조적인 신념을 발전시킴으로써 비로소 성취할 수 있는 것이다.

감정을 제어하려면 먼저 몸을 공연히 움직이지 말고 조용히 있어야 한다. 방에서 이리저리 돌아다니지 말고, 손을 휘젓거나 뛰어다니지 말아야 한다. 큰 소리를 지르거나 언쟁을 벌여서도 안 된다.

신경이 흥분되면 우리의 육체적 운동도 강해진다. 그러므로 먼저 육체의 움직임을 정지해야 하는 것이다. 조용히 서고, 조용히 앉고, 조용히 누우라. 음성도 낮추어야 한다.

마음을 평온하게 유지하기 위해서는 조용한 것을 생각해야 한다. 왜냐하면 육체는 두뇌를 통과하는 사고의 종류에 민감하게 반응하기 때문이다. 또 육체를 안정시킴으로써 마음도 안정되는 것이다. 이것은 곧 육체적 태도가 정신적 태도를 유발하기 때문이다.

어느 날 나는 한 회합에 참석한 일이 있었다. 서로 엇갈린 의견을 교환하는 동안 모두 감정이 격해져서 분위기가 무척이나 험악해졌다.

이 때 한 남자가 자리에서 일어나더니, 천천히 상의를 벗고 칼라를 늦추고, 소파에 드러눕는 것이었다. 사람들은 깜짝 놀랐고, 어떤 사람이 그에게 몸이 불편하냐고 물었다.

"아닙니다."

그는 대답했다.

"몸의 상태는 지극히 양호합니다. 그렇지만 나는 지금 몹시 흥분되어 있습니다. 그런데 누군가가 가만히 누워 있으면 흥분이 가라앉는다고 하더군요."

이 말에 사람들은 모두 웃음을 터뜨렸고, 장내의 긴장은 자연히 풀어지게 되었다. 그러자 그 기묘한 친구는 다음과 같이 설명해주었다.

그는 원래 매우 성급한 사람이었다. 감정이 흥분되면, 그는 자기도 모르는 사이에 주먹을 불끈 쥐고 음성을 높이게 되었다. 그래서 그는 흥분하면 주먹을 쥘 수 없도록 열 손가락을 천천히 펴고, 일부러 나직한 음성으로 말하기로 하고 있다는 것이다.

"속삭이는 것처럼 나직한 음성으로는 말다툼을 할 수 없으니까요."

이렇게 말한 그는 걱정이 하나도 없다는 듯한 얼굴로 빙그레 웃었다.

이 원리는 많은 사람들이 이미 경험한 바와 같이 흥분이나 분노를 가라앉히는 데 커다란 효과가 있다.

그러므로 마음의 안정을 얻기 위한 첫 단계는 당신의 육체적 반응을 진정시키는 것이다. 이 방법이 얼마나 빠르게 당신의 감정의 열을 식히는가는 깜짝 놀랄 정도이다. 일단 감정의 열이 식으면 분노나 흥분 따위는 저절로 가라앉게 마련이다.

어느 정도 흥분이 진정된 다음에는 그 일에 무관심해지는 것이 좋다.

이와 같은 방법을 익힌 사람은 감정적인 피해를 입지 않을까 걱정하지 않아도 된다. 문화인이라면 적어도 이 정도의 수양은 되어 있어야 한다.

그렇다고 해서 뛰어난 인간의 특성인, 예리하고 민감한 반응을 모조리 버리라는 말은 절대 아니다. 사물에 지나치게 집착하지 않음으로써 예민한 당신의 개성을 균형이 잡힌 상태로 유지하라는 뜻이다.

흥분을 가라앉히는 여섯 가지 방법

다음에 열거한 것은 나 자신의 흥분과 초조를 가라앉히는 데 무척 도움이 되었던 여섯 가지 기술이다.

1. 편안한 자세로 의자에 깊숙이 앉으라. 당신의 몸을 완전히 의자에 맡겨버리라. 그리고 머리끝에서 발끝까지 완전한 휴식상태에 빠졌다고 생각하라.

2. 당신의 마음이 심한 폭풍우로 인해 미친 듯이 요동치는 호수의 수면과 같다고 생각해보라. 그리고는 다시 바람이 자고, 호수의 면이 잔잔해져서 거울처럼 됐다고 생각해보라.

3. 몇 분 동안 당신이 일찍이 보았던 것 중에서 가장 아름답고 평화로운 경치를 생각하라.

    예를 들면 황혼 무렵의 서산, 새벽 안개에 싸인 골짜기, 한낮의 고요한 숲 속, 잔물결이 이는 수면에 비친 달 등을 마음속에 떠올리면 된다.

4. 고요함과 평화를 나타내는 일련의 단어를, 하나하나에 가락을 붙여 천천히 외어보라. 예를 들면 고요함, 한가

함, 정적 등과 같은 말들이다. 그 단어의 뜻을 생각하면
서 조용히 말해야 한다. 이와 유사한 다른 말도 생각하여
여러 번 되풀이하여 말하는 것이 좋다.

5. 당신이 하나님의 보호를 의식했을 때의 일을 회상하여
계속 생각하라. 즉, 당신이 괴로움이나 근심이 생겨 하나
님에게 도움을 청하여 구원받은 일을 생각하면 된다. 그
리고 '하나님이 나를 인도해주시니, 나는 항상 평안하
다.'라고 소리내어 말하라.

6. 마음을 편안하고 고요하게 만드는 놀랄 만한 힘을 지닌
다음 말을 되풀이하라.
  "주께서 심지가 견고한 자를 평강에 평강으로 지키시리
니 이는 그가 주를 의뢰함이라."〈이사야 26 : 3〉

이 장에서 내가 시사한 기술을 충실히 이행한다면, 당신이
흥분하거나 조바심치는 경향은 차츰 적어질 것이다. 그리고 당
신의 이 발전에 상응하여, 이제까지 불행한 습관 때문에 헛되
이 소비되었던 힘이 차차 되살아나서 우리가 맡은 바 책임을
완수하게 할 것이다.

제7장

최선을 다하여 그것을 얻으라

어느 날 한 노신사가 나를 찾아왔다. 그 뒤를 삼십 중반으로 보이는 얌전한 신사가 따랐다. 얼굴이 무척 닮았기 때문에 한 눈으로 부자지간임을 느낄 수 있었다.

노신사는 매우 걱정스런 표정으로 아들을 가리키면서 말했다.

"얘는 왜 하는 일마다 실패할까요?"

그 젊은 신사의 실패를 이해하기란 참으로 어려운 일이었다. 그는 흠잡을 곳 없는 조건을 갖추고 있었다. 머리도 나쁘지 않고, 가정환경도 보통 이상이었다. 그럼에도 불구하고 그가 하는 일은 한 번도 성공한 적이 없었다. 나는 그를 위해 열심히 문제점을 찾아보았지만 그리 큰 도움은 줄 수 없었다.

그러다가 그는 스스로 해답을 찾아냈다. 그 때부터 잠들어 있던 그의 힘이 발휘되기 시작했다. 이윽고 그는 대기업에 취직하여 장래가 촉망되는 인물이 된 것이다.

최선을 기대하면 최선을 얻을 수 있다

어느 날, 그와 오찬을 나누는 자리에서 나는 지난날과 완연히 달라진 그의 모습을 보고 격찬하지 않을 수 없었다. 이제 그는 자기가 생각해낸 독창적인 아이디어로 새로운 비지니스를 개척하고 있었고, 자기가 살고 있는 지역사회의 리더가 되어 있었다.

내가 그에게 물었다.

"정말 놀랍군. 얼마 전까지만 해도 자네는 몹시도 실의에 잠겨 있었네. 그런데 갑자기 이렇게 변한 이유가 무엇인지 설명해주겠나?"

"그것은 아주 간단합니다. 저는 단지 신념의 마법을 배웠을 뿐입니다. 최악을 기대하면 최악의 상태를 얻고, 최선을 기대하면 최선의 상태를 얻는 것입니다. 이것은 모두 《성경》의 한 구절을 실행한 것에 지나지 않습니다."

"그렇다면 그 《성경》의 한 구절이 무엇이지?"

"그것은 선생님께서 가르쳐주신 것입니다. 저는 종교적인 가정에서 자라왔기 때문에 그 구절을 수없이 들어왔습니다. 그러나 선생님의 말씀을 듣기 전까지는 한 번도 깊이 생각해본 적이 없습니다. 어느 일요일, 저는 선생님의 교회에 나갔습니다. 그때 선생님은 설교 중에서 그 구절을 몇 번이나 강조하셨습니다.

산이 나에게 오지 않는다면 내가 산으로 가겠다. ―마호메트

할 수 있거든이 무슨 말이냐? 믿는 자에게는 능히 못할 일이
없느니라. 〈마가복음 9 : 23〉

그 말을 듣고 난 후부터 저의 사고방식은 완전히 달라졌습니
다. 육체를 하나님의 손에 맡기라는 선생님의 말씀에 따라 신
앙의 기술을 실행한 것입니다. 즉, 저는 소극적이었던 생각을
적극적으로 바꾸기 위해 나 자신을 훈련시켰습니다. 저는 사물
을 긍정적으로 바라보고자 힘쓰는 동시에 하나님에게 구원을
청하게 되었습니다. 그 방침을 일상생활에 적용하자 모든 상황
들이 변해버렸습니다. 저는 최악이 아니라 최선을 바라는 습관
을 갖게 되었습니다. 지금 말씀 드린 것이 제가 변하게 된 바로
그 이유입니다. 저는 이것을 기적이라고 생각하는데, 선생님
의견은 어떻습니까?"

그러나 그것은 기적도, 아무것도 아니다. 단지 그가 이 세상
에서 가장 소중한 신앙심으로 그의 마음을 가득 채웠기 때문에
모든 상황이 변한 것이다.

그 무엇도 의심하지 말고 기대하는 것을 배우라. 그렇게 함
으로써 당신은 무슨 일이든 성취할 수 있는 것이다. 그러나 이
말은 결코 믿기만 하면 바라는 모든 것을 얻을 수 있다는 뜻은
아니다.

당신이 하나님을 굳게 믿을 때 그분은 당신의 마음을 올바른
방향으로 인도해주신다. 즉, 당신에게 해가 되는 것이나, 하나
님의 의지에 부합되지 않는 것은 스스로 포기하게끔 당신의 마
음을 인도해주시는 것이다.

이는 당신이 바라지 않더라도 당신에게 옳은 것은 하나님께

서 성취해주신다는 뜻도 된다.

유명한 심리학자 윌리엄 제임스는 이렇게 말했다.

"우리들이 위험한 사업을 시작할 때 믿어야 할 것은 단 하나뿐이다. 즉, 반드시 바라는 것을 얻으리라. 이러한 확고한 믿음이 당신의 모험을 성공으로 이끌 것이다."

굳은 신념을 갖는 것이 어떤 일을 성공적으로 이끄는 데 무엇보다도 가장 중요한 요소이다.

당신이 최선의 결과를 기대할 때, 그것은 마치 자석과 같은 힘을 발휘하여 당신에게 좋은 결과를 가져다 준다. 그러나 만약 당신이 최악을 기대한다면, 그것은 당신에게서 최선의 것을 쫓아버리는 것이다. 최선에 대한 끊임없는 기대가 최선을 실현시키는 힘을 움직인다는 것은 참으로 놀라운 일이 아닐 수 없다.

패배하지 않는 배트의 비밀

이 사실에 대한 흥미있는 실례가 여기 있다. 그것은 왕년에 유명한 스포츠 기자였던 휴 풀러턴의 회고록에서 찾아볼 수 있다.

나는 소년시절에 휴 풀러턴을 무척 좋아했다. 그가 쓴 기사는 명쾌하면서도 재미가 넘쳐나고 있다. 내가 잊지 못할 깊은 감명을 받은 이야기 중의 하나는 전미 실업 야구의 강팀인 텍사스 리그 산 안토니오 클럽의 감독이었던 죠쉬 오레일리에 관한 것이다.

산 안토니오 클럽의 멤버는 모두 쟁쟁한 선수들이었다. 그 팀의 주전 선수 일곱 명은 삼백 개 이상의 안타를 기록하고 있는 강타자들이었다. 그래서 많은 야구팬들은 이 팀의 우승을 점치는 데 주저하지 않았다.

그런데 막상 시즌이 시작되자 예상은 판이하게 빗나가기 시작했다. 이 팀은 첫 게임에 패한 후 연속 열일곱 게임을 무기력하게 패했다. 쟁쟁한 선수들이 삼진을 당하기 시합이라도 하는 것처럼 헛방망이질을 해댔다.

마침내 이 팀은 최고의 약팀으로 손꼽히던 댈라스 클럽과의 경기에서도 세 번을 패해 팀 패배 신기록을 갱신했다.

"고등학생들도 그 정도는 하겠다."

"동네 야구나 해라."

팬들의 야유가 그라운드에 쏟아지기 시작했다.

팀 최다패배를 기록하고 합숙소로 돌아온 선수들은 모두 침울했다. 죠쉬 오레일리 감독은 선수들이 부진한 원인을 곰곰이 생각했다.

'모두가 우수한 선수들이다. 그런데 연패를 당한 이유는 어디에 있을까?'

밤새 생각한 끝에 '정신력의 해이'와 '정신력의 위축'이라는 결론을 얻어냈다. 즉 처음에는 지나친 자만심이 패인이었다. 그러다가 패배가 많아지자 조바심이 일기 시작했다. 불안정한 마음으로 서두르다 보니 제대로 공격다운 공격을 못했던 것이다.

'정신력을 개조해야 팀이 살 수 있다!'

죠쉬 오레일리 감독은 그런 생각을 하고 한 수단을 강구했다. 바로 그 당시 팀의 합숙소 근처에는 슐라터라고 하는 설교사가 큰 인기를 끌고 있었다. 그는 신앙의 힘으로 병을 고치는 의사라는 평판을 듣고 있었는데, 실제로 퍽 좋은 성과를 올리고 있었다. 사람들은 매일같이 물밀듯 그의 설교를 들으러 모였고, 대부분의 사람들은 그에게 놀라운 힘이 있다고 믿고 있었다. 산 안토니오 클럽의 선수들도 마찬가지였다.

쵸쉬 오레일리 감독은 선수들에게 각자가 애용하는 배트를 두 자루씩 빌려 달라고 부탁했다. 그리고 그는 손수레에 그 배트를 싣고 갔다가 한참 후에 기쁜 표정으로 돌아왔다.

"여러분, 이제는 우리에게 더 이상 패배는 없습니다. 이 배트는 패배하지 않는 힘을 가지고 있으니 믿고 경기에 임하면 됩니다."

감독의 말에 선수들은 모두 즐거워했다. 지옥 같았던 연패의 늪에서 드디어 빠져나오게 됐다고 흥분했다.

다음날 경기는 시즌 1위 팀과 벌어졌다. 관중들은 연패 신기록이 계속되리라고 생각했다. 그러나 결과는 정반대였다. 오레일리 감독의 팀은 안타 37개를 때려 무려 20대 0으로 대승했다. 그 후 이 팀은 승승장구하여 시즌 우승팀이 되었다.

스포츠 기자 휴 플러턴은 쵸쉬 오레일리 감독과 인터뷰하면서 경기의 우승의 원동력이 무엇인가를 물었다. 이 때 오레일리 감독은 빙그레 웃으며,

"정신력의 마술입니다."

말한 후에 그 비밀을 털어놓았다. 사실은 슐라터 설교사에게 가지도 않았던 것이다. 그런데 선수들은 감독의 말을 철석같이 믿고 승리를 확신했던 것이다.

성공의 비결

아마도 당신은 인생이라는 게임에서 좋은 성적을 올리고 있

지 않았는지도 모른다. 앞에서 실례로 든 오레일리 감독의 팀이 초반에 그랬던 것처럼 극심한 슬럼프에 빠져 있을는지도 모른다. 배트를 휘두를 때마다 삼진이요, 그래서 타율은 형편없다.

당신이 만약 그렇다 할지라도 나는 당신을 회생시킬 확실한 비법을 가지고 있다. 이 비법을 손에 넣은 당신은 틀림없이 지옥 같은 슬럼프의 늪에서 빠져나올 수 있음을 나는 장담한다.

지금부터 당신은 당신이 생각할 수 있는 말 중에서 가장 긍정적이고, 희망에 찬 말들을 수첩에 적으라. 당신이 이루고 싶은 꿈을 문장으로 구체화시켜라.

예를 들자면 다음과 같은 문장들을 만들 수 있을 것이다. (○○○ 안은 당신의 이름을 넣을 것.)

① ○○○, 나는 정말로 중요하고 훌륭한 사람이다.
② ○○○, 나는 성공을 계약받고 태어났다. 따라서 성공은 틀림없이 나의 것이다.
③ ○○○, 나에게는 무한한 힘이 있다.
④ 이제부터 나는 매사에 자신이 넘친다.
⑤ 용기가 솟는다. 마음이 매우 대담해진다.
⑥ 이제 세상에 두려울 것이 아무것도 없다.
⑦ 나는 언제나 가능성만 믿고 목적을 향해 힘차게 전진한다.
⑧ 마음에 뜻을 둔 일은 즉각 행동으로 취한다.
⑨ 이젠 어떠한 난관도 뚫고 나갈 수 있다.
⑩ 나는 할 수 있다. 나는 기어코 해내고야 말겠다.

당신이 심사숙고하여 만든 문장들을 의식 속에 집어넣으라. 그런 후 입 밖에 내어 반복하고 또 반복하라. 특히 잠자리에 들기 직전에 그렇게 하라. 아침에 눈을 뜨면 그 말부터 입에 담으라.

주지했던 바와 같이 암시는 이 세상에서 가장 강한 힘을 가지고 있다. 당신이 긍정적이고 희망에 찬 암시를 하게 되면 당신의 마음속에 숨어 있는 힘, 즉, 잠재의식은 그것을 그대로 받아들여 당신의 기초적 사고방식을 수정하고 바꾸어갈 것이다. 이 과정이 당신을 믿는 사람, 기대하는 사람으로 바꾸고, 그리고 꿈을 성취하도록 만들어준다.

올바르게 사물을 생각하는 습관을 들이라. 그러면 거기에서 파생하는 결과는 실로 '기적' 그 자체가 된다.

당신이 최악의 상태 대신에 최선을 기대할 때, 모든 일은 호전된다. 왜냐하면 그렇게 함으로써 당신은 자기에 대한 의심에서 해방되고 당신의 노력에 전신(全身)을 기울일 수 있게 되기 때문이다. 하나의 문제에 전신을 집중하고 있는 사람 앞에는 아무런 장애물도 있을 수 없다. 당신의 온 인격이 하나가 되어 곤란에 맞서면, 원래 잡다한 것이 모여진 것에 불과한 그 곤란은 통일의 힘 앞에서 모습을 감추고 말 것이다.

최악이 아니라 최선을 기대하라. 그러면 당신은 당신의 소망을 성취할 수 있을 것이다. 결국 당신에게 되돌아오는 것은 선이든 악이든, 강하든 약하든간에 당신의 마음속에 지니고 있는 생각이란 사실을 명심해야 한다.

이 일에 대해 에머슨은 다음과 같이 말했다.

"바라는 것은 얻을 수 있다. 그러므로 무엇을 바랄 것인가 신중히 생각해야 한다."

 사람은 어떤 높은 곳이라도 오를 수 있다. 그렇지만 거기에는 결의와 자신이 필요하다. ─안데르센

목표를 가져라

다이내믹한 사고방식을 갖고 있는 오늘날의 학생들은 예수의 날카로운 사상이나 가르침의 실용적 가치를 실감하고 있다. 특히 "너의 믿음대로 되리라."〈마태복음 9 : 29〉라는 말씀은 진리의 실용적 가치를 시사하는 것이다.

명사수는 과녁을 겨눈 후에 방아쇠를 당긴다. 과녁을 겨누지 않고서도 과녁을 맞추는 것은 거의 불가능하다. 이와 마찬가지로 최선에 도달하려면 당신이 인생에서 어디로 가려 하고 있는가를 아는 것이 몹시 중요하다. 당신의 목표가 무엇인가를 알아야만 그 목표를 달성하고 꿈을 실현시켜서, 당신이 가고자 생각하는 곳으로 갈 수가 있는 것이다.

당신의 기대는 분명히 결정된 목표를 가지고 있지 않으면 안 된다. 목적 없는 생각으로 최선을 기대한다는 것은 도저히 있을 수 없는 일이다.

대부분의 사람들이 그들 자신이 어디로 가야 하는지를 모르기 때문에 어느 곳에도 도달하지 못하는 것이다. 즉, 정확하고 신중히 생각한 목표를 가지고 있지 않기 때문이다. 뚜렷한 목표도 없이 단지 머리로 생각하는 막연한 기대만 가지고서는 절대로 최선의 결과를 얻을 수 없다.

어느 날, 자신이 하고 있는 일에 만족하지 못하는 청년 하나가 나를 찾아와 상의한 일이 있다. 그는 더 큰일을 하고 싶다는 욕망에 불타고 있었고, 또 주위환경을 개선하는 방법을 알아야겠다고 마음먹었다. 그 생각의 동기는 이기적인 것이 아니라 정말 진정한 가치를 지니고 있는 것처럼 생각되었다.

"참으로 좋은 생각일세. 그런데 자네는 어디를 향해 가고 싶은가?"

내가 묻자, 그는 주저하면서 이렇게 대답했다.

"저는 그 문제에 대해 깊이 생각해본 적이 없습니다. 단지 제가 알고 있는 것은 현재의 상태보다는 더욱 개선된 어떤 곳으로 가고 싶다는 생각뿐입니다."

"자네가 가장 잘하는 것은 무엇이지?"

"글쎄요, 모르겠습니다. 한 번도 곰곰이 생각해본 적이 없으니까요."

"그렇지만 여러 가지 일 중에서 자네가 진정으로 하고 싶은 일이 하나쯤은 있지 않을까?"

"모르겠습니다. 아직 그런 것은 생각해보지 않았습니다. 그런 것을 생각할 필요가 있을까요?"

그래서 나는 말했다.

"내 말을 잘 명심해서 듣게. 자네는 현재 자네가 있는 곳에서 어디로 가고 싶어하고 있네. 그런데 어디로 가고 싶은 것인지 자신이 모르고 있네. 즉, 자신이 무엇을 할 수 있는지, 무엇이 되고자 하는지를 향해 출발하려면 먼저 자네가 가고 싶은 목적지부터 정해야 하네."

바로 이것이 대부분의 사람들이 실패하는 원인이다. 그들이 전진하지 못하는 것은, 그들이 가야 할 목적지를 모르기 때문이다. 그들이 어떤 일에도 능히 성공하지 못하는 것은, 그들이 무엇을 하려고 정해놓은 목표가 없이 그저 막연히 생각만 가지고 살아가기 때문이다. 목표가 없이는 결코 종국에 닿을 수 없다.

나는 그 젊은이의 능력을 테스트하여 철저히 분석해보았다. 그 결과, 그가 이제까지 뚜렷한 목표를 세우지 못한 몇 가지 원인을 발견했다. 그를 전진시키기 위해 어떤 변화가 필요하다는 사실을 알았다. 그래서 나는 그에게 실제적인 테크닉을 가르쳐 주었다. 이제 그는 성공을 향해 달리고 있다.

지금 그는 자신이 어디로 가고 싶은지, 그리고 어떻게 하면 그 곳에 도달할 수 있는지를 알고 있다. 그는 무엇이 그에게 있어 최선인지를 알고 있다. 그리고 그것을 성취하기 위해 부단히 노력하고 있다. 앞으로도 그는 최선의 것을 이루고자 노력할 것이다. 그리므로 이제 어떠한 존재도 그의 앞길을 가로막을 수는 없다.

만일 하나님이 내 편이라면 누가 나를 적대하겠는가

우선 확고한 목표를 세운 다음에는 항상 최선의 상태만을 생각하라. 결코 최악의 상태를 생각해서는 안 된다. 그와 같이 소극적이고 부정적인 생각을 당신의 머릿속에서 완전히 추방하라.

절대로 최악의 상태가 일어날지도 모른다는 생각을 해서는 안 된다. 왜냐하면 우리들이 마음속에 지니는 생각은 그것이 좋든 나쁘든 그대로 마음속에서 자라 현실화되는 경향이 있기 때문이다.

그러므로 당신은 언제나 최선만을 기대해야 한다. 항상 최선의 상태만을 생각하여 그것에 마음을 온통 집중시키고, 그것을 강조하고, 그것을 마음의 그림으로 그리고, 그것을 위해 기도하라. 그리하여 당신을 최선에 둘러싸인 상태로 만드는 것이다. 그러면 창조력을 지닌 당신의 마음이 그 최선의 상태를 만들어줄 것이다.

이 책을 읽고 있는 지금도 당신은 당신이 최악의 상태에 빠져 있다고 생각할지도 모른다. 그래서 아무리 생각을 거듭해도 결코 지금의 상태가 호전될 수 없다는 생각이 들지도 모른다.

그러나 이 문제에 대한 해답은 '절대로 그렇지 않다.'는 것이다.

만약 당신이 최악의 상태에 빠져 있을지라도 당신의 마음속에는 '최선'의 것이 충분히 잠재해 있기 때문이다. 당신이 해야 할 일은 단지 그 최선을 발견하고, 그 힘을 해방시켜 활동하게만 만들면 되는 것이다.

이것은 용기와 인내를 요하는 일이지만, 그것보다도 더욱 필요한 것은 신념이다.

확고한 신념을 가져라. 그러면 용기와 인내심은 저절로 솟아나게 마련이다.

한 부인이 피치 못할 사정으로 경험도 없이 외판원으로 취직하게 되었다.

그녀는 매일 진공청소기를 가지고 집집마다 돌아다니며 팔아야 했다. 그렇지만 그녀는 자기 자신과 자기의 일에 대해서 소극적인 태도를 지니고 있었다. 또 그녀 자신도 실패하고 있다는 사실을 깨닫고 있었다.

그녀는 도무지 일에 대한 자신이 없었다. 실험을 부탁받고 방문할 때에도 그녀는 그 집이 가까워지면 우선 두려움부터 느꼈다. 그녀는 자기가 외판에 소질이 없다고 단정을 내렸다. 그러한 그녀가 실패만 거듭하는 것은 당연한 일이었다.

그러던 어느 날, 그녀는 사려 깊은 한 부인의 집을 방문하게 되었다.

그녀는 그 부인에게 자기는 도저히 물건을 팔 능력이 없다고 호소했다.

부인은 그녀의 이야기를 참을성 있게 듣고 난 뒤에 조용히 말했다.

"당신이 실패할 것을 기대한다면 틀림없이 실패합니다. 하지만 만약 성공할 것을 기대한다면, 당신은 분명히 성공할 수 있습니다."

그리고 나서 부인은 이렇게 덧붙였다.

"꼭 당신의 힘이 되리라고 믿는 방식을 가르쳐드리죠. 그 방식은 아마 당신의 사고방식을 고쳐주고, 새로운 자신을 갖게 해주고, 당신의 목표가 달성되도록 도와줄 것입니다. 남의 집을 방문하기 전에 다음과 같은 말을 되풀이해보세요."

> '만일 하나님이 우리를 위하시면 누가 우리를 대적하리요.'
> 〈로마서 8 : 31〉

"만약 하나님이 당신을 도와주신다면 당신은 얼마든지 물건을 팔 수 있습니다. 전지전능하신 하나님은 당신의 딱한 사정도 이미 잘 알고 계십니다. 만약 당신이 이 방법을 실천하신다면 하나님은 분명히 당신에게 이 진공청소기를 팔 수 있는 힘을 주실 거예요."

그녀는 부인에게서 배운 이 테크닉을 사용했다. 그녀는 남의 집을 방문할 때마다 물건 팔 것을 기대하고, 소극적이 아닌 적극적인 결과를 말하고, 그것을 마음속에 그렸다.

얼마 후, 그녀는 새로운 용기와 새로운 신념을 갖고 자신의 능력에 자신을 갖게 되었다. 따라서 많은 진공청소기가 팔리기 시작했다.

이제 그녀는 이렇게 말하고 있다.

"하나님께서 제가 진공청소기 파는 것을 도와주고 계십니다."

누가 감히 이 말에 이의를 제기할 수 있겠는가!

신앙의 힘은 기적을 낳는다

'간절히 기대하는 것은 획득할 수 있다.' 이 말은 명확한 근거가 있는 원칙이다. 당신이 진정으로 바라지 않는다면 그것은 당신을 피해 다른 곳으로 나아갈 것이다. 그러나 당신이 온 마음과 정성을 기울여 무언가를 성취하고자 한다면 결코 당신의 노력은 헛되지 않을 것이다.

이 위대한 법칙을 공식화한 것으로, 다음 말을 당신에게 가르쳐주고 싶다.

> 신앙의 힘은 기적을 낳는다.

이 말에는 동적이고, 창조적인 힘이 깃들여 있다. 이 말을 당신의 의식 속에 깊이 심어놓으라. 그것을 당신의 잠재의식 속에 깊이 스며들게 하라. 그러면 당신은 어떠한 난관도 극복할 수 있을 것이다.

이 말을 항상 당신의 생각 속에 간직하고, 매일 매일 반복해서 말하라. 당신의 마음이 그것을 받아들일 때까지, 당신이 그것을 굳게 믿을 수 있을 때까지 '신앙의 힘은 기적을 낳는다.'

라고 소리내어 말하라.

나는 이 말의 효과에 대해 조금도 의심하지 않는다. 왜냐하면 나는 이제까지 너무도 많이 그 말의 효과를 보아왔기 때문이다.

당신은 어떠한 장애도 극복할 수 있다. 신앙의 힘에 의해 아무리 엄청난 일이라도 달성할 수 있는 것이다.

그러면 어떻게 해야 신앙의 힘을 얻을 수 있을까? 그것은 당신의 마음을 성서에 나오는 위대한 말로 채우면 된다. 만약 당신이 하루에 1시간씩 성서를 읽고 거기에 나오는 위대한 문장을 기억한다면, 당신에게 일어나는 변화는 가히 기적이라 일컬을 수 있을 것이다.

성서의 단 한 구절만으로도 당신은 신앙의 힘을 몸에 지닐 수 있을 것이다.

마가복음 11장이 바로 그것이다. 이것은 성서 중에서도 가장 위대한 방식의 하나로, 당신은 다음의 말씀 속에서 그 비밀을 찾아낼 수 있을 것이다.

"하나님을 믿으라. 내가 진실로 너희에게 이르노니, 누구든지 이 산더러 들리어 바다에 던지우라 하며, 그 말하는 것이 이룰 줄 믿고 마음에 의심치 아니하면 그대로 되리라."〈마가복음 11 : 22~23〉

이것은 내가 생각해낸 학설이 아니다. 그것은 오랫동안 많은 사람의 신뢰를 받아온 책이 가르치는 진리이다. 몇 세대를 걸쳐 지식이나 과학이 아무리 발달하더라도 많은 사람들이 즐겨 읽고 찾는 책은 바로 성서이다. 인류는 이제까지 씌어진 어떤 기록보다 이 성서를 신뢰하고 있다. 그리고 성서는 바로 우리에게 '신앙의 힘은 기적을 낳는다.'라고 가르치고 있는 것이다.

기대의 원칙

만약 당신이 무언가를 얻고자 소망하고 있다면, 당신은 그것을 어떻게 수중에 넣으려고 하는가? 먼저 당신은 자기 자신에게 '과연 그 욕망을 가져야 하는가?'하고 물어보아야 한다.

당신이 그 욕망을 갖는 것이 과연 좋을지 나쁠지를 가늠하기 위해서는, 기도로써 확실하게 그 질문을 테스트하는 것이 좋다. 만약 당신이 그 질문에 긍정적인 대답을 할 수 있다면 그것을 하나님에게 부탁하는 것이 좋다.

하나님에게 부탁하는 것을 조금도 두려워할 필요는 없다. 하나님은 전지전능하시기 때문에 당신의 부탁이 정당하지 못한 것이라면 당신의 청을 마땅히 거절하실 것이다. 때문에 하나님께 부탁 드리는 것은 반드시 정당한 것이어야 한다.

그리고 일단 당신의 정당한 소망을 하나님에게 부탁했다면 하나님이 분명히 들어주실 것이라고 마음으로부터 굳게 믿어야 한다. 절대로 의심을 품어서는 안 된다. 만약 의심한다면 그 힘의 흐름이 흐르다가 막혀버리고 만다.

신앙의 힘은 매우 강력하기 때문에, 만약 우리의 마음으로 하나님의 힘이 흘러든다면 어떤 일이나 다 이룰 수가 있는 것이다.

다음과 같은 말을 당신의 마음속에 깊이 스며들 때까지 되풀이해서 말하라.

"누구든지 이 산더러 들리어 바다에 던지우라 하며, 그 말하는 것이 이룰 줄 믿고 마음에 의심치 아니하면 그대로 되리라."

나는 이같은 원칙을 항상 최악의 상태만을 기대하고 있는 한 남자에게 가르쳐주었다. 그와 대화를 나누는 동안, 나는 그가 모든 문제에 소극적인 태도를 취하고 있다는 사실을 알았다. 그는 나의 말을 전적으로 불신하고 있었다. 그래서 나는 그에게 나의 말이 거짓이란 것을 증명하기 위해서라도 한 번 시험해보라고 권했다.

그는 정직한 남자로서 몇 개의 문제와 관련시켜 이 원칙을 충실히 실험하고 또 기록카드도 만들었다. 6개월 후 그는 나를 다시 찾아와서 이렇게 말했다.

"사실 저는 선생님의 말씀을 믿지 않았습니다. 그런데 최선을 생각하면 희망한 결과를 얻을 수 있는 조건을 만들어내는 불가사의한 힘을 얻게 된다는 말은 사실이었습니다. 이제 저는 최악이 아닌 최선을 생각하고 기대하는 테크닉을 배웠습니다."

여기서 내가 한 마디 덧붙여 말하고 싶은 것은, 이 테크닉을 악기나 골프채의 사용법을 배울 때처럼 실행해야 한다는 점이다. 철저하게 연습하지 않으면 어떤 기술도 습득할 수 없다.

날마다 일과를 시작하기에 앞서서 이렇게 말하라.

'내가 진실로 바라고 있는 것을 달성할 수 있는 힘을 하나님께서 내려주시리라 굳게 믿습니다.

결코 실패하리라고 생각해서는 안 된다. 결코 그런 말을 입 밖에 내서는 안 된다. 그와 같은 부정적인 생각은 당신의 마음에서 깨끗이 싹 몰아내라.

그리고 매일 당신 자신에게 이렇게 말하라.

> **나는 최선을 기대한다. 하나님의 도움으로 분명히 최선의 것을 얻게 될 것이다.**

그러면 당신은 분명히 최선의 것을 성취하게 될 것이다. 바로 이것이 적극적 사고방식의 힘인 것이다.

패배를 믿지 말라

패배를 믿지 말라

당신이 만약 실패할 것을 생각하고 두려워하는 사람이라면 그런 사상을 단호히 뿌리째 뽑아버리라고 나는 충고한다. 왜냐하면 실패를 생각하는 사람은 실제로 실패하기 때문이다. 그러므로 '나는 패배를 믿지 않는다.'라는 확고한 태도를 취하라.

이제부터 나는 이 철학을 효과적으로 사용하여 훌륭한 성과를 거둔 사람들의 예를 들고, 또 그들이 사용하여 성공한 기술과 방법을 설명해보고자 한다. 당신이 만약 내가 예로 든 사건들을 깊이 생각하고, 그들이 적극적으로 행동하고 생각한 것을 믿고 그러한 기술을 적용한다면, 당신 또한 현재 어떠한 장애에 곤란을 격고 있다 할지라도 능히 이겨 낼 수 있을 것이다.

나는 당신이 다음에 말하는 '방해자'와 같은 인간이 아닐 것을 믿는다.

장애를 두려워하지 말라

그 사람은 누가 아무리 좋은 제안을 하더라도 곧 그 제안에 관계된 모든 난관을 연상하여 반대론을 퍼붓는 것이 그의 나쁜 버릇이었다. 때문에 '방해자'라는 좋지 못한 별명을 얻게 되었다. 그런데 매우 긍정적인 사람을 만난 후에 자기의 이러한 소극적인 태도를 고치는 데 도움이 되는 어떤 교훈을 얻었다. 그가 얻은 교훈이란 다음과 같다.

어느 날, 그가 근무하는 회사의 중역들은 하나의 계획을 고려중에 있었다. 그 계획은 비용도 많이 들고, 성공할 가능성도 많았지만, 그런 반면에 모험성도 다분히 내포되어 있었다.

이 계획을 토론하고 있는 자리에서 그 방해자는,

"잠깐만, 그 일에 무슨 난관은 없을까요?"

라고 평소의 비평가다운 태도로 말하는 것이었다. 그러자 다른 사람이 곧 입을 열었다. 그는 말은 별로 없지만 그 능력과 일에 대한 실적으로 동료들로부터 존경을 받고 있는 사람이었다.

"당신은 어째서 가능성을 말하지 않고 난관만 생각하고 있습니까?"

방해자는 현명한 체 이렇게 대답했다.

"왜냐하면 우리는 언제나 현실적으로 살아야 하기 때문입니다. 이 계획에 몇 가지 난관이 있다는 것은 분명한 사실입니다. 그 난관에 당신은 어떤 태도를 취할 생각입니까?"

그 사람은 서슴지 않고 자신에 찬 소리로 대답했다.

"그 난관에 내가 어떤 태도를 취할 생각이냐고요? 그 문제라면 나는 단지 난관을 제거할 뿐입니다. 그리고 다음은 잊어버리고 맙니다."

"그렇지만……."

다시 방해자가 말했다.

"말하기는 쉽습니다. 당신은 그 난관을 제거하고는 잊어버린다고 했습니다. 그러면 당신에게는 난관을 없애버리고 그것을 잊어버리는 특별한 비결이라도 있습니까?"

그 사람의 얼굴에 자신만만한 미소가 떠올랐다.

"나는 난관을 없애는 데 일생 동안 노력해왔습니다. 내 경험으로 미루어 신념과 열의를 가지고 노력하는데도 제거되지 않는 난관은 하나도 없었습니다."

그리고 나서 그는 주머니에 손을 찔러넣어 지갑을 꺼냈다. 지갑의 투명한 부분 밑에 몇 마디의 글이 적힌 카드가 꽂혀 있었다. 그는 그 지갑을 탁자 위에 놓으면서 이렇게 말했다.

"이것을 읽어보십시오. 그것이 바로 당신이 물은 나의 신조입니다. 내 경험으로 배운 것입니다."

방해자는 그 지갑을 들고 이상한 표정으로 읽었다.

"큰 소리로 읽어보십시오."

지갑의 주인이 말했다.

방해자는 천천히 반신반의하는 어조로 지갑에 쓰인 글을 읽었다.

내게 능력 주시는 자 안에서 내가 모든 것을 할 수 있느니라.

〈빌립보서 4 : 13〉

"나는 이제까지 꽤 오랜 세월을 살아오는 동안 수많은 어려움을 겪었습니다. 여기 씌어 있는 이 말에는 현실적인, 강한

힘이 들어 있습니다. 그 힘으로 무장하면 당신은 어떤 난관이라도 극복할 수 있을 것입니다."

그는 이 말을 아주 자신있게 했고, 그 자리에 있던 다른 사람도 그가 말하는 뜻을 정확히 파악할 수 있었다. 그는 과거에도 많은 난관을 극복한 사람이었기 때문에, 모든 사람들이 알고 있는 과거의 일과 더불어 자신있게 말한 적극성은 그 자리에 있는 사람들에게 커다란 감명을 주었다.

아무튼 그 자리에서 소극적인 말은 깨끗이 사라지고 말았다. 고려중이던 계획도 실시되어, 많은 난관과 위험이 산재해 있었지만 결국 성공하게 되었다.

그 사람이 사용한 테크닉은 '난관을 두려워하지 말라.'라는 아주 기초적인 진리에 기반을 둔 것이었다.

그러므로 난관을 극복하기 위한 첫 단계는 단순히 난관과 맞서 대항하고, 불평하지 말고, 굴복하지 말고, 정면으로 부딪쳐야 한다.

난관에 결코 굴복하지 말라. 정면으로 충돌하여 극복하도록 노력하라. 그러면 난관은 우리가 미리 짐작한 절반에도 미치지 못한다는 사실을 알게 될 것이다.

곤잘레스가 선수권을 획득한 비결

난관은 겁쟁이들에게는 한없이 강하다. 겁쟁이들은 지레 겁을 먹고 피해버리기 때문이다. 그러나 두 주먹을 불끈 쥐고 대항하는 사람들에게는 더없이 나약하다. 때로는 너무나도 쉽게 풀려 싱거울 때도 있다.

몇 년 전에 불꽃 튀기는 격전 끝에 국제 테니스 선수권을 획득한 곤잘레스의 이야기는 우리에게 시사하는 바가 크다.

그는 그때까지 별로 잘 알려진 선수가 아니었다. 그리고 날씨가 좋지 않아 그의 기술을 완전히 발휘할 수 없었다.

어떤 신문의 스포츠 기자는 곤잘레스를 분석하여 그의 기술에는 몇 가지 결점이 있다고 지적했다. 또 곤잘레스보다 더 뛰어난 선수가 많았다고 보도했다. 그러나 그 기자는 곤잘레스가 뛰어난 서브와 교묘한 발리를 가지고 있다고 인정했다.

그 기자는 곤잘레스가 선수권을 획득하게 된 절대적인 요소는 "끈질긴 지구력과 게임이 아무리 불리해져도 절대로 좌절하지 않는 굳건한 정신력에 있다."라고 했다.

이것은 내가 지금까지 읽은 스포츠 기사 중에서 가장 흥미있는 기사였다.

> **그는 게임이 아무리 불리해져도 절대로 좌절하지 않았다.**

곤잘레스는 시합이 자신에게 불리한 방향으로 전개되어 나가더라도 결코 실망하거나, 소극적인 생각에 빠지거나, 승리하는 데 필요한 힘을 잃지 않았다는 것을 뜻하고 있다. 이와 같은 정신적인 특질이 그로 하여금 선수권을 획득하게 만든 것이다. 그는 장애물에 직면하여 그것에 대항하고, 이를 극복해내는 사람의 좋은 예였다.

신념은 지구력을 낳는다. 지구력은 앞에 난관이 나타났을 때 그것을 뚫고 나갈 수 있는 동력을 부여해준다. 일이 순조롭게 진행될 때는 누구나 전진할 수 있다. 그렇지만 모든 일이 순조롭게만 되지 않는 것이 세상의 오묘한 이치다. 어떤 일이 자기에게 불리해졌을 때 이에 대항하기 위해서는 어떤 특별한 요소가 필요해진다. '게임이 불리해져도 절대로 좌절하지 않는다.' 바로 이것이 그 비결인 것이다.

잠재의식을 적극화하는 방법

다시 한 번 강조한다면, 당신이 극복할 수 없는 난관이란 하나도 없다.

어느 철학자가 한 흑인으로부터 자기의 난관을 어떻게 하면 극복할 수 있겠느냐는 질문을 받았을 때, 이렇게 대답한 일이 있다.

"우선 처음에는 난관의 둘레를 빙빙 돌아봅니다. 만약 돌아볼 수 없을 때는 그 밑으로 기어듭니다. 기어들 수 없을 때는 그것을 뛰어넘습니다. 뛰어넘을 수 없을 때는 헤치면서 빠져나갑니다."

그리고 나는 다음과 같이 덧붙였다.

"하나님과 함께 그것을 헤치면서 빠져나갑니다."

이 장(章) 첫머리에 쓴 어떤 실업가가 사용한 방식을 진지하게 생각해보자. 잠시 이 책을 읽는 것을 멈추고 다섯 번만 그것을 되풀이해보자. 되풀이할 때마다 '나는 그 신조를 굳게 믿는다.'라고 스스로에게 말해보자.

그 신조를 다시 소개하면 이러하다.

"내게 능력 주시는 자 안에서 내가 모든 것을 할 수 있느니라."(빌립보서 4 : 13)

매일 다섯 번만 이 신조를 되풀이하면 당신의 마음속에는 강력한 힘이 싹틀 것이다.

우리의 잠재의식은 언제나 어떤 변화를 싫어한다. 인간의 성격과 닮아 있기 때문이다. 그래서 당신에게 '나는 그런 것을 믿지 않아.'라고 속삭일는지도 모른다.

그러나 어떤 의미에서 우리의 잠재의식은 이 세상에 실존하는 것 중에서 가장 큰 거짓말쟁이라는 사실을 잊지 말라. 왜냐하면 잠재의식은 어떤 다른 생각과 동시에 일어나 우리 능력 중의 좋지 않은 부분만을 우리에게 다시 돌려보내기 때문이다. 예컨대 소극적인 생각이 잠재의식 속에서 창조되어 그 좋지 못한 생각만이 우리에게 되돌아오는 것이다.

그러므로 한번 이렇게 말하여 잠재의식에 반박해보자.

"나는 틀림없이 성공할 수 있다. 나는 그것을 굳게 믿고 있다."

이런 적극성을 가지고 잠재의식을 공격하면 얼마 후에는 자연히 성공의 길이 열릴 것이다. 그 이유의 하나는 이제 우리가 적극적 사고를 기르게 되었다는 데 있다. 다시 말해 우리는 자신의 잠재의식에게 진실을 말할 수 있게 된 것이다.

당신의 잠재의식을 적극적인 성격으로 바꾸는 효과적인 방법의 하나는 일상생활 중에 소극적인 생각이나 소극적인 말을 하지 않는 일이다.

대부분의 사람들은 소극적인 말을 많이 사용하고 있다. 따지고 보면 사람들이 대화에서 사용하는 소극적인 말은 그 하나하나로 볼 때에는 그다지 중요한 것 같지 않다. 그러나 그와 같은 태도의 종합적인 결과는 우리의 마음을 소극적인 상태로 만들고 만다.

이 소극적인 생각들이 마음속에 떠올랐을 때, 나는 나 자신의 대화하는 습관을 분석해보았다. 그 결과, 나는 내가 소극적인 말을 많이 사용하고 있었다는 사실에 깜짝 놀랐다.

"아무래도 시간에 늦을 것만 같군."

"도무지 그 일을 해낼 것 같지 않아."

"몸이 좀 불편한데."

등등의 말을 습관적으로 하고 있었던 것이다.

또 어떤 일이 좋지 않은 결과로 나타나면 이렇게 말할지도 모른다.

"아, 그럴 줄 알았어."

이와 같은 말들은 분명히 소극적인 것들이다. 큰 생각은 물론 작은 생각보다 강력한 힘을 지니고 있지만, 커다란 떡갈나무도 조그만 도토리 씨에서 자랐다는 사실을 결코 잊어서는 안된다. 티끌이 모여 태산이 되는 것이다. 사소한 소극적인 말이라도 그것이 다량으로 당신의 대화에 끼여들게 되면, 자신도 모르는 사이에 그것들은 당신의 마음속에 스며들게 된다. 그리하여 그 사소한 것들이 쌓이고 쌓여서 커다란 부정적인 힘으로 점점 자라게 되는 것이다.

그래서 나는 그와 같은 소극적인 말들을 내 대화에서 완전히 몰아내기로 결심했던 것이다. 그것을 완전히 몰아내는 가장 좋은 방법은 모든 대화에서 적극적인 말을 사용하는 일이다.

만약 당신이 '그 일쯤은 문제없어.', '분명히 시간 안에 도착할 수 있다.', '일이 잘 풀릴 거야.'와 같은 적극적인 말만을 사용한다면 분명히 좋은 결과가 찾아오게 될 것이다. 만사가 원만하게 풀려나갈 것은 물론이다.

어느 날, 나는 도로변에 서 있는 광고판에서 매우 재미있는 자동차 기름 광고를 본 일이 있다. 거기에는 다음과 같이 씌어 있었다.

"깨끗한 엔진은 항상 힘을 낳는다."

이와 마찬가지로 소극적인 사고에서 벗어난 마음은 적극적인 사고를 낳는다. 즉, 깨끗한 마음은 언제나 힘을 공급하는 것이다.

당신도 이 사실을 명심하여 항상 당신의 마음을 청소함으로써 깨끗한 마음의 엔진을 갖도록 끊임없이 노력해야 한다.

이제까지 설명한 것처럼, 난관을 극복하고 '패배란 있을 수 없다.'는 생활철학으로 살기 위해서는 당신의 의식 깊숙한 곳에다 적극적인 사고방식을 심어 가꾸어야 한다.

우리가 장애물에 어떻게 대처하는가는 곧 우리의 마음가짐에 의해 결정되는 것이다. 바로 심리적인 것에 불과한 것이다.

이 말에 대해 어쩌면 다음과 같이 반박하는 사람도 있을지 모른다.

"그러나 나의 경우는 심리적인 것이 아니라 극히 현실적인 것이다."

그 말이 맞을지도 모른다. 그러나 그 일에 대한 당신의 태도는 분명히 심리적인 것이다. 당신이 어떤 태도를 취할 수 있는 길은 곧 심리적 과정에 의한 것이다. 그리하여 당신이 장애물에 대해서 생각하는 것이 당신의 태도를 결정짓는 것이다.

당신이 그 장애물을 제거할 수 없다고 생각한다면 실제로 우리는 장애물을 제거할 수 없을 것이다. 그러나 당신이 장애물은 대단하지 않을 뿐만 아니라 충분히 제거할 수 있다는 확고한 신념을 가진다면, 당신이 그와 같은 '적극적인 사고방식'을 지니는 순간부터 그것은 이미 제거되기 시작할 것이다.

패배를 극복하는 법을 배워야 한다. 그럴 때에 당신의 인격이 향상된다. —닉슨

현자(賢者)들의 가르침

앞에서 지적한 바와 같이 곤란한 일은 우리의 생각 여하에 따라 힘들게, 혹은 쉽게도 보인다.

미국인의 사고방식에 강력한 영향을 준 인물은 세 사람이다. 곧 에머슨, 톨로, 윌리엄 제임스가 바로 그들이다.

에머슨이 가르쳐준 기본적인 교의(敎義)는 "인격은 하나님의 힘에 접촉할 수 있으며, 그렇게 함으로써 그 힘으로부터 위대함이 솟아나는 것이다."라는 것이었다.

윌리엄 제임스는 '어떤 일을 하는 데 가장 위대한 요소는 그 일에 대한 우리의 신념'이라고 지적하고 있다.

톨로는 일을 성취시키는 비결은 '마음속에 성공의 결과를 항상 그리는 것'이라고 우리에게 가르쳐주었다.

또 한 명의 현명한 미국인은 토머스 제퍼슨이다. 그는 프랭클린처럼 일련의 법칙을 자신의 인생 지침으로 삼고 있었다. 프랭클린은 일상생활의 법칙이 13개였고, 제퍼슨은 그보다 적은 9개였다.

그 법칙의 하나를 소개하면 다음과 같다.

항상 부드러운 방법으로 모든 일을 처리하라.

나는 이 법칙이 매우 귀중한 것이라고 생각한다. 이것은 어떤 문제든 가장 저항이 적은 방법으로 처리하라는 뜻이다.

저항은 하는 일에 마찰을 일으키므로 그 마찰을 극복하거나 감소시킬 필요가 있다. 소극적인 태도 역시 일종의 마찰이다.

그렇기 때문에 소극적인 태도가 커다란 저항을 낳는 것이다.

적극적인 태도야말로 부드러운 방법으로 모든 일을 처리할 수 있는 기술이다. 그것은 우주의 흐름과 조화를 이루는 방법이다. 적극적인 태도는 마찰을 극도로 감소시킬 뿐만 아니라 실제로 도움이 되는 힘을 자극하기도 한다.

예를 들면, 한 부인이 자기의 15세 된 아들을 나에게 보낸 일이 있었다.

부인은 자기 아들을 좀 정상적으로 만들어 달라고 했다. 아들이 모든 학과에서 70점 이상을 받아본 적이 없는 것이 그녀의 큰 걱정거리였던 것이다.

"우리 아이는 참으로 좋은 머리를 가지고 있어요."

부인은 무척 자랑스러운 어조로 말했다. 그래서 내가,

"머리가 좋은 것을 어떻게 아십니까?"

라고 묻자 그녀는 서슴없이 대답했다.

"그것은 내 아들이기 때문이에요. 저는 대학을 우수한 성적으로 졸업했거든요."

그래서 소년이 나를 찾아오게 된 것이다. 소년은 매우 우울한 표정으로 들어왔다.

"왜, 무슨 일이 있었니?"

"저도 모르겠어요. 어머니가 선생님을 찾아가라고 해서 온 거예요."

"그래, 그런데 너는 공부를 열심히 하지 않는 것 같구나. 어머니는 네가 70점밖에 받지 못한다고 말씀하시던데."

"네, 대부분 그런 정도예요. 그러나 더 나쁜 점수를 받은 적도 있었습니다."

"너는 네 머리가 좋다고 생각하니?"

"어머니는 그렇다고 말씀하시지만, 저는 잘 모르겠습니다. 솔직히 머리가 나쁘다고 생각합니다, 선생님."

그리고 소년은 진지한 표정으로 말을 이었다.

"저는 집에 돌아오면 그날 학교에서 공부한 것을 다시 한 번 읽고, 책을 덮은 다음 그것을 외어봅니다. 이렇게 세 번을 되풀이합니다. 그리고 분명히 외었다고 생각하며 학교에 갑니다. 그런데 선생님이 내 이름을 불러 자리에서 일어서면 하나도 생각이 나지 않는 것입니다. 또 시험지를 받으면 아무리 생각해도 해답이 생각나지 않습니다. 난 왜 그런지 모르겠습니다. 어머니는 머리가 매우 좋은 분이라고 생각합니다. 아마 나는 어머니를 닮지 않은 모양입니다."

물론 이 소년의 소극적인 사고방식은 어머니의 태도에 자극된 열등감에서 기인한 것이었다.

소년의 마음은 얼음처럼 응결되어 있었다. 어머니는 그에게 학교에 가서 불가사의한 것을 배우는 경이와 영광에 대해서 단한 번도 말해준 적이 없었다. 그녀는 아들에게 다른 사람하고가 아니라 자기 자신과 경쟁하라고 격려해줄 만큼 현명하지 못했다. 그리고 그의 어머니는 학문에서의 그녀의 성공을 아들이 능가해주기를 끊임없이 주장했던 것이다.

이와 같은 환경하에서 소년의 마음이 얼어붙은 것은 조금도 이상한 일이 아니었다.

나는 그 소년에게 도움이 될 만한 몇 가지 충고를 해주었다.

"공부를 시작하기 전에 잠시 동안 이렇게 기도해봐. '주여, 저는 머리가 좋다는 사실을 알고 있습니다. 또 공부를 잘할 수 있다는 것도 알고 있습니다.' 그런 다음 편안한 마음으로 책을 읽어. 만약 공부가 하기 싫으면 절대로 두 번 되풀이해서 읽지 말고 한 번에 다 외웠다고 믿는 거야. 그리고 다음날 아침 학교에 갈 때 이렇게 혼잣말을 해봐. '나에게는 훌륭한 어머니가 있다. 어머니는 대단히 아름답고 나에게 몹시 친절하다. 그러나 어머니는 지난날 좋은 점수를 받기 위한 공부벌레였을 거야. 나는 절대로 점수만 생각하는 그런 공부벌레는 되지 않을 테다. 나는 단지 훌륭하게 졸업하는 것만을 바랄 뿐이야.'"

그리고 나는 이렇게 덧붙여 말해주었다.

"교실에서 선생님이 너를 지명하면 대답하기 전에 재빨리 기도해라. 그리고 하나님이 네가 대답하는 것을 도와주신다고 믿어. 시험지를 받으면 하나님이 네 마음을 해방시켜 정답이 생각나게 해주시기를 기도해라."

소년은 나의 충고를 충실히 이행했다. 그리고 다음 학기에서 그가 딴 점수는 놀랍게도 90점 이상이었다.

나는 '패배란 있을 수 없다.'는 생활철학을 발견한 이 소년이 그의 생애의 모든 일을 통하여 적극적 사고방식의 힘을 활용해나갈 것을 확신한다.

패배감을 극복한 사람들

이와 같은 방법에 의해서 인생의 구원을 받은 젊은이들의 예를 든다면, 도저히 이 책에 다 실을 수 없을 만큼 많다.

게다가 그 예들은 일상생활에서의 사건이나 경험이므로 이론적이 아니라 아주 실제적인 것이다. 이런 젊은이들이 나에게 보내준 편지 속에는, 문자 그대로 그들 자신의 일상적인 체험을 통한 증언으로 가득 차 있다.

어느 날, 한 젊은이로부터 편지가 왔다. 그것은 그의 아버지에 관한 다음과 같은 편지였다. 나는 그 밖에도 이 편지에 씌어 있는 것과 같은 계획을 실천하여 놀랄 만한 성과를 거둔 많은 사람들을 알고 있다.

저의 아버지는 지방을 순회하는 세일즈맨이었습니다. 아버지는 어떤 때는 가구를 팔러 다녔고, 또 어떤 때는 철물을, 때로는 가죽제품을 팔러 다녔습니다. 이처럼 아버지는 거의 한 달에 한 번씩 파는 상품을 바꾸었습니다.

저는 아버지가 어머니에게 "학용품을 파는 것은 이번이 끝이야."라든가, "전기 스탠드를 파는 것도 이번뿐이야."라고 말씀하시는 것을 자주 들었습니다. 아버지는 입버릇처럼 "금년만 지나면 모든 것이 확 달라질 거야.", "가만히 있어도 상품이 팔리는 회사를 갖게 될거야."라고 말씀하셨습니다.

그러나 언제나 같은 상태였습니다. 장담하시는 것처럼 잘 팔리는 상품을 취급한 일이 결코 한 번도 없었습니다.

그러던 어느 날, 동료 세일즈맨이 아버지에게 짧은 세 가지 기도문이 적힌 종이쪽지를 주었습니다. 그리고 손님을 방문하기 직전에 그 구절을 되풀이해서 읽도록 권했습니다.

아버지는 그가 시키는 대로 해보았습니다. 그런데 그 효과는 거의 기적적이었습니다.

아버지는 이 방법을 쓴 첫번째 주에 방문한 손님의 85퍼센트에게 물건을 팔았던 것입니다. 그 후 계속해서 판매실적이 향상되었습니다. 어떤 주에는 방문한 손님의 95퍼센트에게 상품을 팔았습니다.

아버지는 그 기도문을 몇 명의 다른 세일즈맨에게도 주었는데, 모두 놀라운 성과를 거두었습니다.

아버지가 사용한 기도문은 다음과 같습니다.

"저는 항상 하나님의 인도를 받고 있음을 믿습니다."

"저는 항상 바른 길을 걷고 있음을 믿습니다."

"저는 항상 하나님께서 길이 없는 곳에도 길을 만들어주심을 믿습니다."

이 젊은이의 아버지가 경험한 것과 비슷한 체험을 한 다른 예를 한 가지 들겠다.

창업을 맞아 심한 어려움을 겪고 있는 조그마한 회사의 사장이 자기가 발견한 테크닉에 의해 크나큰 도움을 받았다고 나에게 말한 일이 있다.

그의 말에 의하면, 그는 작은 곤란에 부딪혀도 그것을 도저히 극복할 수 없는 장애물로 부각시켜 버리는 버릇이 있었다고 한다.

그러나 그는 곧 자신이 패배자적인 태도로 문제를 맞이하고 있다는 사실을 깨달았다. 그리고 그는 장애물이 자기가 생각하는 것처럼 곤란한 문제가 아니라는 사실을 깨달을 수 있을 정도의 상식을 갖고 있었다.

그래서 그는 자신의 태도를 적극적으로 바꿀 수 있는 하나의 획기적인 테크닉을 생각해냈다. 그 얼마 후, 그의 사업에는 현저한 발전이 있었다.

그 테크닉은 그의 책상 위에 철사로 된 상자를 올려놓는 것이었다. 그 상자에는 다음과 같은 카드를 붙여놓았다.

"하나님과 같이 있으면 모든 것이 가능하다."

문제가 생길 때마다 그는 그 일에 관계되는 서류를 이 철사로 된 상자에 집어넣고 하루나 이틀 그대로 방치해두었다.

"그런 다음 상자에서 다시 그 서류를 꺼내어볼 때면 어떤 문제라도 조금도 어렵게 생각되지 않는 것입니다. 참 신기한 일입니다."

그는 밝은 표정으로 말했다.

이 경우에는 모든 문제를 하나님의 손에 맡긴다는 마음의 태세를 그가 드라마화시킨 것이다. 그 결과, 그는 문제를 정상적인 눈으로 보고 성공적으로 처리할 수 있는 힘을 얻었던 것이다.

이 장을 거의 다 읽을 때쯤에 다음의 말을 큰 소리로 읽어보라.

결코 패배를 믿지 않는다.

이 생각이 당신의 잠재의식의 태도를 지배할 때까지 확신을 가지고 몇 번이고 계속 소리내어 말하라.

제9장

근심 걱정을 타파하는 방법

　당신은 근심 걱정의 희생자가 되어서는 안 된다.

　도대체 근심 걱정이란 무엇인가? 그것은 단순히 불건전하고 파괴적인 심리적 습관에 불과하다.

　우리는 누구나 쓸데없이 근심 걱정하는 습관을 가지고 태어난 것은 아니다. 즉, 후천적으로 그것을 얻은 것이다. 그리고 인간은 어떤 습관이라도 고칠 수 있기 때문에 당신도 그런 고민을 충분히 마음에서 깨끗이 떨쳐버릴 수 있다.

　근심 걱정을 제거하는 데는 공격적이며 직접적인 행동이 가장 필요하다. 고민에 대하여 효과적인 공격을 전개할 수 있는 적당한 시기가 있다. 그것은 다른 언제가 아닌 바로 지금이다. 그러므로 지금 당장 당신의 고민하는 습관을 제거하기 위한 작업에 착수하는 것이다.

왜 우리는 근심 걱정을 그다지도 심각하게 생각하고 있는가?

그것은 저명한 정신과 의사인 스마일리 프런트 박사가 말한 바와 같이 "마음의 불안은 현대의 커다란 고질병"이기 때문이다.

또 어떤 유명한 정신과 의사도 "근심 걱정은 인간성을 붕괴하는 최대의 적이다."라고 주장한 바 있다. 다른 저명한 의사는 "근심 걱정은 인간의 모든 병 중에서 가장 방심할 수 없는 파괴적인 것이다."라고 자신의 연구결과를 발표했다.

이 밖의 다른 의사들도 "수많은 사람들이 쓸데없는 근심 걱정 때문에 병이 난다."고 주장하고 있다.

이러한 병에 걸린 사람들은 여러 불건강의 원인이 되는 근심 걱정을 추방할 능력을 잃고 만다.

근심 걱정이 우리에게 미치는 영향은 무엇보다도 그 말의 의미 자체가 그것을 잘 나타내주고 있다. 원래 '고민(worry)'이란 말은 '질식시키다(choke)'라는 뜻을 가진 고대 앵글로색슨어에서 온 것이다.

누군가가 손가락으로 당신의 목둘레를 숨이 막힐 정도로 세게 압박하는 것이나 당신이 오랫동안 쓸데없는 근심 걱정을 계속함으로써 당신 자신을 괴롭히는 것이나 같은 것이다.

아마도 당신은 근심 걱정이 관절염에 있어서 중요한 원인이 되고 있다는 말을 들은 적이 있을 것이다. 또 그 병의 원인을 분석해본 의사들은, 재정적인 불행·위축·긴장·걱정·고독·슬픔, 습관적인 고민 중 하나나 둘이 관절염의 원인이 되고 있다고 말하고 있다.

어떤 의학연구소의 의사가 40대의 미국 실업가 170명을 조사해본 결과, 그 반이 고혈압·심장병 혹은 위궤양을 앓고 있다는 사실을 발견했다. 그런데 그러한 병을 앓게 된 주요 원인이 근심 걱정이었다고 한다.

이와 같은 결과로 보아 습관적으로 근심 걱정하는 사람은 자신의 근심 걱정을 극복하는 법을 배운 사람보다는 장수하지 못하는 것 같다.

〈로타리언〉지는 "얼마나 오래 살 수 있는가?"라는 흥미있는 기사를 게재한 적이 있다. 그 기사의 필자는 "허리가 당신 생명선의 척도이다."라고 말하고 있다. 또 오래 살고 싶으면 다음의 법칙을 지키라고 말하고 있다.

① 안정을 얻으시오.

② 교회에 다니시오.

③ 근심 걱정을 버리시오.

그 필자의 말에 의하면 종교인은 비종교인보다 장수하며, 결혼한 사람들은 독신자보다 수명이 길다고 한다. 이것은 아마도 결혼한 사람들은 부부가 함께 걱정을 의논할 수 있기 때문인 것 같다. 독신자는 그 걱정을 혼자서 해결하지 않으면 안 된다.

인간의 장수를 연구하고 있는 한 전문가가 백 살까지 산 45명을 대상으로 조사를 한 다음 통계를 낸 적이 있다.

그 결과, 그들이 장수한 것은 다음의 사항을 충실히 지켰기 때문이라는 사실이 밝혀졌다.

① 항상 분주하게 일했다.

② 모든 일에 중용을 지켰다.

③ 식사는 가볍고 간단하게 했다.

④ 삶을 즐거운 것으로 느끼기 위해 노력했다.

⑤ 일찍 자고 일찍 일어났다.

⑥ 근심·불안, 특히 죽음의 공포는 전혀 생각지 않았다.

⑦ 평정한 마음을 갖고 신앙생활을 했다.

당신도 사람들이 다음과 같이 말하는 것을 들은 적이 있을 것이다.

"어쩐지 기분이 나쁜 게 병이 날 것 같군."

그런 다음, 그는 웃으면서 이렇게 덧붙일 것이다.

"아마 근심이 있어서 그런 모양이야. 설마 병까지 나지는 않겠지만."

그러나 이것은 잘못된 생각이다. 즉, 근심이 심하면 그것이 바로 병이 나는 것이다.

미국의 유명한 외과 의사인 조지 W. 크라일 박사도 이렇게 말하고 있다.

"우리의 불안은 마음뿐만 아니라 심장·뇌·내장까지 그 영향을 미친다. 때문에 불안과 고민의 원인이 무엇이건 그 영향은 언제나 세포 및 신체의 각 기관에 현저히 나타나는 것이다."

또 신경과 의사인 스탄레이 콤 박사도 관절염의 증세와 고민은 서로 밀접한 관계가 있다고 말하였다.

한 의사는 최근에 고민과 공포가 유행병처럼 성행하고 있다고 말한 다음 이렇게 덧붙였다.

"어떤 의사라도 공포나 고민 때문에 병이 나거나 더욱 병이 악화된 환자들을 많이 치료하고 있습니다."

고민을 제거하는 실제적 방법

그러나 이러한 사실로 인해 실망할 것은 없다. 왜냐하면 우리가 고민을 얼마든지 극복할 수 있기 때문이다. 틀림없이 당신을 구제해줄 치료법이 있다. 그 치료법은 당신을 도와 고민을 제거하는 데 큰 힘이 되어줄 것이다.

그 치료법의 첫 과정은 고민을 제거할 수 있다고 당신 스스로 믿는 것이다. 당산이 할 수 있다고 믿는다면 무엇이든 할 수 있는 것이다.

다음에는 경험을 통하여 얻은 이상적인 근심 걱정 제거에 의한 실용적 절차를 말해보기로 하자.

매일 마음을 공백으로 만들도록 노력하라. 이것은 당신이 잠자는 동안 걱정하는 의식의 재현을 막기 위해 특히 잠자리에 들어가기 전에 그렇게 해두어야 한다.

잠자는 동안에는 우리의 생각이 보다 더 깊이 잠재의식 속에 빠지는 경향이 있다.

취침 전, 최후의 5분 동안이 가장 중요하다. 왜냐하면 그 짧은 시간, 마음은 가장 암시를 받기 쉬운 상태에 있기 때문이다.

이 마음의 공백상태는 근심 걱정을 제거하는 데 매우 중요하다. 근심하는 마음을 없애버리지 않으면 그것이 마음을 덮어버려 심리적·정신적 힘의 흐름을 가로막고 만다. 그러나 그러한 생각은 마음으로부터 축출할 수 있고 매일 매일 제거하기만 한다면 마음속에 쌓이지 못한다.

마음을 공백상태로 만들려면 창조적인 상상의 과정을 이용하는 것이 좋다. 즉, 당신의 마음이 모든 공포와 근심에서 해방되어 있다고 상상해보라. 모든 고민이 제방을 무너뜨려놓은 강물처럼 흘러 내려가고 있다고 마음에 그려보라. 이렇게 상상하고 있는 동안 다음과 같은 구절을 믿음을 가지고 읽어보라.

'하나님의 도움을 얻어 내 마음은 모든 근심, 모든 걱정, 불안으로부터 해방되어 공백상태가 되었다.'

이 구절을 천천히 다섯 번 소리내어 읽은 다음 계속해서 이렇게 말해보라.

'이제 나의 마음이 모든 근심, 모든 걱정, 불안으로부터 해방되었다는 것을 굳게 믿는다.'

이 구절도 큰 소리로 다섯 번 연달아 되풀이하여 외어보는 것이 좋다. 그러는 동안 모든 관념이 마음에서 사라져간다는 상상을 해야 한다.

이 치료법을 아침, 낮, 그리고 취침 전에 꼭 실행해야만 한다. 이 목적을 위해 가까운 조용한 장소를 찾아가 5분 동안만 보내라. 그리고 이미 제시한 절차를 진지하게 이행해보라. 그러면 당신은 얼마 지나지 않아 놀랄 만한 효과를 체험하게 될 것이다.

이 과정은 당신 스스로 자신의 마음속에 들어가 고민의 씨를 하나하나 제거한다고 상상함으로써 보다 더 큰 효과를 거둘 수 있을 것이다.

상상은 공포의 근원이다. 이와 동시에 상상은 공포를 치유할 수 있는 약이 되기도 한다.

어린아이는 성인보다 훨씬 뛰어난 상상의 능력을 가지고 있다. 당신은 넘어져서 상처를 입은 아이가 엄마의 키스를 받는 것만으로도 울음을 그치는 광경을 보았을 것이다.

상상한다는 것은 실제적인 결과를 구현시키려는 심리적인 이미지의 활용이다. 그리고 이 방법은 기적이라고 말할 정도로 효과적인 과정이다.

상상이란 단순히 공상하는 것과는 다르다. 상상이라는 말은 상상한다는 관념에서 나온 것이다. 즉, 당신은 공포로 가득 찬 그림이나 혹은 공포로부터 해방된 그림을 그릴 수가 있다.

당신이 마음에 그리는 것, 즉 상상하는 것을 충분한 신념을 가지고 마음에 지녀나간다면 그것이 그대로 현실화될 수 있는 것이다. 그러므로 항상 고민에서 해방된 자신을 상상해야 한다. 그러면 마음을 공백상태로 만드는 작업은 머지않아 당신의 비정상적인 불안을 제거해줄 것이다.

· 그러나 마음을 공백상태로 만드는 것만으로는 충분하지 않다. 왜냐하면 마음은 오랫동안 비어 있는 것을 싫어하기 때문이다. 그것은 항상 무엇인가로 채워지기를 바라는 성질을 가지고 있다.

그러므로 일단 불안이 사라져서 마음이 비게 되면 즉시 그 자리를 채우도록 노력해야 한다. 이 때는 신념·희망·용기·기대와 같은 것으로 채우는 것이 가장 좋다.

다음의 말을 큰 소리로 해보라.

> 하나님은 지금 내 마음을 용기와 평화와 확신으로 채워주고 계신다. 하나님은 지금 나를 온갖 위험으로부터 보호해주고 계신다. 하나님은 지금 나를 가장 올바른 길로 인도하고 계신다. 하나님은 지금 내가 마음속에서 불안을 몰아내는 것을 지켜보고 계신다.

하루에 여섯 번씩 이와 같은 생각이 당신의 마음에 가득 찰 때까지 되풀이해서 말하라.

얼마 후에는 신념이 당신의 마음에서 모든 고민과 근심을 몰아내 줄 것이다.

근심 걱정은 모든 생각 중에서 단 하나의 예외를 제외하고는 가장 강한 힘을 지니고 있다. 그 단 하나의 예외란 바로 신념이다. 따라서 근심 걱정을 이겨 낼 수 있는 것은 신념뿐이다.

만약 날마다 당신의 마음을 신념으로 가득 채운다면, 이윽고 당신의 마음에 근심 걱정이 뚫고 들어올 여지가 없어질 것이다. 이것은 꼭 명심해야 할 중요한 사실이다. 신념을 자기 것으로 만든다면 근심 걱정은 자연히 사라져버리는 것이다.

불안과 근심 걱정을 몰아내는 과정을 요약하면 다음과 같다. '우선 마음을 텅 비운 다음 하나님의 은총으로 불안한 생각을 몰아낼 것, 그리고 마음을 신념으로 가득 채울 것.'

이렇게 하면 당신은 분명히 근심 걱정하는 습관을 제거할 수 있을 것이다.

당신이 이 방법을 실천하지 않고 단지 이 책을 읽기만 해서는 아무런 가치도 없다. 지금 당장 이 방법을 실행하라. 그것은 지극히 간단한 일이다.

당신의 마음에 확고한 신념이 자리잡을 때까지 날마다 이것을 실천하라. 그러면 자신도 모르는 사이에 불안이나 고민은 멀리 사라지고 말 것이다.

걱정은 또 다른 걱정을 낳는다

근심 걱정으로부터 마음을 해방시키는 일의 중요성은 아무리 강조해도 지나치지 않다. 만약 당신이 어떤 문제에 대해 오랫동안 계속 걱정한다면 그것은 결국 그 불행이 실제로 일어나도록 도와주는 것이다. 그래서 마침내 그 문제가 현실적으로 발생하게 되는 것이다.

성서에는 다음과 같은 놀라운 구절이 있다.

"나의 두려워하는 그것이 내게 임하고 나의 무서워하는 그것이 내 몸에 미쳤구나."〈욥기 3 : 25〉

물론 이 말씀은 진실이다. 만약 당신이 무엇을 끊임없이 두려워한다면 당신은 그 두려워하는 것이 실제로 일어나기 쉬운 상태를 마음속에 만들어놓는 것이다. 이와 같은 조건에서 당신의 불안은 쉽게 뿌리를 내리고, 이윽고 하루가 다르게 점점 자라나게 마련이다.

그러나 걱정하지 말라. 성서는 또 다른 진리도 아울러 가르치고 있다.

"내가 굳게 믿는 것, 나에게 임하도다."

이 말은 비록 간단하지만 굳은 신념을 가지고 있다면 '불가능은 없다.' 혹은 '신념 그대로 실현된다.'는 사실을 반복해서 말해주고 있는 것이다.

그러므로 만약 당신이 당신의 마음에서 불안을 몰아내고 그 자리에 신념을 심어놓는다면, 당신은 불안의 대상 대신 신념의 대상을 만들어내게 될 것이다. 당신의 마음을 불안이 아닌 신념으로 가득 채우라. 그러면 당신은 불안의 결과 대신 신념의 결과를 낳게 될 것이다.

먼저 작은 근심 걱정을 제거하라

걱정하는 습관과의 싸움에서 작전을 세울 필요가 있다. 그러나 처음부터 공포의 본거지를 정면으로 공격하는 방법은 효과적인 것이 아니다. 공포를 보다 교묘하게 공격하기 위해서는 조그마한 걱정부터 하나씩 제거해나가는 것이 좋다.

다시 말하면, 당신의 불안이라는 나무줄기에 달린 가느다란 가지부터 자른 다음에 원줄기를 베기 시작하라는 뜻이다.

나로서는 대단히 애석한 일이었지만, 어느 날 나는 정원에 있는 커다란 나무를 베어내지 않을 수 없었다. 오랫동안 자란 커다란 나무를 벤다는 것은 극히 슬픈 일이었다.

인부들이 전기톱을 가지고 왔다. 나는 그들이 지면에서 가까운 굵은 줄기를 자를 줄로만 알았다.

그러나 내 예상과는 달리 그들은 그 나무에 사다리를 걸쳐놓고 작은 가지부터 자르기 시작했다. 그 다음에는 굵은 가지들을 자르고 다시 줄기의 윗 부분을 잘라냈다.

이제 남은 것은 줄기의 굵은 밑둥뿐이었다. 인부들은 마지막으로 그 밑둥을 잘라내는 것이었다. 이리하여 그 커다란 나무는 자라는 데 50년이라는 긴 세월이 걸렸다는 사실을 잊은 듯이 순식간에 토막으로 잘려 땅 위에 털썩 쓰러졌다.

인부 중의 한 명이 설명해주었다.

"만약 가지를 잘라내지 않고 나무의 밑둥을 먼저 자른다면 넘어질 때 옆에 있는 나무가 상하기 쉽습니다. 나무란 것은 작게 만들수록 잘라내기가 쉬운 법입니다."

이와 마찬가지로 당신의 개성 안에서 오랜 세월에 걸쳐 성장한 걱정이라는 큰 나무는 되도록 작게 만들어서 처분하는 것이 상책이다.

예를 들어 당신의 대화 속에서 걱정을 표현하는 말이 튀어나오지 않도록 해야 한다. 그와 같은 말들은 당신의 고민의 결과이지만, 그와 동시에 고민을 만들어내는 근원이 되기도 한다.

걱정스러운 생각이 뇌리에 떠오르면 즉시 신념과 그 신념을 나타내는 표현으로 그 생각을 제거해버리도록 하라.

"기차 시간에 늦을지도 몰라. 정말 걱정이군."

이런 종류의 말은 쓸데없는 고민에 불과하다.

이럴 때는 시간에 늦을 것을 걱정하지 말고 집에서 조금 일찍 출발하여 역으로 나가면 된다. 그러면 조바심이나 걱정을 하지 않게 되어 마음이 밝은 표정을 지을 수 있게 된다.

걱정은 덜하면 덜할수록 빨리 사라지게 된다. 조그만 걱정부터 제거해나가면 차츰 걱정의 원줄기에 접근된다. 그렇게 되면 웬만한 일에는 걱정을 하지 않게 되고, 이윽고 고민의 충동은 저절로 시들어버리고 만다.

나는 믿는다

《크리스천 헤럴드》 편집자인 나의 치욱 다니엘 폴링 박사는 우리에게 몹시 귀중한 충고를 해주고 있다.

그는 아침마다 자리에서 일어나기 전에 "나는 믿습니다."라는 말을 세 번 되풀이해서 말한다고 한다. 이처럼 그는 신념을 자기 것으로 만들어놓고 하루를 출발하는 것이다. 이 신념은 하루 종일 그의 마음에서 떠나지 않는다고 한다. 박사는 이 단순한 행동으로 인해 그날 일어날 어떤 문제나 어려움도 극복할 수 있다는 확신을 갖게 된다.

그는 굳게 믿고 있다. 신념을 가지고 있는 사람을 괴롭히는 걱정거리는 없게 마련이다.

나는 라디오 방송을 통해 폴링 박사의 "나는 믿는다."라는 신조를 소개한 일이 있었다. 그로부터 얼마 후, 어떤 부인으로부터 한 통의 편지를 받았다.

그 부인은 유대교인이었지만 그다지 독실한 신자는 아니었다. 그녀의 말에 따르면, 집안에서 말다툼이 끊어질 사이가 없었다고 한다. 그녀의 남편은 술주정뱅이에다 하루 종일 아무 일도 하지 않았다. 그리고 일자리가 없다고 짜증을 냈으며, 함께 살고 있는 시어머니는 항상 몸이 아프다고 앓는 소리만 했다.

부인은 폴링 박사의 테크닉이 자기를 무척 감동시켰으므로 실천에 옮겨보기로 결심했던 것이다.

그녀는 편지에서 다음과 같이 말했다.

"제가 그 테크닉을 실행한 것은 겨우 열흘밖에 되지 않습니다. 그런데 어젯밤 남편이 돌아와 주급 80달러의 일자리를 구했다고 말하며 기뻐하는 것이었습니다. 그리고 술을 끊겠다고 말했습니다. 게다가 시어머니도 몸이 아프다고 불평을 안하는 것입니다. 마치 집안에 기적이 일어난 것만 같습니다. 저의 고민은 이제 완전히 사라졌습니다."

이 이야기는 절대로 마술 같은 것이 아니다. 이것은 소극적인 불안감에서 벗어나 적극적인 신념을 갖게 된 사람들에게서 흔히 일어나고 있는 사실이다.

고민을 정복한 어느 청년의 체험

사람들이 고민을 제거하지 못하는 까닭은 문제를 공연히 복잡한 것으로만 생각하고, 아주 단순한 몇 가지 기술로써 그것을 공격하지 않기 때문이다.

고민을 제거하는 방법의 가장 좋은 예는 어떤 실업가가 사용한 것이다. 그 실업가는 심한 걱정꾸러기였다. 그래서 걸핏하면 신경질을 부리고, 건강을 해치곤 했다. 심지어 그는 자기가 한 행동이나 말이 정당한 것인가 아닌가 우려하여 항상 걱정에서 헤어나지 못하고 있었다.

그는 늘 자기가 결정한 것을 변경시키고 또 용기를 잃고 있었다. 그러나 그는 대단히 머리가 좋은 사람으로 두 대학을 우수한 성적으로 졸업한 재주꾼이었다.

나는 그에게 만사를 단순히 생각하는 것이 얼마나 필요한 것인지 이야기해주고, 정신적으로 진실해지려는 방법을 시도하면 좋을 것이라고 암시했다.

큰일을 했던 사람들은 누구나가 단순했다. 어린이와 같은 믿음이 있었다. 무엇인가에 신념을 가지면 결코 그 믿음이 흔들리지 않았다. 그렇기 때문에 위인들이 언제라도 단순해질 수 있는 능력을 가지고 있었다는 것은 진리이다.

다시 말해서 그들은 뜻 깊은 진실을 실천에 옮기는 일에도 아주 단순한 계획을 고안해낼 수 있는 능력을 가지고 있었다는 뜻이다.

드디어 그는 내 충고를 받아들여 자신의 고민하는 습관을 고치려고 결심했던 것이다.

그 후 나는 퍽 달라진 그의 모습을 보고 그 점을 맘껏 칭찬해주었다.

"네, 정말 그렇습니다."

그는 밝은 표정으로 말했다.

"저는 드디어 그 비결을 찾아냈습니다. 언제라도 퇴근할 무렵 제 사무실에 들러주십시오. 반드시 멋진 것을 보여드리겠습니다."

그 후의 어느 날, 나는 그의 사무실을 찾아갔다. 그의 방 출

입구 앞에는 휴지통이 놓여 있고 그 위에는 커다란 일력이 걸려 있었다.

내가 들어가자 그가 말했다.

"선생님, 이제부터 저의 밤의 의식을 시작하겠습니다. 그것은 고민하는 습관을 타파해준 의식입니다."

그는 재빠른 동작으로 손을 뻗쳐 그날의 일력을 한 장 뜯어냈다. 그리고 그것을 손바닥에 놓고 똘똘 뭉치더니 한동안 쳐다본 다음 그 날짜를 휴지통에 던져넣었다. 그 후 그는 눈을 감고 중얼거리기 시작했다. 나는 그가 기도하고 있다는 사실을 알 수 있었다.

기도가 끝나자 그는 큰 소리로 말했다.

"아멘, 이것으로 오늘은 끝난 것입니다. 저를 따라오십시오. 이제부터 즐거운 시간을 가집시다."

밖으로 나가면서 나는 그에게 물었다.

"자네가 아까 무엇이라고 빌었는지 가르쳐주지 않겠나?"

그는 웃으면서 대답했다.

"그것은 선생님이 하시는 기도와는 다릅니다."

내가 재촉하자 그는 마지못해 다음과 같이 말했다.

"글쎄, 저는 이렇게 기도합니다. '주여, 당신은 저에게 이날을 주셨습니다. 제가 요구한 것은 아니지만 저는 오늘이라는 날짜를 갖게 된 것을 아주 기뻐하고 있습니다. 저는 오늘을 보내는 데 최선을 다했습니다. 그리고 당신은 저를 도와주셨습니다. 저는 당신께 감사하고 있습니다. 오늘도 저는 몇 가지 실수를 했습니다. 그것은 제가 당신의 가르침을 따르지 않았기 때문입니다. 저는 그것을 유감으로 생각하고 있습니다. 부디 용서해주십시오.

그러나 오늘 저는 몇 가지의 승리와 성공을 거두었습니다. 저는 당신의 그와 같은 인도에 감사하고 있습니다. 하나님, 실패든 성공이든, 혹은 승리했거나 패배했거나 이제 오늘 하루는 끝났습니다. 그래서 당신께서 주신 오늘 하루를 다시 당신에게 돌려드립니다. 아멘.'"

비록 이것이 정통적인 기도의 형식에 맞는 것은 아니지만 효과적인 기도임에는 틀림없다.

그는 일부러 매일 매일 일기를 쓰듯이 하루를 끝내는 의식을 행했다. 그렇게 함으로써 다음날은 한층 더 좋아질 것이라고 기대하고 장래를 맞이할 태세를 갖추었던 것이다.

이 방법으로 인해 지난날 그에게 뿌리박고 있던 과오·실패·태만 등이 차츰 떨어져나가기 시작했다. 그리고 마침내 그는 온갖 고민으로 빚어진 고뇌에서 해방되었다.

근심 걱정을 타파하는 열 가지 방법

이 장을 끝맺기에 앞서 당신의 고민을 없애는 데 도움이 될 만한 다음의 열 가지 비결을 소개한다.

1. 당신 자신에게 이렇게 말하라.
   '고민은 아주 나쁜 마음의 습관이다. 나는 하나님의 도움으로 어떤 습관도 고칠 수 있다.'

2. 당신은 자꾸만 고민하기 때문에 걱정꾸러기가 된 것이다. 그러므로 당신이 그 반대의 것을 생각하거나 강한 신념의 습관을 붙이면 고민에서 해방될 수 있다. 지금 당장 자신과 인내력을 가지고 신념을 갖는 연습을 시작하라.

3. 어떻게 하면 신념을 가질 수 있을까? 매일 아침 큰 소

리로 '나는 믿는다.'라고 세 번 반복하라.

4. 다음과 같은 방식으로 기도하라.

'저의 오늘을 주의 손에 맡깁니다. 무슨 일이 일어날지라 도 제가 주의 품안에 있다면 그것은 하나님의 뜻일 것이 며 좋은 일일 것입니다.'

5. 언제나 적극적인 말을 하도록 노력하라. 결코 소극적인 말을 입에 담아서는 안 된다.

예를 들어 '오늘은 재수 없을 것 같아.'라고 말하지 말 고 '오늘은 멋진 날이 될 것이다.'라고 자신있게 말하라.

6. 불평과 불만에 찬 대화에는 결코 참여하지 말라. 당신의 모든 대화에 강한 신념을 주입시키라. 비관적인 말을 하 면 그 그룹의 모든 사람들을 소극적으로 만들기 쉽다. 그 러나 소극적인 말 대신 명랑하고 활기찬 이야기는 우울한 분위기를 몰아내고, 모든 사람의 가슴에 희망과 행복을 심어줄 수 있다.

7. 당신이 걱정꾸러기가 된 이유의 하나는 당신의 마음이 근심·패배감, 우울한 생각 등에 물들어 있기 때문이다. 이에 대항하기 위해 성서의 희망·행복·신념 등을 나타내 는 구절에 밑줄을 긋고 그 하나하나를 기억하라. 이러한 창조적인 생각이 당신의 잠재의식에 스며들 때까지 반복 해서 읽어야 한다.

8. 희망에 찬 사람들과 교제하라. 당신 주위에 적극적이며 신념에 넘친 생각만 하며 창조적인 분위기를 만들 수 있 는 친구를 많이 두라.

9. 당신의 도움으로 고민하는 습관을 없앨 수 있는 사람이 얼마나 되는지 조사해보라. 남을 도와 그들의 고민을 제

거하는 과정에서 당신은 고민에 대항할 힘을 얻을 수 있기 때문이다.

10. 날마다 하나님과 손을 잡고 생활하고 있다고 생각하라. 하나님이 당신과 함께 걷고 있다면 당신은 결코 초조해하거나 걱정하지는 않을 것이다. 하나님이 당신에게 '나는 항상 너와 함께 있다.'라고 말씀하신다고 상상하라.

개인적인 문제를 해결하는 힘

나는 지금부터 인생문제의 올바른 해결책을 발견한 행복한 사람들의 이야기를 하려고 한다.

그들은 아주 간단하지만 지극히 실제적인 하나의 계획을 충실히 지켰으며, 모든 경우에 있어서 그 결과는 항상 행복하고 성공적이었다.

그들은 당신과 조금도 다르지 않은 사람들이었다. 그들도 우리와 같은 문제와 고뇌를 가지고 있었다. 굳이 다른 점을 말한다면, 그들은 당면한 여러 가지 난관을 올바로 타개할 수 있는 방법을 발견했다는 것이다.

먼저, 나의 오랜 친구인 어떤 부부의 이야기를 하겠다.

자신을 하나님 손에 맡겨라

남편인 빌은 여러 해 동안 자기가 맡은 일을 열심히 수행한 보람이 있어서 그 회사의 사장 다음가는 지위에까지 승진했다. 사장이 나이가 많아져 은퇴하게 되면 빌에게 그 자리가 보장되어 있었다. 그리고 그의 능력·수완·경험으로 보아 사장 자리에 앉아도 조금도 손색이 없는 인물이었다.

그런데 실제로 사장이 은퇴하게 되었다. 이 때 새로운 사장으로 임명된 사람은 그가 아니라 외부에서 데려온 사람이었다.

내가 빌이 살고 있는 도시에 도착한 것은 마침 그에게 이러한 타격이 있은 직후였다. 그의 부인인 메리는 이 일에 몹시 실망하고 있었다.

저녁식사 후 메리 부인은 흥분된 어조로 빌이 외부의 압력과 개인적인 편견에 의해 희생되었다고 말했다.

이와 반대로 빌은 냉정하리만큼 태연했다. 물론 그도 실망하고 낙담했지만 용기를 가지고 꾹 참고 있었다. 원래 얌전한 성격이었으므로, 그가 분노하거나 감정이 격해 있지 않더라도 조금도 이상한 일은 아니었다.

메리는 그에게 즉시 회사에 사표를 내라고 종용했다. 회사측에 하고 싶은 말을 다하고 그만두라는 것이었다.

빌은 아내가 권하는 대로 하고 싶지는 않은 것 같았다. 그는 새로 임명된 사장과 충돌하지 않고 전력을 다해 그를 돕겠다고 말했다.

실제로 그가 이런 생각을 하기는 무척 어려웠을 것이다. 그러나 그는 오랫동안 회사를 위해 일해왔으므로 정작 다른 곳에 가더라도 현재보다 나을 것은 없으며, 또 회사측도 자기를 필요로 할 것이라고 생각하고 있었다.

그러자 부인은 나에게, 이 경우에 당신 같으면 어떻게 하겠느냐고 물었다.

나는 아마 부인과 같이 실망하고 낙담했겠지만 이 문제에 증오감이 개입되서는 안 된다고 대답했다. 그리고 이와 같은 상황하에서 우리에게 필요한 것은 하나님의 인도와 인간의 힘을 초월한 지혜의 힘이라고 충고했다.

나는 그들에게 몇 분 동안 아무 말도 하지 말고 조용히 있자고 말했다.

"두세 사람이 내 이름으로 모인 곳에는 나도 그들 중에 있느니라."〈마태복음 18 : 20〉라고 말씀하신 주님에게 생각을 돌려 기도하는 마음으로 앉아 있자고 제안했던 것이다. 여기 있는 우리세 사람이 주님의 이름으로 모였다는 생각을 마음속에 가지면, 그분은 틀림없이 우리에게 앞으로 해야 할 일을 지시해주실 것이라고 말했다.

부인의 입장에서 내가 말한 기분을 이해하기는 용이한 일이 아니었겠지만, 원래 지적이며 교양이 있는 여자였으므로 내 제안에 따랐다.

몇 분 후, 나는 그들에게 함께 손을 잡자고 했다. 그리고 조용히 하나님의 인도를 구하는 기도를 올린 다음 빌과 메리의 영혼의 평안을 기도했다. 그리고 빌이 회사의 새로운 방침에 적용하여 유용한 사람이 되기를 간절히 기도했다.

기도가 끝난 다음, 우리들은 한동안 말없이 앉아 있었다.

이윽고 메리가 한숨을 쉬며 말했다.

"선생님이 이곳에 오신다는 말을 들었을 때부터 저는 일이 이렇게 될 줄 알았어요. 선생님이 저희들에게 기독교인으로서의 태도를 지니라고 말씀하실 줄 미리 알고 있었다구요."

그녀는 힘없이 미소지었지만, 이미 그 표정에 증오는 흔적도 없이 사라져 있었다.

그 후 나는 틈나는 대로 그들의 동정을 살펴보았다. 그리고 매사가 그들이 희망하는 대로 되지는 않았지만 그래도 점차 새로운 환경에 만족해가고 있다는 사실을 발견했다. 드디어 그들은 실망과 증오를 극복할 수 있게 되었다.

빌은 나에게 새 사장을 좋아하게 되었으며, 그와 함께 일하는 것이 꽤 즐겁다고 고백했다. 또 메리는 새 사장의 부인과 아주 사이좋게 지냈다.

그로부터 2년이 지났다.

어느 날, 나는 빌 부부가 사는 도시에 도착하여 그들에게 전화를 걸었다.

"저는 지금 극도로 흥분해서 입이 잘 떨어지지 않아요."

메리는 전화를 받자마자 이렇게 말했다. 나는 그녀에게 무슨 일이 있었기에 그토록 흥분하느냐고 물어보았다.

그녀는 들뜬 목소리로 대답했다.

"아주 멋진 일이 생겼어요. 우리 회사 사장이 승진해서 다른 회사의 사장이 되었으며, 그 후임으로 빌이 임명되었어요. 속히 이곳으로 오세요. 우리 셋이서 감사의 기도를 드려야겠어요."

얼마 후, 우리 셋이 모였을 때 빌은 이렇게 말했다.

"저희들은 지금 주님의 도움을 받아 하나의 문제를 해결했습니다. 만약 제가 신앙으로 이 문제를 해결하려고 하지 않았다면 어떤 일이 생겼겠습니까? 기어코 범하고야 말았을 과오를 생각할 때 지금도 소름이 끼칩니다."

그리고 나서 빌은 이렇게 덧붙였다.

"기독교의 신앙은 정말 효과가 있습니다."

하나님을 협력자로 하여라

문제를 해결하는 또 하나의 효과적인 방법은 하나님을 우리의 동반자로 생각하는 간단한 것이다.

성서에서 말하는 기본적 진리는 다름이 아니다.

> 하나님은 항상 우리와 함께 있다.

사실 기독교는 이 개념에서 출발하고 있다. 그것은 예수 그리스도가 태어났을 때 임마누엘이라고 불렸던 말 속에 잘 나타나 있다. 이 말의 뜻은 '하나님은 우리와 함께 있다.'이다.

기독교에서는 우리가 아무리 어려운 문제에 부딪혀도 하나님이 바로 곁에서 우리들을 보살펴주신다고 가르치고 있다. 우리들은 하나님과 대화하고, 하나님에게 의지하고, 하나님으로부터 도움을 받을 수가 있는 것이다.

당신이 신변에 일어난 문제를 올바르게 해결하기 위해서는 이상의 사실을 더욱 철저하게 실행할 필요가 있다. 하나님은 당신의 부인이나 친한 친구처럼 현실적인 존재이다. 하나님은 당신이 그분에게 하는 말을 듣고 계시며, 하나님은 당신이 제시한 문제의 해답을 가르쳐주신다는 사실을 믿어야 한다. 만약 당신이 그것을 확신하고 성실하게 실행한다면, 당신은 분명히 하나님으로부터 해답을 얻어 모든 문제를 가장 현명하게 해결할 수 있을 것이다.

어느 날 내가 로터리 클럽 회합에서 연설을 마쳤을 때, 한 실업가가 나를 찾아왔다. 그는 내가 신문에 쓴 기사를 읽고 그의 사업을 위기에서 구할 수 있었다고 했다.

당연한 일이지만, 나는 나의 사소한 말이 이처럼 굉장한 결과를 낳았다는 말을 듣고 무척 기뻤다.

"저의 사업이 극심한 타격을 입었을 때 저는 신문에서 '하나님을 친구로 삼을 수 있다.'라는 선생님의 기사를 읽었습니다. 처음에 저는 그것을 읽고 터무니없는 말이라고 생각했습니다. 평소에 저는 하나님을 인간이 쉽게 근접할 수 없는 거대한 존재라고 생각하고 있었던 것입니다. 그 때 한 친구가 선생님의 저서를 빌려주었습니다. 그 책에는 선생님의 제안을 충실히 이행한 사람들의 경험담이 씌어 있었습니다. 그 사람들이 상당히 분별력이 있다고는 생각되었지만, 사실 나는 그때까지 그들의 말을 신용할 수가 없었습니다. 나는 목사란 모두 이상주의적인 관념론자로 사업 등의 실제문제에 대해서는 아무것도 모르는 사람이라고 생각했습니다."

그는 미소를 지으며 말을 이었다.

"어느 날, 저는 사무실에 나갔습니다. 너무나 의기소침해 있었기 때문에 금방이라도 머리가 폭발할 것 같았습니다. 저는 문을 닫고 의자에 털썩 주저앉았습니다. 그 때 갑자기 하나님을 친구로 삼으라는 선생님의 말씀이 생각났습니다. 그래서 책상 앞에서 머리를 싸안고 하나님에게 살려 달라고 애원했습니다. 저는 하나님에게 사업이 심한 어려움에 부딪혀서 두려움에 떨고 있으며, 몹시 실망하여 절망적인 생각 외에는 떠오르지 않는다고 말했습니다. 그리고 다시 이렇게 기도했습니다.

'주여, 저는 당신에게 많은 것을 구하지는 않겠습니다. 단지 제 편이 되어 도움을 주십시오. 저는 하나님이 어떤 방법으로 제가 해야 할 것을 말씀해주실지 모릅니다. 그러나 어떤 방법이라도 들을 각오가 되어 있으며, 명확하게 말씀해주신다면 저는 그것을 다정한 친구의 충고로 알고 하나님의 지시에 충실히 따르겠습니다. '

이것이 저의 기도였습니다. 저는 기도를 마치고 기적이 일어나기를 바라며 책상 앞에 앉아 있었습니다. 그렇지만 아무런 일도 일어나지 않았습니다. 단지 갑자기 마음이 진정되며, 편안해지는 듯한 생각이 들었습니다. 그것은 정말 평화로 가득 찬 기분이었습니다.

이튿날, 다시 사무실로 나간 저는 사태가 차츰 호전될 것이라는 확신이 들었습니다. 실제로 변한 것은 조금도 없었는데도 저는 완전히 딴사람이 되어 있었습니다.

그는 들뜬 목소리로 계속해서 말했다.

"이 때부터 저는 매일 기도했습니다. 그것은 교회에서 하는 기도와는 달리, 마치 친구와 얘기하는 것처럼 하나님과 대화하는 식의 기도였습니다. 그러던 어느 날 갑자기 기발한 아이디어가 생각났습니다. 그것은 마치 옥수수가 펑 하고 터지듯 그렇게 떠올랐습니다. 왜 그전에는 그런 생각이 떠오르지 않았는지 도무지 이해할 수 없습니다. 아마도 저의 마음이 무언가에 의해 강하게 속박되어 있어서 정상적으로 활동하지 못했기 때문인 것 같습니다. 아무튼 저는 그 아이디어를 즉시 실행에 옮겼습니다. 그 결과, 회사는 점차로 정상적으로 돌아가기 시작했으며 이제는 완전히 위기로부터 벗어났습니다."

문제해결을 위한 테크닉의 효과는 아무리 강조해도 지나치지 않다.

나는 이와 비슷한 경험담을 많이 알고 있다. 이 사건은 그 중의 하나에 불과한 것이다.

비상시에 발휘하는 힘을 이용하라

당면한 문제를 올바르게 해결할 수 있는 힘은 자기 자신 속에 지니고 있다는 사실을 인식하는 것이 무엇보다 중요하다. 그런 다음에는 일정한 계획을 세워 그것을 실천하도록 노력하는 것이다. 정신적으로나, 감정적으로 계획성을 잃는다는 것은 많은 사람들이 어떤 문제에 부딪혔을 때 그것을 재치있게 해결하는 데 실패하는 결정적인 원인이 된다.

어떤 실업가가 나에게 "인간의 두뇌에는 비상시에 발휘되는 힘이 있다."라는 이론을 말한 적이 있다. 즉, 인간이란 비상시에 발휘하는 여분의 능력을 가지고 있다는 뜻인데, 이것은 아주 흥미로운 의견이다. 그 힘은 보통 때에는 체내에서 가만히 잠자고 있지만 일단 응급사태가 발생하고 그 힘을 필요로 하게 되면 솟아나오는 것이다.

그러나 신념을 한층 유효하게 쓰고 있는 사람은 결코 그 힘을 잠재워두지 않고, 자기의 신념의 강도에 따라서 일상생활에서도 사용할 수 있다. 이 사실은 특정한 사람들이 대부분의 일반적인 사람들보다 일상생활에서의 장애물과 위기를 훨씬 쉽게 타개한다는 것을 설명하는 것이다. 그들은 다른 사람들이 잠재워두고 있는 힘을 적절하게 이용하기 때문이다.

당신은 곤란한 문제가 생겼을 때 어떻게 대처해야 좋을지 알고 있는가? 그 어려움에 너끈히 대처할 어떤 확고한 계획이 서 있는가?

많은 사람들은 그저 운에 맡기는 방법을 사용한다. 그리고 거의 대부분의 경우 애석하게도 실패의 고배를 마시고 만다. 나는 당신이 어떤 문제에 부딪혔을 때 미리 계획된 강력한 힘을 사용하는 것이 얼마나 중요한가를 아무리 강조해도 지나치지 않다고 생각한다.

신앙심의 실천

앞에서 설명한 두 가지 테크닉, 즉 두세 사람이 함께 기도하는 방법과 평상시에 잠자고 있는 여분의 힘을 끌어내는 방법 외에 또 하나의 중요한 테크닉이 있다. 그것은 신앙심을 실천하는 테크닉이다.

나는 오래전부터 성서를 꾸준히 읽어왔다. 그렇지만 만약 신앙을 갖는다면 모든 곤란을 극복할 수 있으며, 갖가지 상황에 대처할 수 있으며, 어떠한 패배에도 초연할 수 있으며, 인생의 모든 복잡한 문제를 해결할 수 있다는 진리를 깨달은 것은 훨씬 뒤의 일이다. 내가 이 사실을 깨달았다는 것은 내 인생의 전환점이 될 수 있는 기틀을 마련한 것이다.

수많은 사람들이 성서를 읽지만 그것에서 인생철학을 깨달은 사람은 그리 많지 않다. 때문에 나는 여기에서 당신이 인생의 신앙을 깨닫기를 간절히 부탁하고 싶다. 왜냐하면 신앙의 힘을 깨닫는다는 것은 인생을 성공적으로 영위하기 위한, 이 세상에서 가장 유력한 진리이기 때문이다.

성서에는 "너희가 만일 믿음이 한 겨자씨만큼만 있으면……, 너희가 못할 것이 없으리라."〈마태복음 17 : 20〉라는 진리가 반복에 반복을 거듭하여 강조되고 있다.

성서는 이 점을 절대적으로, 문자 그대로 말하고 있는 것이다. 이것은 예를 든 것도 아니고 비유를 한 것도 아니며, 어디까지나 완전한 사실이다. 만약 당신에게 겨자씨 한 알만한 신앙이라도 있다면, 그리고 그것을 믿고 실행한다면 어떤 난관도 극복할 수 있다고 말하고 있는 것이다.

"너희 믿음대로 되라."〈마태복음 9 : 29〉 필요한 것은 신앙이다. 당신이 지니고 있는 강약 정도에 비례하여 그 결과를 얻게 된다. 작은 신앙으로는 작은 결과를 얻을 것이며, 큰 신앙을 갖고 있다면 큰 결과를 얻을 수 있는 것이다.

그러나 전능하신 하나님은 너그럽기 때문에 당신이 한 알의 겨자씨만한 신앙이라도 지니고 있다면, 그것만으로도 충분히 당신의 신변에 일어난 문제를 해결하는 데 놀랄 만한 역할을 할 것이다.

그 좋은 예로서 내 친구인 모리스와 그의 부인 메리 앨리스 프린트의 이야기를 소개하기로 한다.

내가 그 두 사람과 알게 된 것은 나의 저서 《자신있는 생활로의 인도》가 어느 잡지에 요약되어 실렸을 때였다.

그 당시 모리스는 사업에 실패했을 뿐만 아니라, 인간적으로도 타락해 있었다. 그는 내가 만난 사람 중에서 가장 소극적인 사람이었다.

그는 원래 유쾌하고 마음이 좋은 사람이었지만, 그가 스스로 만들어낸 고민의 수렁에서 헤어나지 못하고 있었다.

그는 잡지에서 "겨자씨만한 신앙"을 강조하는 나의 글을 읽었던 것이다. 그때 그는 아내와 두 아들과 함께 필라델피아에 살고 있었다. 그는 그 곳에서 일부러 뉴욕에 있는 나의 교회로 전화를 걸었는데, 불행히도 내 비서와 연락이 되지 않았다. 그에게는 조금 노력하고 나서 일이 잘 안 되면 금방 포기해버리는 나쁜 습관이 있었다. 그 때문에 보통때라면 두 번 다시 전화를 걸지 않았을 것이다.

그런데 뜻밖에도 그는 다음 일요일 가족과 함께 필라델피아에서 뉴욕까지 나를 찾아왔다.

그는 나에게 자기의 환경을 낱낱이 이야기하고 다시 재기할 수 있겠느냐고 물었다. 금전·환경문제, 부채에 관한 문제, 장래의 문제 등이 너무나 복잡하게 얽혀 있으며, 그는 이와 같은 난관에 완전히 짓눌려서 이제는 절망뿐이라고 스스로 느끼고 있었다.

나는 그에게 마음을 굳게 먹고, 마음가짐을 하나님의 생각과 조화시킨 다음, 이 신앙의 테크닉을 배우고 활용한다면 그 모든 난관을 타개할 수 있다고 말해주었다.

그와 그 부인의 마음에서 먼저 추방해야 할 대상은 분노였다. 그들은 모든 사람들에게 무작정 화만 내고, 신경이 극도로 날카로워져 있었다. 그들은 스스로에게 실패의 원인이 있는 것이 아니라 다른 사람들이 비열하게 행동했기 때문이라고 생각했다.

그들 부부는 잠자리에 들어서도 어떤 방법으로 남에게 분풀이를 하면 마음이 시원할까 하는 이야기만 주고받았다. 그들은 잠을 자고 편안히 휴식을 취하려고 했지만, 이와 같은 불건전한 환경 속에서는 잠도 제대로 오지 않았다.

신앙의 힘은 모리스의 마음을 강하게 사로잡았다. 그는 최대의 노력을 기울여 신앙심을 가지려고 애썼다.

처음에 그는 오랫동안의 소극적인 태도와 습관으로 인해 어떤 힘에 대해서도 생각하지 못했지만, '겨자씨만한 신앙이 있다면 불가능한 일이 없다.'라는 관념을 자기 것으로 만들기 위해 힘껏 노력했다.

어느 날 밤, 그는 부엌에서 접시를 씻고 있는 아내에게 가서 이렇게 말했다.

"주말마다 교회에 가서 신앙을 생각하는 것은 비교적 쉽지만, 그래도 나는 그 믿음을 지켜나갈 수가 없소. 어쩐지 자꾸만 신앙심이 엷어지는 것 같아. 만약 겨자씨를 주머니에 넣고 다닌다면 마음이 약해졌을 때 그것을 손으로 만지고 믿음을 지녀나갈 수 있을 텐데……."

그리고 그는 아내에게 물었다.

"어디서 겨자씨를 구할 수 없을까? 겨자씨는 성서에만 씌어 있는 물건이오? 지금도 겨자씨가 있소?"

아내는 웃으면서 대답했다.

"겨자씨라면 저 병 안에 있어요."

그녀는 병 속에서 겨자씨 한 개를 꺼내 남편에게 건네주며 말했다.

"당신에게 진짜 겨자씨 같은 것은 필요하지 않다는 걸 모르세요? 이것은 단지 생각의 상징일 뿐이라구요."

"나는 그런 것은 몰라. 단지 성서에 겨자씨란 말이 씌어 있기 때문에 그것을 갖고자 원했던 거야. 나에게는 신앙을 갖기 위한 상징적인 것이 정말 필요하다구."

그는 자기 손바닥에 있는 겨자씨를 쳐다보다가 의아스러운 듯이 말했다.

"이것이 나에게 필요한 신앙의 전부란 말이오? 이렇게 작은 겨자씨 한 개가……."

그는 겨자씨를 손으로 쥐었다가 주머니에 넣었다.

"하루 종일 이것을 만지고 있으면 신앙심을 지켜나갈 수 있을 거야."

그러나 겨자씨는 몹시 작았기 때문에 그는 곧 그것을 잃어버리고 말았다. 그는 병 속에서 다른 겨자씨 한 개를 꺼냈지만 그것도 마찬가지로 잃어버렸다. 이렇게 하여 세번째 잃어버렸을 때 그는 문득 겨자씨를 플라스틱 속에 넣으면 어떨까 하는 생각이 들었다.

그는 즉시 플라스틱 전문가를 찾아가서 그 일을 상의했다. 그러자 그 전문가는 이제까지 그런 일을 한 사람이 없었기 때문에 아마도 그것은 불가능할 것이라고 대답했다.

이 때 모리스는 이미 겨자씨만큼의 믿음이 있으면 플라스틱 속에 겨자씨를 삽입할 수 있다고 확신할 정도의 충분한 신앙을 갖고 있었다. 그는 이 작업을 시작하여 몇 주일 동안 연구한 끝에 드디어 성공했다.

그는 넥타이핀·목걸이·열쇠고리·팔찌 등 몇 가지 액세서리를 만들어 나에게 보내주었다. 그것들은 매우 아름다웠다. 그 장신구 하나하나에는 겨자씨가 든 반투명의 알이 빛나고 있었다. 그리고 거기에는 겨자씨가 상기시키는 것이라고 인쇄된 카드가 붙어 있었다. 그 카드에는 이 장신구를 가진 사람에게 이 겨자씨가 불가능은 없다는 진리를 생각나게 해준다는 내용의 설명이 씌어 있었다.

그는 나에게 이 장신구들이 상품화될 수 있겠느냐고 물어보았다. 솔직히 나는 좀 미심쩍은 마음으로 그것을 〈가이드 포스트〉지의 편집고문으로 있는 그레이스 여사에게 보였다. 그녀는 이것을 다시 봄비트 테일러 백화점의 사장인 월터 호빙 씨에게 보냈다. 그는 즉시 그 장신구가 상품화될 가능성을 간파했다.

그로부터 며칠 후, 뉴욕 신문에 "신앙의 상징, 번쩍이는 유리에 싸인 진짜 겨자씨가 당신의 팔찌에 의의를 부여해줍니다."라는 광고가 실렸다.

또 그 광고에는 이런 성서 구절이 인용되어 있었다.

"너희에게 겨자씨만한 믿음이 있다면 너희가 못할 것이 없으리라."

현재 전국 수백 개의 백화점에서 이 장신구들이 날개 돋힌듯 팔리고 있다.

모르스 씨는 중서부에 공장을 세우고 지금도 "겨자씨가 상기시키는 것"을 생산하고 있다. 사업에 실패한 사람이 교회에 나가 성서의 한 구절을 듣고 이와 같이 굉장한 사업을 이룩한 것이다. 이 얼마나 신기한 일인가!

당신도 다음에 교회에 나가 성서의 해석이나 설교를 열심히 듣는다면 당신의 인생을 재건할 수 있을 뿐만 아니라, 창조적이고 실제적인 착상을 얻을 수도 있을 것이다.

이와 같은 경우에는 신앙은 하나의 사업을 창조한 것이며, 또한 그것은 수많은 사람에게 믿음을 심어주고 또 금후에도 심어주는 제품을 만들어 판매하는 일이다. 모리스 씨의 겨자씨가 상기시키는 것은 전혀 독창적인 생각이었다.

이제 그들은 소극적인 태도를 버리고 적극적으로 생각하고 실천하는 새로운 사람이 되었다. 남에 대한 증오감은 사라지고 마음은 사랑으로 가득 찼다.

모리스 씨와 그 부인에게 난관을 어떻게 극복했느냐고 물어본다면 그들은 틀림없이 이렇게 대답할 것이다.

'신앙을 가지시오. 참된 신앙을 갖는 것입니다.'

이 이야기를 읽고 당신은 어쩌면 이렇게 중얼거릴지도 모른다.

'그래도 그들은 나처럼 곤경에 빠져 있진 않았을 거야.

그러나 나는 감히 이제까지 모리스 부부만큼 최악의 상태에 빠져 헤어나지 못하던 사람을 보지 못했다고 단언할 수 있다. 그리고 만약 당신이 어떠한 역경에 처해 있더라도 모리스 씨가 실행한 것처럼 이 장에서 소개한 테크닉을 진심으로 이용한다면 어떤 난관도 헤쳐나갈 수 있을 것이다.

인생 문제를 해결하는 열 가지 방법

1. 어떤 문제에도 해결책이 있다는 사실을 확신하라.
2. 마음의 평정을 유지하라. 긴장된 상태는 사고력의 흐름을 방해한다. 당신의 두뇌는 긴장된 상태에서는 정상적으로 활동하지 못한다. 편안한 심정으로 문제를 맞이하라.
3. 억지로 문제를 해결하려고 하지 말라. 때가 되면 저절로 풀린다는 생각으로 마음에 여유를 가지라.
4. 공평하고 객관적으로 문제에 대한 모든 자료들을 수집하라.
5. 문제에 대한 사실들을 종이에 써놓고 보라. 그리고 그것을 적당한 순서로 늘어놓으라. 그러면 당신은 문제를 정확하게 생각할 수 있게 된다.
6. 문제에 대하여 하나님께 기도하라. 그리고 어떤 계시가 있을 것을 확신하라.
7. 시편 74편 24절 "주의 교훈으로 나를 인도하시고……." 라는 약속에 따라 하나님의 인도를 믿고 구하라.
8. 통찰력과 직관력을 믿으라.
9. 교회에 나가라. 그리고 당신의 잠재의식이 당신의 문제에 대해 활동하게 하라. 창조적인 신앙은 문제의 올바른

해답을 얻는 데 놀라운 힘을 지니고 있다.

10. 이상의 절차를 충실히 이행했을 때 당신의 마음에 떠오
르는 생각이 문제에 대한 올바른 해결책이다.

제11장

신앙은 병도 고칠 수 있다

신앙이 병을 고치는 데 필요한 하나의 요소가 될 수 있을까? 정답은 '그렇다'이다. 많은 사실에서 분명히 도움이 된다는 것을 증명하고 있다. 나도 한때 그 사실을 확신하지 못한 적이 있었지만, 현재는 분명히 그렇다고 믿고 있다. 지금까지 너무나 많은 증거를 보아왔기 때문에 그 사실을 재차 확신하지 않을 수 없는 것이다.

이 중요한 문제에 대한 나의 믿음은 여러 의사들에게서 얻은 것이다.

한때 빈의 유명한 외과의 한스 핑스테러 박사가 미국을 방문한다는 기사가 신문에 실린 일이 있었다. "하나님의 인도를 받는 외과의"라는 타이틀이 붙은 어느 신문의 기사를 소개하면 다음과 같다.

"하나님의 보이지 않는 손에 의해 언제나 수술에 성공한다고 믿고 있는 빈의 외과의 한스 핑스테러 박사는, 국제외과학회에서 영예로운 수술과장으로 선출되었다. 국부마취만을 사용하여 복부 절개수술을 성공시킨 그의 업적을 인정받은 것이다."

올해 72세가 되는 빈 대학 교수인 박사는 2만 번이 넘는 중요한 수술을 했지만 결코 단 한 번도 실수한 적이 없었다.

박사는 이렇게 말하고 있다.

"과거 몇 년 동안 약품과 기술이 획기적으로 발전했지만, 그렇다고 모든 수술이 성공적으로 끝나리라고는 말할 수 없다. 간단하게 끝날 수 있을 듯한 수술에서도 환자가 죽는 경우가 허다하게 있으며, 반대로 수술이 절망적으로 생각되는 경우에도 환자가 회복되는 수가 있다.

나의 동료 중에는 이러한 현상을 우연이라고 생각하는 사람도 있으나, 또 다른 동료들은 보이지 않는 하나님의 손이 도와주어서 절망적인 환자가 살아난 것이라고 말하고 있다. 최근에는 불행히도 모든 일이 신의 섭리에 의해 일어난다는 사실을 여러 환자와 의사들이 망각하고 있다. 우리가 다시 한 번 우리들의 활동, 특히 수술에서 하나님의 도움이 얼마나 소중한 것인가를 깨닫게 된다면 환자를 소생시키는 참된 진보가 달성되리라고 믿는다."

이처럼 이 위대한 외과의는 과학과 신앙의 결합을 주장하며 자신의 말을 결론짓고 있다.

하나님과 의사와의 협력

나는 일찍이 중요한 전국 실업가대회에서 연설을 한 적이 있었다. 그 모임에는 미국 실업계에서 독창적인 역할을 하고 있는 중요한 지도자들이 많이 참석했다.

이 대회의 오찬회에서는 주로 세금·물가폭등 및 여러 가지 사업상의 문제가 토의되고 있었는데, 갑자기 한 지도자가 나에게 물었다.

"당신은 신앙이 병을 고친다는 말을 믿고 있습니까?"

나는 뜻밖의 질문에 약간 당황해하며 대답했다.

"지금까지 신앙에 의해 병을 고친 아주 확실한 예가 많습니다. 물론 나는 육체적인 병을 신앙만으로 고칠 수 있다고는 생각지 않습니다. 나는 하나님과 의사가 결합하여 병을 고쳐야 한다고 확신하고 있습니다. 그 두 가지는 병을 치료하는 데 없어서는 안 될 요소입니다."

그러자 그 지도자가 의미심장한 미소를 지으며 말했다.

"내 말을 들어보십시오. 아주 오래전에 나는 턱에 종기가 나서 의사에게 진단을 받은 결과 불치의 병이라는 선고를 받았습니다. 그때 저의 혼란을 아마 이해하실 수 있을 것입니다. 저는 착실하게 교회에 나갔지만 독실한 신자는 아니었습니다. 성서 등도 거의 제대로 읽은 일이 없습니다.

그러던 어느 날, 저는 침대에 누워 있다가 갑자기 성서를 읽고 싶다는 충동을 느꼈습니다. 그 후 저는 날마다 꽤 오랜 시간 성서를 읽었습니다. 그런데 효과는 그것뿐이 아니었습니다. 항상 저를 괴롭히던 턱의 통증이 완화되는 것 같았습니다. 처음에 저는 그저 단순히 기분 탓이라고 생각했지만, 차츰 내 몸에 변화가 생긴 것이 틀림없다고 확신하게 되었습니다."

그는 계속해서 말했다.

"어느 날, 저는 성서를 읽는 데 열중해 있다가 갑자기 가슴

속이 따뜻해지면서 커다란 행복감을 느꼈습니다. 그때의 그 느낌을 말로는 설명하지 못할 것입니다. 그 때부터 눈에 띄게 저의 병세가 호전되었습니다. 그래서 저는 처음에 저를 진단했던 의사를 찾아가서 정밀검사를 해보았습니다. 그 결과, 의사는 신기하게도 환부가 정상적으로 회복되었다고 말했습니다. 그리고 언제 다시 재발할지 모르는 일이니 늘 조심하라고 경고했습니다. 그렇지만 나는 병이 완전히 나았다고 확신했으므로 조금도 근심하지 않았습니다. 나는 의사가 불치의 병이라고 진단한 병을 신앙의 힘으로 고친 것입니다."

"그것이 몇 년 전의 일입니까?"

내가 묻자, 그는 14년 전의 일이라고 대답했다.

나는 그 사람을 자세히 관찰해보았다.

그는 의지가 강해 보이는 인물이었다. 그리고 실업계에서도 꽤 이름이 알려진 사람이었다. 그는 자기가 한 이야기에 추호도 의심하는 빛이 없었다. 사실 그의 심중에 의심이 있을 리 없었다. 왜냐하면 그는 의사로부터 죽는다는 선고를 받았으면서도 현재 건강하게 살고 있기 때문이다.

그 실업계의 지도자가 말한 병 치료법은 그와 비슷한 수많은 예의 하나에 불과하다. 그리고 그 중의 수많은 예는 의학적 근거에 의해 입증되었다. 그러므로 우리는 병을 치료하는 과정에서 이 놀라운 신앙의 힘을 보다 많이 사용해야만 한다. 그러나 많은 사람들이 이 신앙이 내포하고 있는 놀라운 힘을 무시하고 있다. 나는 신앙이 우리가 기적이라고 부르는 작용을 일으킬 수 있고, 또 일으킨다고 확신한다.

작은 일들이 끊임없이 가장 중요하다는 것이 오래도록 나의 좌우명이 되어 왔다. -코난 도일

신앙에 의한 치유

오늘날 의학계는 심리상태와 육체적 건강의 불가분한 관계를 인정해가고 있다. 이 점은 정신적인 치료법을 강조하고 있다는 것으로 증명되고 있다.

종교가 몇 세기에 걸쳐 병의 치료에 공헌했다는 사실은 간과하기 쉬운 문제이다. '목사'의 어원은 '영혼을 구하라.'이다. 그러나 현대인들은 성서의 가르침과 과학은 서로 양립할 수 없으며, 과학 앞에서 종교가 병을 치료한 효과를 강조하는 것은 무의미하다고 말하고 있다. 그럼에도 불구하고 종교와 건강과의 밀접한 관계가 있다는 사실은 부정할 수 없다.

'신성(神聖;holiness)'이란 말의 기원이 '완전(wholeness)'이며, 종교에서 흔히 말하는 '명상(meditation)'과 '투약(投藥;medication)'이라는 말이 흡사한 것은 주목할 만한 가치가 있다. 우리들이 진지하게 하나님과 성서의 진리에 대해 명상하는 것과 같이 작용한다는 것을 인식한다면, 이 두 가지 말의 유사성은 극히 명료한 것이다.

현대의학은 환자가 어떻게 생각하고 어떻게 느끼고 있는가를 신중히 고려해야 한다는 사실을 인정하고, 실제로도 그렇게 하고 있다. 종교가 사상이라든가 감정, 혹은 인간의 기본적인 태도를 취급하는 것인 만큼, 신앙이 병의 치료 과정의 중요한 요소라는 것은 지극히 당연한 일이다.

언젠가 한 유명한 방송사는 작가이며, 극작가인 해롤드 셔먼 씨를 전속작가로 계약한 일이 있었다. 계약이 성립된 몇 개월 후, 그 방송회사는 셔먼 씨와의 전속계약을 해소하고 그의 작품을 무단 사용했다.

셔먼 씨는 신의를 깨뜨린 방송사 사장을 증오하게 되었으며, 마침내 그를 죽이고 싶다고까지 생각했다. 이처럼 자꾸 불타오르는 분노 때문에 셔먼 씨는 병까지 났다.

셔먼 씨는 즉시 병원으로 가서 진찰을 받고 가장 좋다는 약으로 치료를 받았다. 그렇지만 증세는 좋아지지 않았다.

그가 증오심을 내던지고 관용과 이해를 갖게 되었을 때 비로소 그의 병은 점차 호전되었다. 그는 의학과 새로운 정신의 도움을 얻어 육체적 고통을 극복할 수 있었던 것이다.

이와 마찬가지로 건강과 행복을 성취하기 위한 효과적인 방법은 의학의 기술과 방법을 최대한으로 이용함과 동시에 지식·경험 및 정신적인 기술을 이용하는 일이다. 하나님이 과학의 숙련자인 의사와 신앙의 숙련자인 목사를 통해 위력을 발휘한다는 사상을 뒷받침하는 명확한 증거가 있다. 그리고 수많은 의사들이 이 사상을 굳게 믿고 있다.

어떤 로터리클럽 오찬회에서 나는 아홉 명의 회원과 한 식탁에 앉아 있었는데, 그 중의 한 명은 얼마 전에 군대를 제대한 의사였다. 그가 말했다.

"내가 군에서 제대한 뒤 깨달은 것은 병 치료법이 크게 달라졌다는 점입니다. 이제 대부분의 환자들이 필요로 하는 것은 약이 아니라 보다 나은 정신력임을 발견했습니다. 실제로 그들은 육체적인 병보다, 정신이나 감정의 병이 훨씬 더 컸습니다. 공포감·열등감·죄책감 혹은 분노 때문에 병이 난 것입니다. 따라서 그들에게는 의사보다 정신병 학자가 더 필요한 것입니다. 그리고 대부분의 경우 환자들의 근본적인 고민은 정신이라는 것을 깨달았습니다. 나는 그들에게 성서 구절을 들려주며 종교서적을 읽으라고 충고합니다."

그리고 그는 나를 쳐다보며 말을 이었다.

"당신 같은 목사님들이 병을 치료하는 능력을 가졌다는 것은 차츰 일반적인 사실로 인정되어 가고 있습니다. 그렇지만 당신들이 우리 의사들의 영역을 침범하리라고는 생각지 않습니다. 환자들의 건강을 위해 우리 의사들은 목사님들과 협력할 필요가 있습니다."

뉴욕 주 북쪽 어느 시에 있는 의사가 나에게 이런 편지를 보낸 일이 있다.

"이 도시 주민의 약 60퍼센트는 그들의 정신과 마음의 고통 때문에 병에 걸려 있습니다. 현대인들의 정신이 육체적 병을 유발시킬 만큼 병들어 있다는 사실은 믿기 어려운 일입니다."

이것이 한 번도 만나본 일이 없는 의사로부터 받은 편지의 주요 내용이었다. 그 의사는 환자들에게 나의 저서 《자신있는 생활로의 인도》를 권한 결과 현저한 효과를 거두었다고 덧붙여 썼다.

어느 도시에 있는 서점 지배인은 나에게 한 의사의 처방전을 보내주었다. 그 처방전에 씌어 있는 것은 약방이 아니라 서점에서 구할 수 있는 것이었다. 즉, 그 의사는 정신적인 문제로 고민하는 환자를 위해 특정한 책으로 처방했던 것이다.

나와 함께 라디오 방송에 출연하여 건강과 행복과의 관계에 대하여 토의한 바 있는 칼 페리스 박사는 다음과 같이 주장하고 있다.

"인간의 병을 치료하는 데 육체적인 것과 정신적인 것은 매우 밀접한 관계가 있다. 그러므로 그 둘 사이에 명확한 선을 긋는다는 것은 불가능하다."

"우리들은 혈압이 높아지는 정신적인 원인, 예를 들면 포착하기 힘든 억압된 공포감 같은 것을 발견했다. 그러한 공포감은 바로 일어날지도 모르는 것에 대한 두려움으로, 실제로 일어난 것에 대한 두려움은 아니다."

저명한 레베카 비어드 박사는 이렇게 말하고 있다.

"그들이 품는 공포는 주로 장래의 일에 대한 불안감이다. 따라서 그것은 결코 일어날 리가 없는 일에 대한 불안감이기 때문에 상상의 것이다. 당뇨병의 경우, 다른 어떤 감정보다 에너지를 소모시키는 것은 슬픔이나 실망의 감정이었다. 때문에 췌장에서 분비되는 인슐린이 마구잡이로 낭비되고 있다. 현대의 발전된 의학으로 이러한 병을 어느 정도 호전시킬 수는 있다. 즉, 고혈압인 경우에는 혈압을 낮출 수 있으며, 반대로 저혈압인 경우에는 혈압을 높일 수 있는 것이다. 그러나 이러한 방법은 병에 약간의 효과는 있지만 완전한 치료법은 되지 못한다. 보다 확실한 치료법은 우리의 감정 그 자체를 보다 충분히 연구하고 신앙을 갖는 일이다. 이에 대한 바른 해답은 예수의 가르침 속에 있다."

비어드 박사는 자신의 견해를 이렇게 결론짓고 있다.

또 나는 어떤 여의사로부터 다음과 같은 편지를 받았다.

"저는 선생님의 단도직입적인 종교철학에 흥미를 갖게 되었습니다. 지난날의 저는 성격이 매우 급하고 때때로 과거의 공포감과 죄책감에 사로잡혀 무척 번민했습니다. 그러므로 저는 그러한 불건전한 긴장에서 해방되고 싶었습니다.

그러던 차에 어느 날 아침, 우연히 선생님이 쓴 책을 발견하고는 읽기 시작했습니다. 그런데 바로 그 책에 저에게 필요한 처방전이 씌어 있었습니다. 저는 즉시 그 책에 씌어 있는 기독교의 교의를 실천했습니다. 그러자 차츰 긴장감에서 해방되고

마음에는 여유가 생기고 한층 더 즐거워져서 밤에 잠도 잘 자
게 되었습니다. 그때부터 저는 비타민이나 활력제 등을 복용하
지 않게 되었습니다.”

그녀는 다시 다음과 같이 덧붙였는데, 이 점이야말로 내가
가장 강조하고 싶은 말이다.

“저는 이 새로운 경험을 신경통에 시달리고 있는 제 환자들
에게 활용해야겠다고 생각하게 되었습니다. 그런데 저는 수많
은 환자들이 선생님의 책을 읽고 있는 것을 발견하고 깜짝 놀
랐습니다. 이제 저는 환자들과 함께 하나님의 신앙에 대해 자
연스럽게 대화하고 있습니다.

저는 의사로서 하나님의 도움에 의해 기적적으로 회복된 경
우를 많이 보아왔습니다. 몇 주일 전 저는 다시 그것을 경험할
수 있었습니다.

저의 여동생은 대수술을 받게 되었습니다. 수술 후 그녀는
장폐색(腸閉塞)를 일으켰습니다. 그 후 5일째 되던 날 그녀의
병세는 몹시 악화되었으며, 만약 몇 시간 이내에 호전의 기미
가 보이지 않으면 도저히 회복할 가망이 없었습니다. 저는 초
조한 심정이 되어 동생의 병세가 호전되기를 기도하면서 병원
부근을 천천히 드라이브했습니다.

그런 다음 제가 집으로 돌아온 지 채 10분도 지나지 않아 여
동생의 담당 간호사에게서 전화가 걸려왔습니다. 여동생의 장
폐색이 제거되고 병세가 많이 호전되었다는 내용이었습니다.
이제 여동생은 완쾌하여 건강하게 생활하고 있습니다. 저는 하
나님의 가호로 동생이 되살아난 것이라고 믿지 않을 수 없습니
다.”

이 사실만으로도 우리는 신앙에 병을 치료해주는 힘이 있다고 확신할 수 있다.

오랫동안 나는 내 책의 독자들과 라디오 청취자로부터 신앙으로 병을 고쳤다는 편지를 헤아릴 수 없이 많이 받았다.

나는 그 편지들의 진실성에 대해 주의 깊게 조사해보았다. 이 모든 사실을 비웃은 사람들에게 정확한 근거를 보여줌으로써 진실성을 선언하고 싶었던 것이다.

이상의 갖가지 사건에 공통된 신조를 간단히 요약하면 다음과 같다. 즉, 모든 의학과 심리적 방법을 사용한다는 것은 정신적 방법을 사용하는 것과 결부된다. 이것은 건강과 마음의 평온을 가져오는 여러 치료법의 결합인 것이다.

나는 병 치료에 성공한 수많은 예를 신중히 검토해본 결과 거기에는 반드시 병을 고치는 데 필요한 몇 가지 요소가 있다는 사실을 발견했다.

① 신의 손에 자신을 두려움 없이 맡겨야 한다.

② 어떤 형태의 것이든 죄책감과 머릿속에 뿌리박혀 있는 욕망으로부터 완전히 해방되어야 한다.

③ 신의 위유력(慰諭力)과 조화된 의학과 신념이 결합된 치료가 필요하다.

이런 치료 과정에서는 환자들이 병을 꼭 고치겠다는 성의와 믿음이 필요하다.

어느 환자의 체험

지금으로부터 약 35년 전, 어떤 저명한 인사가 심장병에 걸려 의사로부터 재기불능이라고 선고를 받았다. 의사는 그에게 지나친 활동을 삼가고 절대 안정해야 한다고 말했다. 이 선언으로 인해 그는 하루 중 대부분의 시간을 침대에서 보내게 되었다.

어느 날 아침, 그는 다른 날보다 일찍 잠에서 깨어나 우연히 성서를 들고 그 한 구절을 읽어보았다.

"예수 그리스도는 어제나 오늘이나 영원토록 동일하시니라."
〈히브리서 13:8〉

이 구절을 읽고 그는 문득, 만약 예수가 옛날에 사람들의 병을 고쳤다면 오늘날이라고 고치지 못할 이유가 없지 않느냐는 생각이 들었다.

그래서 그는 '왜 예수가 나를 고쳐주시지 않을까?'라고 자문해보았다. 그러자 그의 가슴에서 신앙심이 샘솟아 나왔다.

그는 아주 솔직하게 하나님에게 자기의 병을 고쳐 달라고 기도했다.

'내가 너의 병을 고칠 수 있다고 믿는가?'

이렇게 하나님이 묻는 것 같았다. 그래서 그는 자신도 모르는 사이에 대답했다.

'네, 굳게 믿습니다.'

그는 눈을 감는 순간 하나님이 자기의 심령에 닿는 것 같은 생각이 들었다. 그날 하루 종일 그는 이상하게도 몸과 마음의 안정을 느끼고 기도를 올렸다.

"하나님, 만약 이것이 당신의 뜻이라면 저는 내일 아침 이발소에 갈 생각입니다. 그리고 며칠 안에 다시 일을 시작하겠습니다. 저의 모든 것을 주님 뜻에 맡깁니다. 만약 제가 지나치게 움직였다는 것 때문에 내일 당장 죽는 한이 있더라도 오늘 제게 평온이 깃들게 해주신 주님께 감사를 드립니다. 부디 저를 지켜주시옵소서. 지금 저는 틀림없이 원기를 되찾을 수 있다고 믿고 있습니다. 그러나 만약 이 믿음이 허사가 되어 죽더라도 저는 영원히 주님과 같이 있습니다. 그리고 어느 쪽이 되든 저는 만족합니다."

그 후 날이 갈수록 그는 힘이 솟는 것을 느낄 수 있었다. 그리고 밖으로 나가 활동할 수도 있게 되었다.

그는 심장병에 걸린 지 35년 후인 75세에 은퇴했다. 내가 아는 어떤 사람도 그만큼 정력적으로 일하고 인류복지에 공헌한 사람은 없었다.

그렇지만 그는 자기 체력의 한계를 알고 결코 무리하지 않았다. 그는 점심식사를 마친 후에는 반드시 침대에 누워 낮잠을 잤다. 밤에는 일찍 자고 아침에는 일찍 일어나는 등 언제나 규칙적인 생활을 했다.

그는 모든 활동에 있어 고민·분노·긴장 같은 불건전한 감정은 절대로 염두에 두지 않았다. 그는 매우 열심히 일했지만 아주 쉽게 모든 일들을 신속하게 처리했다.

만약 그가 젊은 시절처럼 불규칙한 생활을 계속했다면 어떻게 됐을까? 벌써 오래전에 죽었거나, 아니면 폐인이 되었을 것이다.

또 한 명의 내 친구인 뛰어난 실업가도 심장병에 걸려 무척 고생한 적이 있다.

몇 주일 동안 그는 병원에 입원해 있었다. 그러나 얼마 후 회복되어 병원에 입원하기 전에 맡았던 중요한 책임을 완수했다.

그는 마치 이전에 결코 느끼지 못했던 어떤 새로운 힘을 체득한 것 같았다. 그가 자기의 건강문제를 과학적인 정신으로 생각하면서부터 병세는 호전되기 시작했다. 그와 동시에 권위

있는 의사의 지시를 충실히 따랐기 때문에 완쾌될 수 있었던 것이다. 또한 그는 투약과 치료 외에 완쾌되는 데 꼭 필요한 정신요법을 생각해냈다. 그리고 나에게 그 방법을 적은 편지를 보내왔다.

"올해 25세밖에 되지 않은 청년이 나와 같은 병으로 병원에 입원한 지 불과 4시간 만에 죽어버렸네. 또 두 사람이 바로 옆의 병실에서 심장병으로 신음하고 있네. 나에게는 아직도 해야 할 일이 많네. 그래서 나는 훨씬 풍족한 생활 속에서 내 임무를 완수해야겠다고 결심했네. 내가 입원해 있던 병원의 의사들은 훌륭한 분들이었으며, 간호사들도 무척 친절한 이상적인 곳이었네.

그리고 그는 자기가 생각해낸 정신요법을 다음과 같이 요약하여 적어놓았다. 그것은 세 단계로 분류되어 있었다.

① 절대적인 안정이 필요한 제1단계에는 다윗왕의 훈계에 유의했다. "너희는 가만히 있어 내가 하나님 됨을 알지어다." 〈시편 46:10〉 즉, 그는 하나님의 보호 아래 자신을 맡기고 휴식했던 것이다.

② 점차 마음의 안정을 되찾아갈 무렵 "너는 여호와를 바랄지어다. 강하고 담대하며 여호와를 바랄지어다." 〈시편 27:14〉라는 말을 상기했다. 즉, 그는 완쾌되리라는 확신을 가지고 전능하신 하나님의 손을 그의 가슴 위에 올려놓음으로써 약해지는 마음을 채찍질했던 것이다.

③ 점차 원기를 되찾고 새로운 확신과 신념을 갖게 됨에 따라 "내게 능력 주시는 자 안에서 내가 모든 것을 할 수 있느니라." 〈빌립보서 4:13〉라는 구절을 마음에 되새겼다.

그는 이 말씀으로 점차 병세가 호전되는 것에 확신을 갖고 새로운 힘을 얻은 것이다.

이 실업가의 담당의사는 효과적인 투약과 치료법으로 육체적인 병을 치유했으며, 그는 신앙에 의해 자기의 정신력을 자극함으로써 치료에 도움을 준 것이다. 이 두 가지 치료법이 상호 협력하여 마침내는 심장병으로 고생하는 그를 질병으로부터 해방시켜 주었다.

하나님은 육체와 정신, 이 두 가지를 통괄하시며 우리를 건강과 복지에의 길로 인도하고 계시다.

"우리가 그를 힘입어 살며 기동하고 있느니라."〈사도행전 17 : 18〉

병 치료에 효과적인 일곱 가지 충고

병의 예방 및 그 치료에 누구라도 이용할 수 있는 가장 효과적인 방법이 신앙의 힘에 의존하는 것임을 결코 잊지 말라.

다음은 병을 고치는 데 효과적이며, 실용적인 방법을 간단히 요약한 것이다.

1. 어느 유명한 의과대학 학장이 말한 "병이 나면 의사를 부름과 동시에 목사에게도 사람을 보내라."하는 충고를 충실히 지키라. 이 말은 다시 말하면 병을 고치는 데는 의학적 기술 못지않게 정신적인 힘도 중요하다는 뜻이다.

2. 자기를 치료해주는 의사를 위해 기도하라. 하나님은 자기의 조수로서 잘 숙련된 인간이라는 매개물을 이용한다는 점에 유의하라. 어떤 의사는 "우리는 환자를 진찰하고, 신은 환자의 병을 고친다."라고 말한 적이 있다.

그러므로 자기 병을 치료해주는 의사가 신의 위유적 능력을 받도록 기도하라.

3. 무슨 일을 하든 절대로 두려워하지 말라. 사랑하는 사람이나 자기 자신이 치유되기 위해서는 반드시 낫는다는 확신을 가져야만 한다.

그런데 만약 두려운 마음에 사로잡힌다면 도리어 소극적이며, 파괴적인 생각이 자신을 짓누르게 된다.

4. 하나님이라도 법칙을 무시해서는 아무 일도 이루지 못한다는 사실을 기억하라. 하나님은 모든 병에 대해 두 가지 요법을 준비해놓고 계신다. 그 하나는 과학을 이용해 자연법칙에 부응하는 요법이고, 다른 하나는 신앙을 통해 정신적인 법칙을 이용하는 요법이다.

5. 가정의 화목, 이를테면 정신적인 조화를 유지하는 것이 중요하다. 성서에서 "진실로 다시 너희에게 이르노니 너희 중에 두 사람이 땅에서 합심하여 무엇이든지 구하면 하늘에 계신 내 아버지께서 저희를 위하여 이루게 하시리라."〈마태복음 18 : 19〉라고 강조하고 있는 점을 유의하라. 융화되지 못하는 것과 질병과는 무시 못할 관계가 있다.

6. 만약 사랑하는 사람이 병에 걸렸다면 마음속에 그 사람의 병이 나아가고 있는 그림을 그려보자. 완전히 건강을 되찾은 그의 모습을 그리는 것이다.

7. 마음과 태도를 자연스럽게 갖자.

제4부

정신의 창조력

활동력이 약해질 때 쓰는 효과적인 건강증진법
사고방식을 새롭게 하면 당신은 개조된다
마음의 여유를 가지면 힘이 솟는다

활동력이 약해질 때 쓰는
효과적인 건강증진법

나는 얼마 전에 한 부인이 약방에 가서 '정신적 고민에 잘 듣는 약이 있느냐'고 물었다는 말을 들은 적이 있다. 물론 물약이나 환약으로 만들 수 없는 그런 약이 약방에 있을 리 없다.

그러나 그 부인이 찾던 것과 같은 약은 우리가 무척 필요로 한다. 즉, 신념과 강력한 사고의 힘의 혼합체인 약이 바로 그것이다.

오늘날 세계 전 인구의 50퍼센트 내지 70퍼센트는, 감정 또는 육체에 미치는 좋지 못한 심리상태의 영향을 받아 앓고 있다고 추측된다. 따라서 위에서 말한 약은 매우 중요한 의의를 갖고 있다. 건강이 좋지 못한 사람들은 이 책에 씌어 있는 건강증진법을 익혀 의사의 지시와 함께 그것을 충실히 지킨다면, 큰 효과를 보게 될 것이다.

정신적이며 감정적인 치료가 쇠퇴해가는 감정에 활력을 불어 넣을 수 있다는 예를 한 가지 들어보겠다.

정신적 고민에 잘 듣는 약

어느 큰 회사의 사장이 자기 회사의 판매부장을 나에게 보낸 일이 있었다.

이 판매부장은 전에는 매우 유능하고 정력적인 활동가였는데, 점점 능력도 정력도 사라져간다는 것이었다. 지난날 그의 판매방법은 매우 독특하고 정말 기발한 것이었으나, 이제는 그 독창성을 잃어버렸다. 회사동료들은 곧 그가 눈에 띄게 의기소침해졌다는 사실을 발견했다.

얼마 후, 그는 의사의 진단을 받고 처음에는 애틀랜틱 시로, 다음에는 플로리다로 요양차 파견되었다. 그러나 휴식과 요양을 했음에도 불구하고 그의 건강은 조금도 호전되지 않은 것 같았다.

나를 알고 있던 그의 주치의는 회사 사장에게 판매부장을 내가 있는 교회로 보내는 것이 좋겠다고 권했다. 그 판매부장은 사장의 말을 듣고 나를 찾아왔지만, 자기를 교회로 보낸 사장의 처사를 매우 못마땅하게 생각하는 것 같았다.

"도대체 장사꾼을 목사님한테 보내다니, 참 이상합니다. 아마 당신은 나와 함께 기도하고 성서를 읽어주시겠죠?"

그는 조바심을 치며 말했다.

나는 이렇게 대답했다.

"나는 전혀 이상하다고 생각하지 않습니다. 때때로 기도와 성서에 의한 치료법이 놀랄 만한 효과를 발휘하는 수도 있으니까요."

그는 불쾌한 표정으로 전혀 치료에 응하려고 하지 않았기 때문에 나는 최후수단을 쓰지 않을 수 없었다.

"솔직히 말해서 당신이 나에게 순순히 협력하지 않으면 당신은 해고될 것입니다. 이 말을 명심하십시오."

"대체 누가 그렇게 말합디까?"

"당신의 사장이오. 내가 당신을 고치지 못하면 애석한 일이지만 파면할 수밖에 없다고 말씀하시더군요."

이 말을 듣고 그의 얼굴에 떠오른 놀란 표정은, 그때까지 내가 다른 어떤 사람의 얼굴에서도 보지 못한 것이었다.

"꼭 내가 당신의 말을 따라야 한다고 생각하십니까?"

"인간의 머릿속은 공포·고민·긴장·분노·죄책감 또는 이 모든 것이 복합된 좋지 못한 감정으로 충만해 있기 때문에, 흔히 당신과 같은 심리상태에 빠지는 수가 있습니다. 이러한 감정적 짐이 점점 쌓여 일정한 무게에 도달하면 인간의 정신력으로는 지탱할 수가 없게 됩니다. 그러므로 사람은 분노·공포감 혹은 불안감으로 활기가 쇠퇴하는 것입니다. 나는 당신이 무슨 이유로 고민하시는지 모르지만, 나를 믿을 수 있는 다정한 친구라고 생각하시고 당신의 모든 고민을 이야기해주시기 바랍니다."

그리고 나는 그에게 아무것도 숨기지 말고 있는 그대로 마음에 있는 모든 고민을 털어놓는 것이 중요하다고 강조했다.

"나는 우리의 회견이 굳은 신념하에 이루어질 것을 약속합니다. 당신 회사의 모든 직원들은 당신이 어서 돌아와서 옛날과 같이 뛰어난 수완을 발휘해줄 것을 손꼽아 기다리고 있습니다."

얼마 후, 그는 자기의 고민을 고백했다. 그는 일종의 정신적인 죄를 범했는데, 그 죄를 은폐하기 위해 여러 가지 거짓말을 꾸며대지 않으면 안 되었다.

그 결과, 그는 혹시 자기의 죄가 탄로나지 않을까 하는 불안 속에서 나날을 보내게 되었고, 따라서 마음속에는 비참할 정도로 일대 혼란이 일어나고 말았다.

그는 본래 얌전한 성격으로 퍽 수줍어했으므로, 그의 모든 고민을 털어놓게 하는 데 꽤 애를 먹었다. 그래서 나는 그에게, 힘들겠지만 병을 고치는 일만은 꼭 성취시켜야 하며, 그러기 위해서는 마음을 공백으로 만들 필요가 있다고 타이르듯이 말했다.

모든 고민을 고백한 후, 그가 취한 태도를 나는 결코 잊지 못할 것이다. 그는 천천히 자리에서 일어나 꼿꼿이 서더니 크게 심호흡을 했다.

"아, 정말 기분이 후련해졌습니다."

그것은 해방되고 구원받은 실로 극적인 표정이었다.

나는 하나님께서 그의 마음을 평화와 정결로 가득 채워주시기를 기도하라고 권했다.

"소리내서 기도하라는 말씀인가요? 나는 지금까지 단 한번도 그렇게 한 적이 없습니다."

"그렇습니다. 당신은 기도로 인해 더욱 강한 사람이 될 것입니다."

그 후 그가 올린 기도는 매우 간단했지만, 내가 지금까지 생생히 기억할 정도로 아주 훌륭했다.

"주여, 지금까지 저는 악에 물든 인간이었습니다. 저는 지난날의 행동을 후회하고 지금 이곳에 있는 친구에게 모든 죄를 고백했습니다. 주여, 부디 저를 용서해주시고 마음을 평온으로

가득 채워주소서. 그리고 두 번 다시 그러한 잘못을 범하지 않
도록 저를 인도해주십시오. 저의 몸과 마음이 다시 깨끗해질
수 있도록, 그리고 선량하게 될 수 있도록 구원해주시옵소서."

바로 그날, 그는 회사로 돌아갔다. 그 후 그가 훌륭한 판매
부장으로 다른 회사를 누르고 우수한 성적을 올리게 되었음은
두말할 필요조차 없다.

얼마 후, 내가 그 회사의 사장을 만났을 때 그는 이렇게 말했
다.

"당신이 빌을 어떻게 치료했는지 모르지만, 지금 그는 활력
에 넘쳐 있습니다."

"그것은 내 힘이 아니라 하나님이 내려주신 은혜입니다."

"아무튼 빌은 옛날의 그로 돌아갔습니다."

즉, 그 판매부장은 활기가 쇠퇴했을 때 건강증진법을 사용했
다. 다시 말해 그는 정신병 약을 먹고 자기의 불건전한 정신
적·심리적 상태를 치료한 것이다.

정신과 육체

콜로라도 의과대학 교수인 프랭클린 에보 박사는 병원에 입
원해 있는 모든 환자들의 3분의 1은 적어도 육체적인 병이고,
또 3분의 1은 심리와 육체의 혼합병이고, 또 3분의 1은 분명히
정신적으로 일어난 병이라고 말하고 있다. 또 《정신과 육체》의
저자인 플란더즈 단퍼스 박사는 "병이 육체적인 것인가, 또는
정신적인 것인가가 문제가 아니라, 그 두 가지가 어느 정도의
비율로 뒤섞여 있느냐 하는 것이 중요하다."라고 말하고 있다.

한 번이라도 이 문제를 깊이 고려해본 사람이라면 누구라도 분노·증오·악의·질투와 같은 감정이 병을 낳는 전제 조건이라고 주장하는 의사들의 이론이 옳다는 것을 인정할 것이다.

감정의 폭발로 육체는 화학적인 반응을 일으키며 그것이 병의 징후를 나타낸다. 이러한 육체적 상태가 장시간 계속되면 건강은 여지없이 파괴되는 것이다.

어느 의사는 내가 잘 알고 있는 환자에 대해 이야기하면서, 그는 증오심 때문에 끝내 죽고 말았다고 했다. 그 의사는 죽은 환자가 오랫동안 원한을 품고 있었기 때문에 죽었다고 확신하고 있었다.

"그는 병에 대한 저항력이 약해질 만큼 자신을 그토록 혹사했던 것입니다."

이렇게 의사는 설명했다.

"그래서 병이 나자 그는 병을 극복할 힘이 없었으며, 증오심 때문에 스스로 건강을 해치고 말았던 것입니다."

샌프란시스코의 저명한 의사 찰스 마이너 쿠퍼 박사는 〈심장병 방지를 위한 기탄없는 충고〉라는 논문에서 다음과 같은 연구결과를 발표했다.

"가능한 한 감정적 폭발을 억제하지 않으면 안 된다. 분노가 폭발한 사람의 혈압을 재어보았더니 160까지 올라갔었다. 이 실험으로도 알 수 있듯이 감정적인 폭발이 심장에 미치는 좋지 못한 영향은 상당히 심각한 것이다. 성미가 급한 사람은 남이 과오를 범했을 때 절제심 없이 금세 발끈해서 책망하려고 한다. 그러나 되도록 남의 잘못으로 자기의 감정이 혼란스러워지지 않도록 자제하는 것이 현명하다."

쿠퍼 박사는 끝으로 이렇게 결론짓고 있다.

"어떤 사업상의 문제가 당신을 괴롭히거나 또 그 일로 화가 치밀어 오르기 시작하면, 애써 꾹 참아야 한다."

이와 마찬가지로 만약 당신의 건강이 좋지 못하다면 신중하게 자기분석을 해보는 것이 좋다. 어떤 악의, 분노, 또는 원한을 품고 있는가를 자기 자신에게 솔직히 물어보고 만약 있다면 몰아내야만 한다. 가능한 한 재빨리 내쫓아야만 한다. 그러한 좋지 못한 감정은 당신의 생명을 좀먹는 것이다.

> 수많은 사람들이 건강이 좋지 못하다고 호소하는 것은, 그들이 먹는 음식이 나빠서가 아니라 그들의 육체를 좀먹고 있는 불건전한 감정 때문이다.

감정적인 병은 우리의 정력을 약화시키고, 능률을 감소시키고, 또 건강을 파괴하는 원인이 된다. 그 결과, 당연한 말이지만 당신의 행복을 빼앗아버리는 것이다.

그러므로 오늘날 우리의 사고방법이 육체적 상태에 영향을 준다는 사실을 인정하지 않을 수 없다. 우리는 어떤 사람이 원한을 가지고 있기 때문에 병에 걸린다는 사실을 인정한다. 또 공포와 고민 때문에 육체적으로 좋지 못한 징후가 나타날 수 있다는 사실도 잘 알고 있다. 또한 우리는 사고방식만 고친다면 병을 고칠 수 있다는 것도 잘 알고 있다.

분노를 억제하는 열두 가지 방법

초조함·분노·증오, 또는 원한이 인간의 건강을 해치는 무서운 영향력을 갖고 있다는 사실을 자각한 이상, 우리는 자연히 그것을 방지할 수 있는 것은 과연 무엇인가를 생각하게 된다. 그 대답은 매우 간단하다. 즉, 선의·아량·신앙·사랑 등으로 마음을 가득 채우면 된다.

그럼 어떻게 하면 그런 마음의 자세를 가질 수 있을까?

다음은 그런 마음 자세를 갖추는 데 필요한 몇 가지 방법이다. 이 방법은 많은 사람들이 활용하여 특히 분노를 억제하는 데 커다란 효과를 본 것이다. 나는 당신이 이 방법을 충실하게 끊임없이 활용한다면 편안한 감정을 얻을 수 있으리라 확신한다.

1. 노여움은 하나의 감정이며, 감정이란 언제라도 뜨거워질 수 있으며, 때로는 격앙될 수 있다는 것을 잊지 말라. 그러므로 감정을 가라앉히는 데는 그것을 냉각시키는 것이 상책이다.

　그럼 어떻게 냉각시킬 수 있는가?

　누구라도 극도로 분노했을 때는 주먹을 불끈 쥐고 음성은 높아지고, 근육은 긴장하고, 몸은 경직된다. 이것은 신경조직에 있어서는 지난날의 무인들과 조금도 다름없다는 것을 증명하는 것이다. 그러므로 냉정한 마음과 태도로 감정의 열을 식히도록 노력해야 한다.

　이성적인 행동으로 주먹을 쥐지 않도록 노력하라. 그리고 손가락을 쭉 편 다음 음성을 마치 속삭이는 정도까지 낮추도록 노력하라. 속삭이는 것 같은 음성으로 언쟁을 할 수는 없는 것이다. 의자에 깊숙이 앉든지, 아니면 편안히 누워도 좋다. 누워서는 아무리 화가 나더라도 어떤 행동도 할 수 없기 때문이다.

2. '어리석은 짓은 그만둬. 그렇게 해봐도 나에게 득이 되지 않아. 그러므로 나는 그것을 극복해야만 돼.'

이렇게 혼자서 외쳐보라. 그리고 어떻게 하든 기도를 올리도록 노력하라. 마음속에 당신처럼 감정이 격해 있는 예수 그리스도의 모습을 그려보라. 그것은 불가능한 일이지만, 그 노력은 당신의 격앙된 감정을 가라앉히는 데에는 반드시 도움이 될 것이다.

3. 분노를 가라앉히는 가장 좋은 방법 중의 하나가 그레이스 아워슬러 부인이 말한 테크닉이다. 그녀는 화가 나면 하나에서 열까지 천천히 세었다고 한다.

4. 분노는 조그마한 노여움이 쌓이고 쌓인 후에 폭발하는, 즉 노여움의 집결체이다. 그러한 노여움의 하나하나는 지극히 미약하지만 일단 모이면 강력한 힘이 되어 우리의 이성을 마비시키는 것이다.

그러므로 당신을 화나게 하는 모든 일을 리스트로 만들어 보라. 그 분노가 미미하고 아무런 결과도 나타내지 못할 것이라도 빠짐없이 리스트에 넣어보라. 이렇게 하는 목적은 분노라고 하는 커다란 강물로 모여드는 조그만 노여움의 냇물부터 점차 고갈시키려는 데 있다.

5. 그때그때 일어나는 조그만 노여움을 그 즉시 극복해버리라. 앞에서 말한 것처럼 노여움이 쌓이고 쌓여 분노라는 강력한 힘으로 자라나게 되면 좀처럼 극복할 수 없다. 이와같이 분노심을 약화시켜 나가면 얼마 후에는 완전히 억제할 수 있게 될 것이다.

6. 분노가 금방이라도 폭발할 것 같은 심정이 되면 다음과 같이 외쳐보라.

'감정을 억제하지 못하고 이런 짓을 하는 것은 참으로 가치있는 것일까? 나는 스스로 어리석은 행동을 해서 남의 웃음거리가 될지 모른다. 어쩌면 친구를 잃을지도 몰라.'

이 기술을 습관화하기 위해서는 매일 몇 번씩 이렇게 자신을 채찍질하라.

'무슨 일이 생기든 흥분하거나 광기를 부리는 것은 한 푼의 가치도 없어.'

7. 만약 감정을 상하게 하는 문제가 생기면, 되도록 속히 씻어버리도록 노력하라. 당신이 그것을 견디지 못하는 이상 단 1분이라도 방치해서는 안 된다. 화난 얼굴을 한다든가, 스스로 비관해서는 안 된다.

감정이 상했을 때는 손가락을 다쳤을 때처럼 얼른 치료해버리라.

8. 마음속의 불평 불만을 해소해버리라. 즉, 마음의 문을 열어 모든 불평이 흘러 나가도록 하는 것이다. 아무라도 믿을 만한 사람을 찾아가서 불평이 완전히 사라질 때까지 그 사람에게 쏟아버리는 것이다. 그런 다음에는 잊어버리라.

9. 당신의 마음을 상하게 한 사람을 위해 기도하라. 그 사람에 대한 악의가 사라질 때까지 기도를 계속하라.

10. '그리스도의 사랑이 내 마음에 가득 찰 것을……' 이런 기도를 드린 다음에는 다시 '그리스도의 사랑이 A씨를 위하여 내 영혼에 가득 차기를……'이라고 덧붙이라. 여기서 A씨는 당신의 감정을 건드린 사람이다.

만약 이렇게 기도하여 그대로 된다면, 혹은 그렇게 되

도록 하나님에게 청한다면, 당신은 구원받은 것이다.

11. 일곱 번을 70회 용서하라는 예수의 충고를 받아들이라. 이 말을 문자 그대로 해석한다면 당신은 남을 490회 용서하는 것이 된다. 그러나 당신이 한 인간을 이와같이 여러 번 용서하기 전에, 그 사람에게 품은 원한 따위는 멀리 사라지고 없을 것이다.

12. 도저히 분노가 가라앉지 않는다고 생각되면 다음과 같이 기도하라.

'전지전능하신 주께서 저의 심경을 변화시켜 주실 것을 굳게 믿습니다. 인간의 죄를 심판하시는 주께서 저의 경솔한 성격을 심판하시고 관용으로써 올바른 길로 인도해 주십시오. 저는 제 성질을 완전히 주님의 뜻에 맡기겠습니다. 부디 하나님의 부드럽고 자애로운 손길이 저의 병든 영혼 위에 얹히기를 간절히 소원합니다.'

만약, 당신이 자기 성격에 대해 번민하고 있다면 위의 기도를 매일 세 번씩 되풀이하라.

이 기도문을 카드에 적어 당신의 책상 위나 부엌의 설거지대 혹은 수첩 속에 넣어두고 수시로 꺼내보라. 그러면 많은 도움이 될 것이다.

사고방식을 새롭게 하면
당신은 개조된다

당신의 생각이 당신을 만든다. 이것은 꼭 알고 있어야 할 당신에 관한 가장 중요한 사실의 하나이다.

미국이 낳은 유명한 심리학자 윌리엄 제임스는 이렇게 역설했다.

> 우리 세대에서 가장 위대한 발견의 하나는, 인간이 마음가짐을 바꿈으로써 그 인생을 개조할 수 있다는 사실이다.

만약 당신의 현재 모습에 불안을 느끼고 있다면, 당신의 지금까지의 사고방식을 고치면 된다. 당신의 마음을 신앙, 신선하고 창조적인 생각, 믿음과 친절, 관대한 생각으로 가득 채우라.

이와같이 하면 당신은 당신 자신의 인생을 전혀 새롭게 바꿀 수 있다. 나는 당신이 이 방법을 절대로 잊지 말고 명심하기를 간절히 바란다.

만약 당신이 주위에서 가장 행복해 보이는 사람을 찾아내어 유심히 관찰한다면, 그의 행복의 바탕에서 기독교를 발견하게 될 것이다. 설사 그것이 형식적인 기독교가 아닐지라도 적어도 그의 사고방식에서 '친절과 관대'라는 기독교의 기본 이념을 발견할 수 있을 것이다. 이것은 즉 행복해지기 위해서는 행복한 생각을 해야 한다는 뜻이다.

어느 실업가의 체험

나는 행복하고 겸손한 한 사람의 실업가를 알고 있다.

어떤 문제가 생겨도 그는 결코 좌절하지 않았다. 그는 지극히 낙관적인 태도로 꼭 성공한다는 미래에 대한 확신을 갖고 모든 난관에 대처했는데, 신기하게도 행운은 언제나 그의 편을 들었다. 그는 마치 결코 실패하지 않는 힘을 가지고 있는 것처럼 보였다.

나는 그가 그처럼 행복하고 자신있게 살아가는 데는 어떤 비결이 있는 것이 틀림없다고 생각했다. 그는 너무 말이 없고 겸손했기 때문에, 나는 그에게 그의 사업방침을 얘기해 달라고 오랫동안 설득해야만 했다.

그의 공장은 최신식 설비를 갖추고 있었다. 최신식 기계에 의존한 생산으로 인해 그 공장은 굉장한 능률을 올리고 있었으며, 노무관리도 거의 완벽에 가까워서 최상의 복리후생이 전 종업원에게 골고루 미치고 있었다.

그의 방은 아름다운 책상과 융단, 이국풍의 모자이크에 의해 현대적인 분위기를 풍기고 있었다. 그런데 그의 흰 마호가니 책상 위에서 손때 묻은 성경책이 유난히도 눈에 띄었다. 그것은 그 초현대적인 사무실에는 어울리지 않는 단 하나의 낡은 이단자였다.

나의 시선이 머물고 있는 것을 본 그는 낡아빠진 성경책을 가리키며 말했다.

"이 공장에서는 저 책이 가장 최신식입니다. 기계나 시설은 닳아서 낡지만, 이 성경책은 항상 우리보다 앞을 내다보고 있기 때문에 결코 변천하는 시대에 뒤떨어지는 일이 없습니다."

내가 그 말에 고개를 끄덕이자 그는 계속해서 말을 이었다.

"이 성경책은 대학 입학 기념으로 어머니께서 사주신 것입니다. 나는 받기는 했지만 사실 성경책 따위는 필요없다고 생각하며 몇 년 동안 펼쳐볼 생각조차 하지 않았습니다. 나는 정말 바보였던 것입니다. 그러다가 나는 사업에 크게 실패했습니다. 모든 잘못이 나에게 있다는 사실을 깨달을 때까지, 어떤 일을 해도 뜻대로 되지 않는 것입니다. 나의 근본적인 잘못이 비뚤어진 사고방식을 가진 데 있다는 사실을 깨닫기 전까지는 하는 일마다 온통 실패뿐이었습니다. 그 당시 나는 소극적이며, 고집이 세고, 아무에게나 화를 내고 덤벼드는 성격이었습니다. 모든 사람들이 이런 저를 싫어한 것도 무리가 아닙니다. 그러던 어느 날 밤, 사업문제를 깊이 생각하고 있는데 오랫동안 잊고 있던 성경책이 눈에 띄었습니다. 성경책을 꺼내들자 어머니가 생각났습니다. 그래서 나는 성경책을 뒤적여보았습니다. 그때 마치 나를 위해 씌어진 것처럼 생각되는 구절을 발견했습니다."

그래서 나는 물었다.

"어떤 구절이었나요?"

"그것은 시편 제27편 첫 부분이었습니다. '여호와는 나의 빛이요, 나의 구원이시니 내가 누구를 두려워하리요. 여호와는 내 생명의 능력이시니 내가 누구를 무서워하리요. 나의 대적, 나의 원수 된 행악자가 내 살을 먹으려고 내게로 왔다가 실족하여 넘어졌도다. 군대가 나를 대적하여 진칠지라도 내 마음이 두렵지 아니하며, 전쟁이 일어나 나를 치려 할지라도 내가 오히려 안연하리로다.' 왜 이 구절이 나를 그토록 매료시켰는지는 알 수 없지만, 그 후 소극적인 나의 사고방식은 적극적인 것으로 바뀌었습니다. 그리고 신앙이 깊어질수록 창조적인 생각을 새로운 생각으로 지니게 된 것입니다. 나는 확실히 믿음에 바탕을 둔 새로운 생각에 의해 점차 개조되어 갔습니다."

그 실업가는 그의 독특한 비결을 이렇게 마무리지었다. 그는 생각을 바꿈으로써 패배로만 치닫던 자기의 인생을 극적으로 전환시켰던 것이다.

적극적인 생각은 적극적인 결과를 낳는다

앞에서 실례로 든 실업가의 체험은 인간의 성질에 대한 중요한 사실을 이야기하고 있다. 그것은 당신의 장래가 실패 때문에 불행하게 될 것이라고 생각할 수도 있고, 또 성공하여 행복하게 될 것이라고 생각할 수도 있다는 것이다. 당신의 인생은 원래 외부조건이나 환경에 의해 결정되는 것이 아니라 습관적으로 당신의 마음을 차지하고 있는 생각에 의해 결정되는 것이다.

고대의 위대한 철학자인 마르쿠스 아우렐리우스는 이렇게 말했다.

"인간의 생애는 그 사람의 생각에 의해 만들어진다."

또 미국이 낳은 현자 에머슨은 다음과 같이 말했다.

"날마다 생각하는 것이 그 사람의 본체이다."

그리고 현대의 어느 심리학자는 이렇게 말하고 있다.

"인간의 성질 중에는 그 사람이 되고 싶다고 생각하는 대로 되는 강한 경향이 있다."

인간의 생각은 동적인 힘을 지니고 있다. 실제로 당신은 자기의 환경을 좋게 생각할 수도 있고, 나쁘게 생각할 수도 있다. 또 사고방식 여하에 따라 당신을 병들게 할 수도 있고, 병을 치유할 수도 있는 것이다.

당신이 한 가지 문제를 놓고 깊이 생각한다면 당신은 자기의 생각이 지지하는 조건을 만들어낼 수 있다. 또 그 일에 대해 다른 방향으로 생각한다면 당신은 전혀 다른 조건을 창조할 수 있다. 생각이 조건을 만들어내지만 그것을 의식적으로 생각한다면 더욱 힘찬 조건을 만들어낼 수 있는 것이다.

예를 들어 사물을 적극적으로 생각한다면 당신은 적극적인 결과를 가져올 수 있는 힘을 발휘할 수 있는 것이다. 적극적인 사고방식은 당신 주변을 적극적인 발전이 이루어질 수 있는 분위기로 만들어놓는다.

그러므로 당신의 환경을 변혁시키기 위해서는 이제까지와는 좀 다른 사고방식을 취해보아야 한다. 불행한 상황을 수동적으로 받아들여서는 결코 안 된다.

당신이 바라는 상황을 마음속에 그림으로 그리라. 그리고 그것을 실현시키려고 노력하는 것이다.

이것은 가장 위대한 우주의 법칙의 하나이다. 이 법칙을 간단히 요약해서 표현한다면 다음과 같다.

믿으라, 그러면 성공할 것이다.

경험으로 배운 법칙

나는 이 법칙을 매우 흥미있는 방법으로 배웠다.

몇 년 전, 로웰 토머스, 에디 리켄버커, 브랜치 리키, 레이먼드 손버그, 그 밖의 많은 사람으로 형성된 우리 클럽은 〈가이드 포스트〉라는 종교잡지를 창간했다.

이 잡지는 두 가지 기능을 가지고 있었다. 첫째는 신앙으로 갖가지 장애물을 극복한 사람들의 이야기를 실어, 많은 사람들의 가슴속에 더욱 굳건한 신앙을 심어주는 데 있었다. 그리고 둘째는 역사의 흐름 속에 하나님은 항상 존재한다는 것, 우리 인간은 하나님의 가르침을 실행함으로써 기초를 확립할 수 있었다는 위대한 사실을 가르치는 것에 있었다.

그것은 매우 가치있는 계획이었지만, 우리에게는 충분한 자금이 없었다. 단지 신앙만을 가지고 시작부터 한 것이다. 빌려온 타이프라이터와 삐걱거리는 몇 개의 의자가 사무실에 있는 집기의 전부였다.

정기구독 신청자는 점점 늘어났지만, 이 잡지는 전도를 목적으로 언제나 원가 이하로 팔았기 때문에 우리는 곧 심각한 자금난에 빠지게 되었다.

그래서 곧 회의를 열고 한 부인을 초대했다. 그 부인은 〈가이드 포스트〉지가 창간되던 날 2천 달러를 기부했던 사람으로, 우리는 그녀가 다시 한 번 구해주기를 막연히 기대하고 있었다.

그녀는 자산과 부채 등에 대한 우리의 설명을 유심히 듣고 있다가, 나직하지만 힘이 담긴 목소리로 이렇게 말했다.

"제 생각에 당신들은 제가 다시 한 번 기부금을 내주기를 바라고 계시는 것 같군요. 그렇지만 여러분의 말씀을 듣고 보니 단 한푼도 내놓고 싶은 생각이 없습니다. 만약 제가 기부를 하더라도 당신들은 점점 곤란한 처지에 빠지고 말 것입니다. 그래서 저는 당신들에게 돈보다 훨씬 더 가치가 있는 것을 드리려고 생각하고 있습니다."

이 말에 우리는 의아심을 가졌다. 왜냐하면 그 경우 우리로서는 돈보다 더 가치있는 것이 있다는 것은 생각할 수 없었기 때문이다.

"나는 당신들에게 한 가지 아이디어를 드리려고 생각하고 있습니다."

우리들은 실망해서 말했다.

"도대체 아이디어로 어떻게 청구서에 대한 지불을 할 수 있겠습니까?"

물론 그 질문은 잘못된 것이었다. 아이디어는 청구서의 지불을 하는 데 얼마든지 도움이 되는 것이다. 이 세상의 모든 생각은 원래 하나의 아이디어에서 출발한 것이다. 사람은 우선 독창적인 아이디어를 생각해내고 그것에 대해 굳은 신념을 가져야 한다. 그런 다음, 아이디어를 실현하는 수단과 방법을 발견해야 한다. 이것이 성공에 도달하는 길이다.

그녀가 우리의 얼굴을 찬찬히 둘러보며 입을 열었다.

"아이디어를 말하기 전에 묻고 싶은 것이 있습니다. 도대체 여러분이 당면하고 있는 어려운 문제는 무엇입니까? 그 모든 것이 결여되어 있기 때문에 생긴 문제가 아닐까요? 여러분은 돈도, 준비도, 아이디어도, 용기도 결여되어 있습니다. 그 이유는 여러분이 결여되어 있는 것만을 생각하시기 때문입니다. 무슨 일이나 부족하다고만 생각하는 이 정신적 압박이, 애써 창간한 〈가이드 포스트〉 지를 발전시킬 자극이 될 여러분의 창조력을 위축시켜 버린 것입니다.

여러분은 여러분의 노력에 힘을 빌려주는 아주 중요한 한 가지를 잊고 계십니다. 여러분은 적극적 사고방식을 쓰는 일을 잊고 계신 것입니다."

그녀는 약간 흥분한 어조로 말을 이었다.

"여러분의 사고방식을 고치기 위해서는 번영·목표 달성·성공 등에 대해 생각하지 않으면 안 됩니다. 그러기 위해서는 성공한 모습을 마음속에 분명하게 그려야 합니다. 즉, 〈가이드 포스트〉 지가 많은 사람들에 의해 읽혀지는 모습을, 이 나라를 석권할 만큼 대잡지가 되었다는 영상을 그리는 것입니다. 난관이나 실패만을 생각할 것이 아니라, 그러한 생각을 초월할 힘이나 성공을 생생하게 마음에 그리는 것입니다. 만약 여러분들이 성공을 꿈꾸는 마음상태에 도달할 수 있다면 지금까지 밑에서 쳐다보는 식의 곤란했던 문제도 위에서 내려다볼 수 있고, 도전하기가 용이한 것이 되고, 또다시 힘을 얻게도 될 것입니다. 결코 밑에서 문제에 접근하려고 해서는 안 됩니다. 잡지를 계속 발간하려면 어느 정도의 정기구독자가 필요합니까?"

이 질문에 우리는 즉시 10만 명이라고 대답했다. 그러나 현재는 4만 명밖에 확보되어 있지 않았다.

"좋습니다."

그녀는 확신에 찬 목소리로 말했다.

"그것은 불가능한 숫자가 아닙니다. 이 잡지를 읽고 구원받은 10만 명의 모습을 떠올려보십시오. 그렇게 하면 반드시 목표를 달성할 수 있습니다. 실제로 여러분의 마음속에 독자들의 모습을 떠올리는 순간부터 이미 10만 명의 정기구독자를 확보한 것이 됩니다. 이것이 바로 제가 생각한 아이디어입니다."

그녀는 나를 쳐다보며 물었다.

"필 씨, 당신은 지금 마음속에 10만 명의 구독자를 그릴 수 있습니까? 현재의 위치에서 한 발짝 앞을 바라보십시오. 당신의 마음속에 그들의 모습이 그려졌습니까?"

그때 나는 확신을 가질 수 없었다.

"글쎄, 보이는 것 같기도 합니다만, 아직도 희미하게 보일 뿐입니다."

그녀는 이 대답에 무척 실망한 모양이었다. 그러나 곧 나의 오랜 친구인 솔버그에게 나에게 한 것과 같은 질문을 했다. 나는 솔버그가 그것을 마음에 그릴 수 있을지 의문을 갖고 있었다. 그렇지만 그는 창조적인 상상력의 소유자였다. 그녀를 쳐다보는 그의 표정이 확신에 차 있다는 사실을 나는 인정하지 않을 수 없었다.

부인의 질문에 그는 큰 소리로 대답했다.

"보입니다. 아주 똑똑하게 보입니다."

나는 깜짝 놀라서 이렇게 말했다.

"도대체 그것이 어디에 나타나 있습니까? 그 곳을 지적해보십시오."

그 순간, 나의 눈앞에도 수많은 구독자의 모습이 떠오르기 시작했다.

솔버그는 그 곳에 있는 모든 사람들에게 이렇게 권했다.

"우리 모두 머리 숙여 10만 명의 정기구독자를 내려주신 하나님께 감사합시다."

이것은 성서 중에 있는 "너희가 기도할 때에 무엇이든지 믿고 구하는 것은 다 받으리라."〈마태복음 21 : 22〉라는 말을 상기한다면 당연한 현상이었다.

덧붙여 말한다면 그 이후 〈가이드 포스트〉 지의 정기구독자는 점점 불어났으며, 때로는 하루에 3, 4천 명의 신구독자가 늘어난 일도 있다.

패배적인 사고방식을 버리라

이것은 실제로 있었던 이야기이다. 당신의 문제를 하나님의 손에 맡긴다는 것은 이와같이 간단한 일이다.

당신의 문제를 아래에서 위로 올려다보는 것이 아니라, 위에서 아래로 내려다볼 수 있도록 하라는 것이다. 그리고 하나님의 뜻에 입각하여 그것을 신중히 검토해보라. 잘못된 것을 성공으로 이끌어서는 안 되기 때문이다. 그것은 도덕적·종교적·윤리적으로 올바른 일인가를 확인하는 것이다.

잘못된 것으로 올바른 결과를 바라는 것은 절대로 불가능한 일이다. 그리고 만약 그것이 본질적으로 잘못되어 있다면 그 결과도 반드시 잘못된 것으로 나타나게 마련이다.

그러므로 당신은 바른 생각을 하고 그것을 하나님의 이름으로 지니면서 훌륭한 결과를 마음에 그리라. 당신의 마음속에 번영과 달성과 성공에 대한 생각을 깊이 새겨놓고 그것을 굳게 지니는 것이다. 결코 퇴영적(退嬰的)인 생각을 품어서는 안 된다.

만약 실패와 같은 소극적인 생각이 마음속에 끼여들려고 하면 즉시 적극적이고, 신념에 찬 말로 그 생각을 추방해버려라. 소리 높여 '하나님이 지금 나에게 성공을 주고 계시다.'라고 단언하라.

당신이 만들어 굳게 지니고 있는 마음의 그림은 당신이 끊임없이 그것을 확인하고 힘을 기울여 노력하기만 한다면 반드시 실현될 수 있는 것이다. 이 창조적인 과정을 간단히 말하면 다음과 같다.

생생히 마음에 그려 기도하면 마침내 실현된다.

여러 분야에 종사하는 사람 중에서 가치있는 업적을 남긴 사람들은 이 법칙의 진가를 익히 알고 있다.

자동차 제조공장을 경영하고 있는 헨리 카이저는 나에게 다음과 같은 말을 한 적이 있다.

그가 일찍이 하천의 제방공사를 하고 있을 당시의 어느 날, 폭풍과 홍수 때문에 흙을 운반하는 기계는 전부 파묻히고 이제까지 한 일은 모조리 수포로 돌아가고 말았다.

물이 빠진 뒤 그가 실태를 파악하기 위해 현지에 가보니, 노동자들은 멍청히 진흙에 파묻힌 기계를 쳐다보며 서 있을 뿐이었다.

그는 노동자들 사이에 끼여들어 싱긋 웃으면서 물었다.

"여러분들은 왜 이렇게 멍청히 서 있습니까?"

"당신도 지금 이 상황을 보시지 않았습니까? 기계가 모조리 진흙에 파묻혀버렸습니다."

"진흙이라뇨?"

그가 여전히 밝은 표정으로 반문하자, 노동자들은 깜짝 놀라 말했다.

"무슨 진흙이냐구요? 저기를 좀 보십시오. 온통 진흙투성이 가 아닙니까?"

그는 웃으면서 말했다.

"내 눈에는 진흙 같은 것은 보이지 않습니다."

"도대체 빤히 보이는 것을 가지고 어째서 그런 말씀을 하십 니까? 놀리시는 건가요?"

그러자 카이저 씨가 말했다.

"왜냐하면 나는 지금 활짝 갠 푸른 하늘을 쳐다보고 있거든 요. 거기에는 진흙 같은 것은 그림자도 없다구요. 그렇소, 빛 나는 태양이 있을 뿐이오. 지금까지 나는 태양에 대항할 수 있 는 진흙 같은 것은 본 일이 없어요. 얼마 후에 진흙은 완전히 말라버릴 것이고, 당신들은 기계를 움직일 수 있게 되어 원상 복구를 할 수 있을 거요."

그의 말은 전적으로 옳았다. 만약 당신의 눈이 밑에 있는 진 흙만을 바라보고 절망감을 느낀다면 당신은 실패를 만들어낼 것이다.

내가 알고 있는 또 한 사람의 친구는 좋지 못한 환경에서 출 발하여 멋진 성공을 거두었다.

내가 그에게 성공의 비결이 무엇이냐고 묻자, 그는 다음과 같이 설명했다.

"나에게는 오랫동안 함께 난관을 극복한 많은 사람들이 있고, 미합중국은 누구에게나 균등한 기회를 제공하고 있습니다. 모든 것은 당신이 문제를 어떻게 생각하느냐에 달려 있는 것입니다. 나는 어떤 문제가 일어나면 곧 그 문제를 공격하여 산산조각을 내버립니다. 그리고 내가 가지고 있는 정신력을 모조리 문제에 집중시킵니다.

그런 다음 내 문제에 대해 진심으로 하나님에게 기도합니다. 나는 자신에게 어떻게 하는 것이 올바른 행동인가를 물어봅니다. 그것은 만약 내 생각이 잘못된 것이라면 절대로 좋은 결과를 얻을 수 없기 때문입니다. 그 후 나는 내 온 힘을 문제에 기울입니다."

성공하기 위한 중요하고도 기본적인 테크닉이 있다. 당신 자신과 자기가 하는 일을 믿고 기도하라. 최선을 기대하는 것이다. 그리고 그 일에 당신의 전력을 기울이라.

당신이 이 책을 읽고 있는 지금 이 순간에도 창조적인 아이디어가 당신의 마음속에 분명히 잠재되어 있다. 그 아이디어를 해방시켜 발전시킴으로써 당신의 일을 성공으로 이끌 수 있는 것이다. 이러한 창조적인 사고방식을 끊임없이 생각해내서 활용함으로써 당신의 인생을 새롭게 만들고, 영원히 적극적이고 안정된 생활을 영위할 수 있는 것이다.

정신의 창조력

나에게도 신앙과 번영 사이에는 전혀 어떠한 관계가 없다는 어리석은 생각에 사로잡혔던 시절이 있었다. 말하자면, 누군가가 종교에 대해 말하더라도 그것을 사업의 성공과 결부시켜서는 안 되며, 단지 종교는 윤리나, 도덕이나, 사회적 가치에 관한 것이라고 생각했던 것이다.

그러나 지금의 나는 그와 같은 생각이 하나님의 힘을 제한하고 개인의 발전을 구속하는 것이란 사실을 깨달았다. 종교는, 우주에는 무한한 힘이 잠재해 있으며 그 힘은 인간의 내부에도 잠재해 있다는 것을 가르쳐주고 있다. 그 힘은 모든 패배감을 일소하고 사람을 모든 곤란한 상황에서 끌어올릴 수 있다.

우리들은 이미 원자력의 위대한 힘을 똑똑히 보았으며, 우주에는 상상하기 힘든 거대한 에너지가 존재한다는 사실을 알고 있다. 이와 같은 굉장한 힘이 인간의 정신 속에도 잠재해 있는 것이다.

이 세계에는 잠재해 있는 힘을 지닌 인간의 마음보다 더 위대한 힘은 존재하지 않는다. 보통 사람일지라도 그가 일찍이 경험한 것보다 훨씬 더 큰 성공을 성취할 능력을 가지고 있는 것이다.

지금 이 책을 읽고 있는 사람이 누구이든 이것은 변함없는 진리이다. 당신이 신앙과 기도와 올바른 사고방식과 하나님의 힘에 의해 당신이 지니고 있는 힘을 해방시키는 방법을 깨달았을 때, 당신의 마음은 이미 조금도 나무랄 데 없는 창조적 가치를 지닌 생각으로 가득 채워져 있음을 인식하게 될 것이다. 하나님의 힘에 의해 적극성을 띠게 된 당신의 힘을 올바르게 활용한다면, 당신의 인생은 반드시 성공으로 치닫게 될 것이다.

당신은 실제로 당신이 믿고 마음에 그리는 어떠한 일이라도 해낼 수가 있다. 당신의 마음속을 깊이 응시해보라. 그 곳에는 놀라운 힘이 잠자고 있다.

당신이 처해 있는 상황이 아무리 나쁠지라도 당신은 그것을 개선할 수가 있다. 우선 마음을 안정시켜 당신의 마음속에서 영감이 솟아나올 수 있도록 하라. 하나님이 당신을 돕고 있다는 사실을 믿으라. 하나님의 원리가 당신의 정신 속에서 작용할 수 있도록 당신의 인생을 정신적인 기초 위에 쌓아올리라.

당신의 마음속에 실패가 아니라 성공한 영상을 굳게 지녀라. 그렇게 하면 독창적인 생각이 당신의 마음속에서 자유롭게 흘러 나올 것이다.

이것은 굉장한 법칙으로, 당신의 인생은 물론 다른 어떤 사람의 인생도 바꾸어놓을 수가 있다. 설사 지금 당신이 당면해 있는 문제가 아무리 난감할지라도 새로운 사고방식은 당신의 인생을 완전히 개조시킬 수 있는 것이다.

적극적인 사고방식을 갖기 위한 여덟 가지 방법

다음에 열거한 여덟 가지 사항은 당신의 태도를 소극적인 것에서 적극적인 것으로 바꾸어주는 방법이다. 당신의 잠자고 있는 창조적인 생각을 해방시키고, 그릇된 사고방식을 성공을 가져오는 사고방식으로 바꾸기 위한 실제적인 방법이니 적극 활용하길 바란다.

1. 이제부터 24시간 동안 사업·건강·장래 등 모든 것에 대하여 의식적으로 희망에 찬 말을 하라. 하겠다고 마음만 먹는다면 결코 어려운 일은 아니다. 만약 당신이 이것을 충실히 실행한다면, 얼마 후에 나타난 결과를 보고 당신은 깜짝 놀라고 말 것이다.

2. 24시간 동안 희망에 찬 말을 하는 연습을 했다면, 이번에는 그것을 1주일 동안 계속하는 사이에 당신은 벌써 그런 비관적인 사고방식에서 해방되어 있을 것이다. 매사를

희망적인 방향으로 생각하게 될 것이다. 그렇게 되면 당신은 적극적인 사고방식을 몸에 익히는 일에 있어서 커다란 발전을 이룬 셈이 된다.

3. 당신이 육체에 양분을 주는 것과 같이 당신의 마음에도 양분을 주어야 한다. 육체를 건강하게 유지하기 위해서는 영양분이 많은 음식물을 섭취한다. 그와 마찬가지로 인생에 대한 건전한 안목을 갖기 위해서는 당신의 마음에 영양이 많은 생각을 주입시켜야 한다.

　그러기 위해서 먼저 신약성서를 처음부터 읽으라. 천천히 읽으면서 '믿는다.'는 말이 포함된 문장에는 밑줄을 긋거나 카드에 옮겨 쓰라.

　특히 마가복음 제 11장의 22, 23, 24절은 반드시 카드에 적어 놓고 매일 몇 번씩 읽으라. 그것은 당신의 잠재의식 속에 깊이 새겨두어야 할 매우 유익한 문장이다.

4. 이번에는 성경책에 밑줄을 친 모든 문장을 암기하라. 그렇게 하려면 꽤 많은 시간이 걸리겠지만, 당신이 적극적인 사고방식을 지니기 위해서는 이보다 더 많은 시간이 걸린다는 사실을 기억하라.

　이윽고 당신의 마음이 그와 같은 강력한 생각으로 채워지면 당신의 잠재의식도 같은 성격을 지니게 되어서 당신은 어떠한 어려움도 극복할 수 있게 된다.

5. 당신 친구들의 리스트를 만들어 그 중에서 낙천적이고 적극적인 사람들과 깊이 교제하라. 그렇다고 해서 소극적인 친구를 버리라는 뜻은 아니다.

　당신이 적극적인 사고방식을 몸에 익힐 때까지 적극적인 사람들과 자주 만나 깊이 사귄 다음, 당신이 새롭게 익힌 사고방식을 소극적인 친구들에게 가르쳐주도록 하라.

6. 논쟁을 피하라. 그러나 부득이 본의 아니게 토론에 휘말리게 되면 비관적인 의견보다는 적극적이고 낙천적인 의견을 말하라.

7. 기도를 많이 하라. 집에 있을 때나 학교나 회사에 나갔을 때나, 또는 길을 갈 때라도 틈만 나면 기도하라. 당신의 마음을 기도로 채우는 것이 소극적인 생각에 빠지는 것을 막는 가장 확실한 방법이다.

하나님이 당신에게 멋진 것을 주실 것이라고 생각하고 그것에 대해 감사의 기도를 올리는 것이다. 왜냐하면 하나님은 당신이 믿는 것을 반드시 이루어주시기 때문이다. 그러나 하나님은 당신이 믿는 것 이상의 것을 주시지는 않는다. 즉, 당신의 신앙에 입각해서 알맞다고 생각하는 정도의 것만 주시는 것이다.

"예수께서 저희 눈을 만지시며 가라사대 너희 믿음대로 되리라."〈마태복음 9 : 29〉

8. 보다 행복하고 성공적인 인생이 되는 비결은, 부정적이고 불행한 생각을 모조리 추방해버리고 그 자리를 적극적이고 즐거운 생각으로 가득 채우는 것이다.

이와 같은 사고방식은 당신의 인생을 바꾸어준다. 새로운 사고방식은 당신 자신과 당신의 인생을 개조한다는 사실을 명심하라.

마음의 여유를 가지면 힘이 솟는다

"미국에서는 매일 밤 수면제 6백만 개가 소비되고 있다."

이 놀라운 이야기는 제약회사의 약 제조업자로부터 직접 들은 것이다. 그 당시 나는 이 말에 반신반의했었다. 그러나 후에 이 방면의 일을 잘 알고 있는 사람에게서, 그 통계는 오히려 실제 숫자보다 적은 것이라는 더한 말을 들었다.

또 나는 다른 권위자에게 오늘날 미국인은 매일 1천 2백만 개의 수면제를 소비하고 있다는 말을 들었다. 이 숫자는 미국인 12명 중 1명은 수면제를 먹고 잠든다는 계산이다.

통계에 의하면 수면제의 사용량이 지난 몇 년 동안 10배로 증가했다고 한다. 그러나 최근 통계는 더욱 놀랄 만한 숫자를 나타내고 있다.

미국의 유명한 제약회사 부사장의 말에 따르면 1년에 적어도

70억 개의 수면제가 소비된다고 하는데, 이것은 하루에 1천 9백만 개의 수면제가 미국 국민을 잠재우기 위해 없어진다는 얘기가 된다.

이 얼마나 한심스러운 말인가!

수면은 가장 자연스러운 원기회복의 한 방법이다. 사람은 누구나 하루의 일과가 끝나면 곤히 잠자는 것이 원칙이다. 그런데 현대 미국인들은 포근히 잠드는 비결까지도 잃어가고 있는 것이다.

숫자, 특히 천문학적인 숫자를 다루기 좋아하는 어느 워싱턴 당국자는, 지난해 전 미국인이 앓는 두통 횟수를 종합하면 75억 번에 달한다고 한다. 이 숫자는 미국인 1인당 1년에 약 50번의 두통을 일으켰다는 것을 나타낸다. 그 당국자가 어떻게 이 천문학적인 숫자를 산출했는지는 말하지 않았지만, 그 얼마 후 미국 제약회사는 매년 1천 1백만 파운드의 아스피린을 판다는 통계보고를 직접 내 눈으로 보았다. 현시대는 어느 작가가 명명한 것처럼 "아스피린 에이지"라고 부르기에 적합한지도 모르겠다.

또 어느 권위있는 관계자의 보고에 의하면, 미국의 각 병원에 있는 침대의 적어도 반 이상은 육체적인 병이나 사고로 인한 환자가 아니라, 정신적인 환자, 즉 긴장에 희생된 환자들에 의해 점령되어 있다고 한다. 어떤 병원에서 5백 명의 환자를 진단해본 결과, 그 중 386명, 즉 77퍼센트에 해당하는 환자가 정신적 장애로 일어난 병, 대부분이 불건전한 정신상태에 의한 병이었다고 한다.

다른 병원에서는 주로 위궤양 환자를 조사해보았더니 그 중 거의 반은 육체적 고장으로 발병한 것이 아니라, 그 환자들이 지나치게 고민했거나, 남을 미워했거나, 또는 과도한 긴장 때문이었다고 한다.

또 다른 의사는 의학이 고도로 발달했음에도 불구하고 과학적 수단만으로는 자기를 찾아온 환자의 반밖에 고칠 수 없다고 한다. 수많은 환자들이 스스로 병들었다는 생각을 머릿속에 주입시킴으로써 병에 걸렸기 때문이다. 그리고 병들었다는 생각은 주로 고민과 긴장 때문에 생기는 것이다.

이와같이 심각한 상태를 수습하기 위해 내가 있는 뉴욕의 마블 협동교회에도 스마일리 브랜트 박사를 위시한 12명의 정신과 의사가 등장하게 되었다. 왜 교회에 정신과 의사를 두지 않으면 안 되는가? 그 대답은 정신병리학이 과학이기 때문이다. 그 기능은 권위있는 과학적 법칙과 절차에 따라 인간의 본질을 해부하고, 진찰하고, 치료하는 데 있다.

정신과 의사와 목사의 협력

기독교도 또한 하나의 과학으로 생각할 수 있다. 그것은 도덕적·윤리적 규율 속에서 형성되는 것이지만, 다른 한편으로 기독교는 하나의 과학으로서의 특징을 갖고 있다. 기독교는 인간성의 이해 및 해결을 목적으로 하여 고찰된 기술에 바탕을 둔 한 권의 서적에 튼튼한 기초를 두고 있는 것이다. 이 법칙은 올바르게 이해하고 신념을 가지고 실천할 경우에는 매우 정확한 것이며, 이는 또 자주 실증되었던 사실이다. 이로써 종교가 하나의 정밀과학으로서의 형태를 갖추고 있다 해도 조금도 틀린 말이 아닐 것이다.

누구든지 우리 인생문제 상담소에 찾아오면 제일 먼저 상담을 받는 사람은 정신과 의사이다. 그는 매우 친절하고 주의 깊은 태도로 찾아온 사람의 곤란한 문제를 묻고, 무슨 이유로 그가 고민에 **빠**지게 되었는가 하는 사실을 일깨워준다. 이것은 충분히 이해하지 않으면 안 될 중요한 요소이다. 예를 들면,

① 왜 당신은 일생 동안 열등감을 떨쳐버리지 못하는가?

② 무슨 이유로 당신은 공포감에 사로잡히게 되었는가?

③ 왜 당신은 그러한 원한을 품게 되었는가?

④ 왜 당신은 항상 수줍어하고 말이 없는가?

⑤ 왜 어리석은 짓만 하며 늘 자신없는 말만 하는가?

이러한 인간의 심리적 현상은 절대로 우연히 일어나는 것이 아니다. 거기에는 반드시 원인이 있으며, 드디어 그 원인을 알게 되는 순간은 당신 생애에 있어서 가장 뜻 깊은 시간이 될 것이다. 자기를 안다는 것은 자기의 잘못을 시정할 수 있는 기본적인 요소이다.

고민에 **빠**지게 된 원인을 일깨워준 정신과 의사는 이번에는 그를 목사에게 넘긴다. 그러면 목사는 그들이 꼭 해야 할 일을 가르쳐준다. 목사들은 과학적이며, 조직적으로 기도·신앙·사랑의 치료방법을 환자들에게 적용한다.

정신과 의사와 목사는 각기 지식을 짜내 환자의 치료에 서로 협력하고, 그 결과, 많은 사람들이 새로운 생활과 행복을 발견할 수 있도록 노력하는 것이다. 목사는 정신과 의사가 될 수 없으며, 의사 역시 목사가 될 수 없다. 이 둘은 각자 자기에게 주어진 기능을 발휘하지만, 언제나 긴밀한 협조하에서 일을 하고 있는 것이다.

 사람은 습관을 좋아한다. 왜냐하면 그것을 만든 것은 자신이기 때문이다. ─버나드 쇼

긴장의 희생자

생활의 템포가 빨라지고 온갖 공해와 소음에 시달리고 있는 현대인들은 자칫하면 긴장의 희생자가 되기 쉽다. 때문에 우리 인생문제 상담소에서도 가장 빈번하게 일어나는 문제가 바로 이 긴장이다.

지금 미국에서는 긴장이 마치 유행병처럼 번지고 있는 실정이다. 그런데 이 문제는 비단 미국인만의 골칫거리는 아닌 모양이다.

이와 같은 현상이 심각한 문제로 대두되자, 캐나다의 로열은행에서는 그 은행의 월보(月報)에서 이 문제를 다루었다. 그것은 "속도를 늦추라"라는 제목으로 실렸는데, 그 곳에는 다음과 같은 말이 씌어 있었다.

"이것은 건강의 상담역으로 씌어진 것이 아니라, 캐나다의 모든 성인을 괴롭히고 있는 문제를 제거하기 위하여 씌어진 것이다."

이 은행 월보는 이어서 이렇게 말하고 있다.

"우리 모두 날로 증대되는 긴장의 희생자이다. 우리들은 한가한 마음으로 생활을 즐기기가 어렵게 되었다. 매일 매일 숨가쁘게 전개되는 생활에 쫓겨서 인생을 즐기면서 살 수 없게 된 것이다.

지금이야말로 칼라일의 '환경을 초월한 정신의 고요한 숭고함'이란 말을 상기해야 될 때이다."

이와같이 유명한 은행에서도 긴장의 희생자가 되어 인생의 귀중한 것을 잃고 있다는 사실을 지적함으로써 고객들의 주의를 환기시키려고 했다는 것은, 긴장이 마치 유행병처럼 번지고 있는 문제에 대해 어떤 대책이 강구되지 않으면 안 된다는 사실을 말해주는 것이다.

플로리다의 어느 거리에서 나는 "당신의 혈압은 어느 정도입니까?"라는 간판이 붙은 기계를 본 일이 있다. 당신이 구멍 속에 동전을 넣으면 그다지 반갑지 않은 말을 듣게 될 것이다.

이처럼 마치 자동판매기에 돈을 넣고 점을 빼내듯이 손쉽게 혈압을 잴 수 있는 기계가 등장했다는 것은, 앞의 경우와 마찬가지로 많은 사람들이 혈압 때문에 고민한다는 것을 시사하는 것이다.

마음의 여유를 갖자

긴장을 완화시키는 가장 간단한 방법은 무슨 일이나 여유있게 처리하도록 노력하는 것이다. 모든 일을 더 천천히, 더 침착한 태도로 압박감을 느끼지 않게 해나가면 된다.

내 친구인 유명한 야구코치 브랜치 리키는, 아무리 타율이 좋고 수비에 빈틈이 없으며 주력이 좋아도 긴장해 있을 때는 그 선수를 쓰지 않기로 하고 있다고 나에게 말한 적이 있다. 야구선수로서 대성하기 위해서는 모든 행동에 여유가 있고 힘이 흐르고 있어야 한다는 것이다. 안타를 치는 가장 효과적인 방법은 마음의 여유를 가지는 일이다. 마음이 여유있는 상태에서는 모든 근육이 유연하게 되어 서로 협력하여 강한 힘을 낼 수 있는 것이다. 만약 공을 멋지게 치려고 긴장하면, 공을 헛치거나 살짝 스치는 실수를 하게 마련이다. 이 사실은 야구뿐만 아니라 골프 등 모든 스포츠에 해당되는 진리인 것이다.

벌써 오래전의 일이지만 월드 시리즈의 어느 시합에서 유명한 타이 커프가 야구왕의 신기록을 세운 일이 있었다. 그때 그는 한 시합에서 무려 4번이나 홈런을 친 배트를 내 친구에게 기념으로 선사했다.

나는 그 배트를 빌려 게임을 할 때와 같은 기분으로 공을 치는 시늉을 해보았다.

그러자 친구가 웃으면서 말했다.

"타이 커프는 결코 그런 식으로는 치지 않았네. 자네는 지금 너무 긴장해서 근육이 굳어 있어. 그런 식이라면 말할 것도 없이 삼진일세."

배트를 쥔 타이 커프의 자세는 참으로 아름다웠다. 사람과 배트가 일체를 이루고 있었다. 거기에는 리듬이 있고, 스윙에는 여유가 있어 보였다. 그는 여유있는 힘의 테크닉을 터득하고 있었다.

마음의 여유를 가진다는 것은 모든 일에 성공하는 진리이다. 능률적으로 일하는 사람들을 관찰해보라. 그들은 언제나 마음의 여유를 가지고 느긋하게 일을 처리하는 것처럼 보일 것이다.

그래서 그들은 최소의 노력으로 최대의 힘을 발휘하는 것이다.

여러 가지 중요한 사업을 벌여놓고 있는 내 친구인 유명한 실업가는 언제나 느긋하게 일을 하는 것같이 보였다. 그는 어떤 일이나 능률적으로 신속하게 처리했지만 결코 서두르거나 주저하는 법이 없었다.

나는 그에게서, 보통 사람들이 자기 자신의 시간이나 일을 제대로 처리하지 못했을 때 떠오르는 지친 표정을 단 한 번도 본 일이 없다.

어느 날, 나는 그에게 어떻게 하면 그렇게도 능률적이고 쉽게 일을 처리할 수 있느냐고 물어보았다.

그는 웃으면서 이렇게 대답했다.

"특별한 비결은 없습니다. 나는 그저 자연과 조화를 이루려고 노력했을 뿐입니다. 아침식사가 끝나면 아내와 나는 언제나 거실에서 조용한 한때를 보냅니다. 그리고 둘 중의 하나는 상대방이 명상할 기분이 되도록 시나 격언집을 낭독합니다. 우리에게 그 시간은 아주 엄숙한 15분간의 의식으로 한 번도 그것을 거른 적이 없습니다. 그 시간이 없으면 살아갈 수 없을 정도로 습관화되었기 때문이지요. 그 결과, 나는 언제나 필요 이상의 에너지를 공급받고 있다는 기분을 느끼게 되었습니다."

일광욕의 예술

어느 화요일 아침, 나는 뉴욕의 내 사무실에서 온 우편물을 잔뜩 안고 플로리다 호텔의 베란다를 급히 내려가고 있었다. 나는 겨울철 휴가를 위하여 플로리다에 와 있었던 것이다. 그런데 나는 우편물이 도착하는 대로 처리하는 평소의 습관을 벗어나지 못하고 있었다.

우편물을 잔뜩 안고 급히 걸어가는 내 모습을 보고, 조지아주에서 휴가차 온 내 친구가 소리쳤다.

"선생님, 어디를 그렇게 급히 가십니까? 플로리다의 태양 아래서는 그렇게 서두를 필요가 없습니다. 이리 오셔서 내가 행하고 있는 위대한 예술을 도와주십시오."

나는 어리둥절하여 그 친구에게 물었다.

"예술의 제작을 도와달라는 말씀인가요?"

"그렇습니다. 그것은 이제 사라져가는 예술입니다. 대부분의 사람들은 그 예술을 어떻게 하는 것인지 방법조차 모르고 있습니다."

"아니 도대체 무슨 말씀인가요? 당신이 어떤 예술을 하고 있다고는 생각되지 않는데……."

"그렇습니다. 나는 단지 이렇게 일광욕을 하면서 예술을 하고 있는 것입니다. 여기에 앉아서 햇볕을 쬐고 있으면 마음이 따뜻해지고 좋은 향기마저 감돕니다. 마음속에 평화가 깃들입니다. 당신은 지금까지 태양에 대해 생각해본 적이 있습니까? 태양은 결코 서두르지 않고 흥분하지도 않습니다. 그러면서도 소리조차 내지 않고 할 일을 다합니다. 태양은 전화를 걸거나 벨을 누르지 않습니다. 단지 계속해서 광선을 내쏠 뿐입니다. 그렇지만 태양은 지금 이 순간에도 우리가 한평생 일하는 것보다 더 많은 일을 순식간에 해치우고 있습니다. 태양이 하는 일을 생각해보십시오. 그것은 나무를 자라게 하고, 꽃이 피게 하고, 과일이 열리게 합니다. 또 야채와 곡식을 자라게 하여 우리에게 먹을 것을 주고, 강이나 바다의 물을 빨아올려 다시 우리에게 보내줍니다. 이곳에 앉아서 태양이 하는 일을 생각하면 내 마음은 언제나 평화로 가득 찹니다. 그리고 햇빛이 내 몸을 파고들어 나에게 힘을 주는 것만 같습니다. 자, 이제 우편물 따위는 잊어버리고 나와 함께 여기에 앉아 있지 않겠습니까?"

나는 그의 말대로 했다. 그런 다음 방으로 돌아가서 전보다 더 빠른 시간 안에 편지를 다 읽어볼 수 있었다.

물론 나는 날마다 태양 아래 앉아서 아무 일도 하지 않는 게 으름뱅이가 많다는 사실을 알고 있다. 그러나 햇빛을 쬐며 심신을 휴양하는 것과 그저 가만히 앉아 있는 것과는 대단한 차이가 있다. 만약 당신이 일광욕을 즐기며 몸과 마음을 쉬게 하고, 하나님의 일을 생각하고, 하나님과 조화를 이루고, 하나님의 힘이 흘러들 수 있도록 마음의 문을 활짝 열어놓는다면, 이것은 결코 게으름이 아니다. 그것은 새로운 정력을 얻는 데 가장 좋은 방법이다. 이와 같은 행사는 당신이 서두르지 않고 꾸준히 일을 밀고 나갈 수 있는 추진력을 가져다 준다.

이 비결은 일을 조급하게 서두르지 않고 평화로운 생각을 지니는 데 있다. 또 이 예술의 본질은 긴장을 풀어 감정을 효율적으로 조절하는 데 있다.

당신이 조용하면서도 그치지 않는 힘의 흐름을 즐길 수 있도록 거기에 효과적인 한두 가지 계획을 세워 그것을 계속적으로 실행해보는 것도 바람직한 일이다.

편안한 힘을 내기 위한 효과적인 방법

심신을 쉬게 하기 위한 가장 좋은 방법의 하나는 에디 리켄버커 대위가 나에게 가르쳐준 것이다.

그는 매우 바쁜 사람이었지만, 일을 처리하는 데는 만약 필요하다면 언제라도 꺼내 쓸 수 있는 여분의 힘을 가지고 있는 것처럼 보였다. 나는 아주 우연한 기회에 그가 이 방법을 사용하는 광경을 보게 되었다.

그때 나는 그와 함께 TV방송을 위한 비디오 촬영을 하고 있었다. 우리는 그가 다음 약속시간에 늦지 않도록 빨리 이 일을 끝마치겠다고 굳게 약속했다. 그러나 촬영은 우리가 예상했던 시간보다 훨씬 늦어지고 말았다. 그럼에도 불구하고 대위는 조금도 초조한 빛을 보이지 않았다. 신경질적이 되거나 걱정하지도 않았다. 그의 사무실에서 계속 약속시간을 재촉하는 전화가 왔지만 그는 조금도 태도를 바꾸지 않았다.

스튜디오에는 낡은 의자가 두 개 있었는데, 그것은 우리를 위해서라기보다 아마 텔레비전 세트를 위한 것인 듯싶었다.

그는 그 중 하나에 매우 여유있는 태도로 걸터앉았다.

평소 리켄버커 씨를 몹시 존경했던 나는 그가 이처럼 조금도 긴장하지 않는 것에 무척 흥미를 느꼈다.

"저는 당신이 퍽 바쁘다는 것을 알고 있습니다. 그런데도 이처럼 조용히 앉아 있는 것을 보니 참으로 이상하군요."

나는 리켄버커 씨가 너무 많은 시간을 소비하는 것 같아서 매우 초조했다.

"어쩌면 그렇게 아무 일도 없는 것처럼 태평하게 있을 수 있습니까?"

나는 다시 물었다.

그러자 그는 웃으면서 대답했다.

"저는 단지 당신의 설교대로 실천하고 있을 뿐입니다. 당신도 이리 와서 의자에 앉아 편히 쉬십시오."

나는 그의 말대로 남아 있는 또 하나의 의자에 앉았다. 그리고 말했다.

"분명히 이처럼 침착하게 행동할 수 있는 무슨 비결이 있을 것입니다. 가능하다면 저에게도 가르쳐주십시오."

그는 겸손한 사람이어서 좀체 가르쳐주려고 하지 않았으나, 내가 굳이 청하자 할 수 없다는 듯이 입을 열었다. 그는 이 방법을 자주 사용한다고 말했다.

지금은 나도 그 비결을 사용하고 있는데 꽤 효과적인 것이다. 그것은 다음과 같다.

첫째로, 몸의 긴장을 푸는 것이다. 몸이 긴장되어 있으면 마음이 안정되지 않는다. 그리고 자신을 감자가 가득 든 자루라고 생각하고, 그 감자가 남김없이 빠져나올 수 있도록 마음속에서 자루의 한쪽 끝을 자른다고 한다.

자, 당신을 빈 자루라고 생각해보라. 이것이 근육의 긴장을 푸는 가장 좋은 방법이다. 잠시만이라도 하루에 몇 번씩 이렇게 해보라.

둘째로, 마음을 공백상태로 만드는 것이다. 당신의 마음속에 쌓여 있는 분노·원망·실망·위축·고민 등을 모조리 제거해버리자. 당신의 마음을 정기적으로 청소해내지 않으면 이러한 불행한 생각들이 쌓이고 쌓여서 외부에서 안으로 흘러드는 힘을 차단하게 마련이다. 힘의 흐름을 방해하는 모든 좋지 못한 요소를 깨끗이 제거해버리자.

셋째로, 종교적으로 생각한다. 즉, 마음을 하나님에게 돌리는 것이다. 당신이 하나님과 조화를 유지할 수 있으면, 마음에서 평화가 샘솟아 나올 것이다.

벨코비츠 박사의 테크닉

뉴욕에 사는 테일러 벨코비츠 박사는 마음을 평온하게 유지하기 위해서 색다른 방법을 쓰고 있다. 그는 진료실에 환자가 많이 밀리거나 쉴 새없이 전화가 걸려오면, 즉시 일손을 멈추고 책상 앞에 앉아서 극히 자연스러운 태도로 하나님과 얘기를 시작하는 것이었다.

"주여, 보소서. 저는 끊임없이 일에 시달리고 있기 때문에 신경과민이 되었습니다. 저는 환자들에게 마음을 가라앉히라고 충고해왔는데, 이번에는 저 자신이 그 충고를 실행해야 될 것 같습니다. 제발 당신의 치유력 넘치는 손길로 제 마음을 어루만져주십시오. 저를 찾아온 많은 환자들을 도와줄 수 있도록 저의 활력과 능력을 되찾게 해주십시오."

그는 잠시 그대로 앉아 있다가 자신의 기도에 응답해준 하나님에게 감사한 다음, 다시 활기 차게 일을 계속하는 것이었다.

그는 왕진을 갈 때 가끔씩 교통체증에 발이 묶이는 수가 있다고 한다. 그는 이런 시간을 잘 이용하는 방법도 알고 있었다. 엔진을 끄고 시트에 깊이 앉아 고개를 뒤로 젖히고 눈을 감는다. 때로는 그대로 잠드는 수도 있는데, 그는 조금도 염려할 필요가 없다고 했다. 왜냐하면 움직여야 할 때가 되면 반드시 뒤에 있는 자동차가 경적을 울려 그를 깨워주기 때문이다.

이와같이 교통이 혼잡한 거리에서 휴식을 취한다고 해도 그 시간은 기껏해야 1, 2분 정도이다. 그렇지만 활력을 되찾는 데는 굉장한 효과가 있다. 당신이 어느 곳에 있더라도 휴식을 취할 수 있는 시간은 얼마든지 있다.

비록 짧은 시간일지라도 당신이 자진해서 하나님의 세계에 다가가려고 노력한다면, 당신은 충분히 마음의 평정을 유지할 수 있다. 활력을 낳는 것은 휴식의 시간이 아니라 그 질에 비례하기 때문이다.

나는 유명한 통계학자인 로저 바브슨이 아무도 없는 교회에 가서 조용히 앉아 있었다는 말을 들은 일이 있다. 아마 그는 몇 분간 명상에 잠김으로써 휴식과 활력을 되찾을 수 있었을 것이다. 또 유명한 저술가인 동시에 교사였던 딜 카네기도 그와 같은 일을 했다고 한다. 그는 가장 바쁜 시간에 그런 목적으로 사무실을 나선다고 했다.

그들은 모두 자신을 압박하는 상황에서 자기 자신을 지키는 것이 얼마나 중요한가를 알고 있었던 것이다.

일에서 괴로움을 제거하는 열 가지 법칙

마음의 여유는 휴양에서 얻어진다. 그리고 휴양의 과정은 지속적이어야 한다.

인간은 원래 끊임없이 흐르고 있는 하나의 힘을 가지고 있다. 그것은 하나님으로부터 나와 인간에게 들어갔다가 재차 소생하기 위하여 또다시 하나님에게 돌아간다. 만약 인간이 이와 같은 힘의 흐름과 보조를 같이한다면 늘 긴장감 없이 일해나가며, 또 소기의 목표를 성공적으로 달성할 수 있는 것이다.

그러면 그러한 기술을 어떻게 하면 터득할 수 있을까? 다음에 거기에 필요한 열 가지 법칙을 열거하겠다. 이 충고는 이미 많은 사람에 의해 그 효과가 증명된 것이다.

1. 당신 자신을 마치 그리스 신화에 나오는 아틀라스처럼 생각지 말라. 아틀라스같이 당신의 두 어깨에 하늘을 짊어졌다는 생각을 해서는 안 된다. 그와 같이 심한 긴장감을 가져서는 안 된다. 또 당신 자신을 너무 심각하게 생각해서도 안 된다.

2. 당신이 맡은 일을 좋아하도록 노력하라. 그렇게 하면 일은 고된 것이 아니라 즐거운 것이 되고, 일의 능률도 그만큼 올라가게 마련이다. 아마 직업을 바꾸겠다는 생각도 들지 않을 것이다. 일을 당신에게 맞추려 하지 말고, 당신 자신을 일에 맞추라. 그러면 하는 일도 달라 보일 것

이다.

3. 우선 일의 계획을 세워 거기에 따라 실행하라. 만약 계획을 세우지 않고 일을 하면, 하기 좋은 일을 먼저 하고, 하기 싫은 일은 언제나 뒤로 처지게 마련이다. 일하는 방식이 비조직적이면 금세 싫증을 내게 된다. 그날의 계획을 완수하고 홀가분한 기분으로 저녁을 맞이하도록 하라.

4. 모든 일을 한꺼번에 해치우려고 하지 말라. 성서의 "네가 할 일은 오직 한 가지뿐이다."라는 말을 상기하라. 여러 가지 일을 한꺼번에 하려고 하면 주의력이 산만해져서 오히려 일의 능률이 떨어지게 된다. 시간은 무한히 전개된다는 사실을 잊지 말라.

5. 마음의 태세를 바르게 갖자. 당신이 하는 일이 쉬운가, 어려운가는 순전히 마음먹기에 달려 있는 것이다. 당신이 그 일을 어렵다고 생각하면 한없이 어려워 보이고, 쉽다고 생각하면 실제로 일은 수월해지고 흥미도 생긴다.

6. 당신이 종사하는 분야에 유능한 사람이 되라. 자기가 하는 일에 정통해 있으면 일이 겁나지 않고 또 한결 쉬워진다. "지식은 힘이다."라는 말을 명심하라.

7. 마음을 여유있게 가지라. 항상 편안한 마음, 즐거운 기분으로 일을 하라. 결코 무리하거나 긴장해서는 안 된다. 만약 어려운 일에 부닥치면 마음의 여유를 만들어 거기에서 생긴 여력을 힘껏 발휘하라.

8. 오늘 할 일을 내일로 미루는 일이 없도록 자기 자신을 단련하라. 처리하지 못한 일이 쌓이게 되면 나중에는 주체하지 못하게 된다. 일을 예정대로 해나가는 습관을 붙이라.

9. 당신의 일에 대하여 기도하라. 이것이 마음에 여유를 갖고 활력을 소생시키는 비결이다.

10. 하나님을 '눈에 보이지 않는 친구'로 삼으라. 하나님은 항상 곁에서 도와줄 준비를 하고 계시다. 하나님은 당신의 일을 당신 이상으로 잘 알고 계시다. 하나님에게 도움을 청하라. 그러면 당신은 홀가분한 기분으로 일을 잘 처리할 수 있을 것이다.

제5부

생명의 불멸에 대한 신념

어떻게 하면 남에게 호감을 얻을 수 있는가
마음의 고통을 제거하는 처방전
어떻게 하나님의 힘을 구할 것인가

어떻게 하면 남에게
호감을 얻을 수 있는가

사람은 누구나 남이 자기를 좋아해주기를 바라고 있다. 이것은 모든 사람이 인정하는 당연한 사실이다.

혹시 '나는 남이 좋아하든, 싫어하든 조금도 개의치 않아.'라는 말을 하는 사람이 있을지도 모르지만, 당신은 그가 진심으로 그렇게 말했다고는 생각지 않을 것이다.

심리학자인 윌리엄 제임스는 이렇게 말하고 있다.

"인간의 가장 강한 감정의 하나는 다른 사람에게 좋게 평가받고 싶다는 욕망이다."

남의 호감을 사고, 남의 존경을 받고 싶다고 생각하는 것은 인간의 본능인 것이다.

인기를 얻는다는 일

어떤 고등학교 학생들에게 "당신이 가장 원하는 것은 무엇인가?"라는 설문을 돌리고 그 결과를 조사해본 적이 있다. 그런데 압도적으로 많은 학생들이 "인기있는 사람이 되고 싶다."라고 대답했다.

이런 경향은 성인들에게도 있다. 사실 '남에게 잘 보이고 싶다.', '존경받고 싶다.', '친구들의 사랑을 받고 싶다.'는 욕망을 느끼지 않은 사람은 아마 하나도 없을 것이다.

사람들의 호감을 얻기 위해서는 기교를 부려서는 안 된다. 의식적으로 노력한다고 인기를 얻을 수 있는 것은 결코 아니다. 그러나 사람들로부터 '저 사람에겐 확실히 보통 사람들이 지니지 않은 무엇인가가 있어.'라는 평을 받는다면, 당신은 남에게 호감을 받을 소지를 지니고 있는 것이 분명하다.

모든 사람이 당신을 좋아할 수 없다

그러나 당신이 아무리 인기가 좋아도 모든 사람들로부터 호감을 받을 수는 없다는 사실을 나는 경고하고 싶다. 인간의 성격에는 기묘한 버릇이 있어서 어떤 사람들은 성격상 당신을 싫어하는 경우가 있다.

옥스퍼드 대학의 벽에 다음과 같은 4행시가 씌어진 일이 있었다.

나는 당신을 싫어합니다, 펠 박사여!
그 이유는 나도 모르겠지만
이것만은 분명합니다.
나는 당신을 싫어합니다, 펠 박사여!

이 시는 사람의 감정을 잘 표현하고 있다. 이 시의 작자는 펠 박사를 좋아할 수 없었다. 그 이유는 모르지만, 자기가 펠 박사를 싫어하는 것만은 분명히 알고 있었던 것이다.

펠 박사는 훌륭한 학자였다. 만약 그 사람이 펠 박사를 충분히 알았다면 어쩌면 그는 박사를 좋아했을지도 모른다. 그러나 애석하게도 펠 박사는 그 사람에게서 호감을 얻지 못했다.

이것은 단순히 우리가 어떤 사람과는 마음이 맞지 않는다는 성질 때문이었는지도 모른다.

"할 수 있거든 너희로서는 모든 사람들과 더불어 평화하라. 내 사랑하는 자들아, 너희가 친히 원수를 갚지 말고 진노하심에 맡기라. 기록되었으되 원수 갚는 것이 내게 있으니 내가 갚으리라."〈로마서 12 : 18, 19〉

이 구절만 보더라도 성서에서조차도 인간성의 기묘한 버릇을 인정하고 있다. 성서는 인간의 불완전함과 동시에 인간은 무한한 가능성을 지닌 존재라는 사실을 시사하고, 또 충분한 이해로써 사람들을 감싸고 있다.

예수는 열두 제자에게 마을에 가서 백성들과 화합할 수 있도록 최선을 다하되, 만약 끝까지 이를 받아들이지 않는다면 그들의 발에 묻은 그 마을의 먼지를 떨어버리라고 주의를 주고 있다.

"누구든지 너희를 영접치 아니하거든 그 성에서 떠날 때에 너희 발에서 먼지를 떨어버려 저희에게 증거를 삼으라."〈누가복음 9 : 5〉

이 말은 당신이 모든 사람의 호감을 얻지 못하더라도 그것을 깊이 고민하지 않는 것이 현명한 태도라는 뜻이다.

그렇지만 만약 당신이 그것을 충실히 실행하기만 한다면, 당신을 사람들이 좋아하는 인간으로 만드는 방법과 공식이 있다. 설사 당신이 괴팍하고, 까다롭고, 비사교적인 사람일지라도 남들과 원만한 교제를 할 수가 있다.

이 문제의 중요성을 잘 생각해보면 충분한 시간과 주의를 기울여 이 방법을 꼭 마스터해야 한다고 아무리 강조해도 결코 지나치지 않다는 생각이 들 것이다. 당신이 사교적이 되는 방법과 공식을 완전히 마스터하기 전까지는 절대로 성공할 수도 행복해질 수도, 없기 때문이다.

남에게 좋은 인상을 준다는 것은 단순한 자기만족 이상으로 매우 중요한 일이다. 원만한 대인관계는 당신의 성공뿐만 아니라 행복을 위해서도 꼭 필요한 요소이다.

인간성의 약점

아무도 자기를 필요로 하지 않을 때의 심정은 무어라 표현할 수 없을 정도로 비참한 것이다. 당신이 다른 사람에게 쓸모있고 꼭 필요한 존재라는 정도가 강하면 강할수록 당신은 고통에서 해방될 수 있다.

반대로 고독한 인간은 말할 수 없는 비참을 맛보게 된다. 그러한 사람들은 자기 자신을 지키는 수단으로 점점 고립 속으로 파고들게 된다. 이와같이 내성적인 사람들은 사교적이며, 진취적인 사람이 경험하는 정상적인 발전을 거부하기까지 한다.

원래 인간성이란 밖으로 노출되어 남에게 도움을 주지 않는 한 점점 쇠퇴하여 사멸해버리고 만다. 자신이 불필요한 존재라는 감정은 반드시 욕구불만을 불러일으키고 끝내는 심신을 병들게 한다.

만약 당신이 있으나 마나한 존재라고 생각하고 또 아무도 당신을 필요로 하지 않는다면, 당신은 곧 새로운 대책을 강구해야만 한다.

그것은 단순히 살기 위한 노력일 뿐 아니라 심리적으로도 무척 중대한 문제인 것이다. 인간의 성격 문제를 깊이 생각하는 사람들은 늘 이 문제와 또 그것이 초래하는 불행한 결과와 부딪히곤 한다.

이에 대한 좋은 예가 여기에 있다.

몇 년 전, 나는 어느 로터리 클럽의 오찬회에서 두 의사와 한 식탁에 앉아서 식사를 한 일이 있었다. 그 중의 한 명은 나이가 많아 이미 오래전부터 은퇴생활을 하고 있었으며, 다른 한 명은 그 도시에서 평이 좋은 젊은 의사였다.

그 젊은 의사는 지친 모습으로 조금 늦게야 뛰어 들어와서는 의자에 털썩 주저앉았다.

"전화벨만이라도 울리지 않으면 좋겠습니다."

그는 불평을 해댔다.

"사람들이 끊임없이 나를 찾고 있어서 외출조차 마음대로 할 수가 없습니다. 전화기에 소음장치를 달고 싶을 정도입니다."

그러자 같은 식탁에 앉아 있던 늙은 의사가 그 젊은 의사에게 말했다.

"나도 자네의 그 기분은 잘 알고 있네. 나는 예전에는 자네 같이 말했으니까. 그렇지만 분주하게 전화벨이 울리는 것을 기뻐하게. 사람들이 자네를 요구하고 필요로 하는 것을 고맙게 생각하란 말일세."

그리고 늙은 의사는 조용히 말을 이었다.

"이제 나를 부르는 사람은 하나도 없다네. 난 전화벨이 다시 울리는 것을 듣고 싶을 때가 있지만, 아무도 나를 필요로 하지 않는다네. 이제 나는 세상에서 버림받은 듯한 생각이 든다네. 난 벌써 시대에 뒤떨어진 사람이야."

그 테이블에 앉아 있던 우리들, 분주한 행동으로 피로해 있던 우리들은 그 늙은 의사의 말에 크게 감명을 받았다.

언젠가 21살의 젊은 여성이 나를 찾아와서 자기의 괴로움을 털어놓은 적이 있다. 그녀는 태어난 이래 단 한 번도 다른 사람에게 쓸모가 있다든가 사랑을 받고 있다고 느껴본 일이 없었다고 말했다.

어렸을 때 누군가가 그녀에게 "너는 축복을 받고 태어난 아이가 아니다."라고 말해주었다는 것이다.

이 말은 그녀의 잠재의식 속으로 깊이 파고 들어가서 심한 열등감과 자기경멸의 감정을 불러일으켰다. 따라서 그녀는 점점 내성적이고 불행한 인간이 되어갔다. 그녀는 심한 고민과 고독으로 인해 발육부전의 인간이 되어 있었다.

그녀의 그와 같은 상태를 고치기 위해서는 그녀의 생활, 특히 그녀의 비뚤어진 사고방식을 정신적으로 개조하는 길밖에는 달리 어쩔 수 없었다.

나는 그녀에게 자기 자신이 필요없는 존재라는 생각을 몰아낼 수 있도록, 몇 가지 책임을 지게 했다. 이윽고 사람들은 그녀에게 관심을 보이기 시작했으며, 이것이 그녀에게 큰 힘이 되어주었다. 이러한 과정을 거쳐 그녀는 폐쇄적인 성격을 고침으로써 남들에게 호감을 주는 사람이 되었다.

수많은 사람들이 남에게 호감을 받는 요령을 모르고 살아가고 있다. 이 때문에 그들은 다른 사람의 마음에 들기 위해서 여러 면으로 고심한다. 때로는 상대방의 호감을 사겠다는 강렬한 욕망 때문에 자기는 하고 싶지도 않은 일을 하는 극단적인 경우도 있다. 그러나 인기란 그와 같은 방법으로 얻을 수 있는 것이 아니다.

오늘날 우리는 곳곳에서 수많은 사람들이 남에게 호감을 받고 싶다는 피상적인 욕망 때문에 지나치게 노력하는 모습을 발견할 수 있다. 사람들은 그것이 현대사회라고까지 말하고 있다.

부담없이 교제할 수 있는 사람이 되라

인기는 간단하고 자연스럽고 쉽게 익힐 수 있는 기술로써 얻을 수 있는 것이다. 그 기술을 꾸준히 실행한다면 당신은 곧 사람들에게 인기있는 사람이 될 것이다.

남의 호감을 사려면 첫째로 너그러운 사람이 되어야 한다. 즉, 사람들이 부담없이 접근할 수 있는 사람이 되는 것이다.

우리는 사람들이 "저 사람과는 가까워질 수 없어."라고 말하는 소리를 들을 때가 있다. 그 사람은 좀처럼 뛰어넘을 수 없는 장벽에 둘러싸여 있는 것이다.

너그러운 사람은 여유가 있고 자연스럽다. 즐겁고 친절한 분위기를 갖고 있다. 그러한 사람과 함께 있으면 오랜 세월 사용해온 낡은 모자나 코트나 혹은 구두를 몸에 걸친 것처럼 마음이 편안하다.

이와 반대로 완고하고 까다롭고 마음이 통하지 않는 사람과 함께 있으면 불편하고 신경이 쓰인다. 그런 사람들은 남과 허물없이 사귀려 하지 않고 항상 동료들에게서 조금 떨어져 있다. 우리는 그가 무엇을 생각하는지, 어떻게 상대해주어야 할지 전혀 알 수가 없다. 그래서 사람들은 그에게 마음을 주지 않는다.

"그는 참 좋은 친구야. 농담도 잘하고, 그와 함께 있으면 언제나 즐거워."

당신은 이런 말을 들은 적이 있을 것이다. 함께 있으면서 상대방에게 부담을 주지 않고 즐거움을 줄 수 있는 존재가 된다는 것은, 인기있는 사람이 되는 중요한 조건이다.

이 진리의 대표적인 본보기가 될 만한 사람은 미국의 우정장관을 지낸 제임스 A. 파레이 씨이다.

내가 최초로 파레이 씨를 만난 것은 꽤 오래전의 일이다. 그후 약 한 달쯤 지났을 때 여러 사람들 가운데 있는 그를 만났는데, 그는 나를 알아보고 내 이름을 불러주었다. 나는 그 일을 결코 잊을 수 없었으며, 이것이 내가 그를 좋아하게 된 이유였다.

그가 인기를 얻게 된 비결을 나는 매우 흥미있는 우연한 사건으로 인해 알게 되었다.

나는 파레이 씨와 다른 저자 두 명과 함께 필라델피아 저술가 협회에서 강연을 하기로 되어 있었다.

그때 나는 그 연설장에 좀 늦게 도착했기 때문에 직접 보지는 못했지만, 그 장면을 목격한 출판사 사장이 나에게 말해주었다.

파레이 씨가 저자 두 사람과 함께 호텔 복도를 걸어가고 있을 때 시트, 타월 등 객실에 필요한 여러 비품을 실은 손수레와 마주쳤다.

그들은 그 수레를 피하려고 옆으로 비켜섰으나, 수레를 밀고 오던 처녀는 그들에게 별다른 관심을 보이지 않았다.

그러자 파레이 씨는 그녀 곁으로 다가가서 손을 내밀며 말했다.

"안녕하세요. 나는 제임스 파레이입니다. 아가씨 이름은 뭐죠?"

처녀가 이름을 말하자, 그는 입 속으로 그 이름을 몇 번 발음한 다음 이렇게 인사했다고 한다.

"만나서 참 반가웠어요."

출판사 사장의 말에 따르면, 그녀는 파레이 씨가 복도로 사라질 때까지 지켜보고 있었는데, 그 얼굴에는 흐뭇한 미소를 띄우고 있었다고 한다.

이 일은 이기적이 아니며, 너그럽고 사교성이 풍부한 사람이 대인관계에서 얼마나 성공하고 있는가를 보여주는 좋은 본보기이다.

상대방을 존중하라

어느 대학의 심리학과에서 사람들이 좋아하는 성격과 싫어하는 성격의 특질을 분석해본 일이 있었다. 그 결과, 남에게 호감을 주기 위해서는 백 가지 특질 중에서 46가지 특질을 지녀야 한다는 것이 밝혀졌다. 우리가 사람들의 호감을 얻으려면 그렇게도 많은 특성을 지녀야 한다는 결과는 지극히 실망적인 것이다.

그러나 기독교에서는 단 한 가지 특질만 지닌다면 상대방의 호감을 살 수 있다고 가르치고 있다. 그 한 가지 특질이란 바로 "사람들을 진심으로 사랑하는 일"이다.

이것이라면 누구라도 몸에 지닐 수 있는 특질이다. 당신은 당신과 함께 있는 상대방의 입장을 생각하고 진심으로 그 사람을 존중해야 한다. 그의 말에 귀를 기울여 우선 상대방의 말을 잘 듣는 훈련부터 시작하라. 당신이 상대방의 말을 잘 들어주면 그도 당신의 말을 잘 들어주게 마련이다.

만약 당신이 소탈한 성격의 소유자가 아니라면, 나는 알게 모르게 당신 속에 존재하고 있는 긴장감을 제거하도록 권하고 싶다. 그리고 다른 사람이 당신을 좋아하지 않는다고 해서 덮어놓고 그 이유가 상대방에게 있다고 생각해서는 안 된다. 물론 그럴 경우도 있겠지만, 그보다는 상대방이 당신을 멀리하는 원인이 당신에게 있다는 태도를 취하는 편이 훨씬 현명하다. 그 원인이 무엇인가를 찾아내라. 그리고 그것을 제거하도록 노력하라.

그러기 위해서는 허심탄회해야 하며, 또는 정신적 문제를 잘 아는 전문가의 도움이 필요할 수도 있다.

34세 내지는 35세 된 한 남자가 그런 어려운 문제를 가지고 나를 찾아온 일이 있었다.

그는 체격도 좋고 인상적인 사람이었다. 얼른 보기에 사람들이 그를 좋아하지 않는다고는 믿기 어려울 정도였다.

그는 자기가 대인관계에 실패한 여러 가지 예와 환경을 대충 설명했다.

"나는 최선을 다했습니다. 사람들과 잘 지내려고 노력했지만 조금도 효과가 없었습니다. 사람들은 그저 나를 싫어하고, 게다가 불행히도 나는 곧 그런 사실을 눈치채게 되었습니다."

그의 말을 듣고 있는 동안 나는 어렵지 않게 그 이유를 발견했다.

그의 말투에는, 환히 밖으로 드러나는 것은 아니었지만, 언제나 남을 비평하는 요소가 섞여 있었다. 그리고 입술을 묘하게 움직이는 버릇이 있었다. 그것이 다른 사람에게 불쾌한 인상을 주었음이 분명하다. 즉, 마치 자기가 상대방보다는 약간 우울하다는 듯한, 혹은 상대를 경멸하는 듯한 인상을 주었을 것이다.

사실 그는 자부심이 꽤 강한 편이었으며, 융통성이라곤 하나도 없었다.

"사람들이 나를 좋아할 수 있도록 만들 무슨 방법이 없을까요? 다른 사람의 기분을 상하지 않게 하는 방법은 없을까요?"

그가 물었다.

그 사람은 철저하게 자기 중심적이고 이기적이었다. 그가 가장 좋아하는 사람은 바로 자기 자신이었다. 그의 모든 말, 모든 태도에는 그것이 자신에게 어떤 영향을 미칠까 하는 의식이 숨어 있었다.

그의 문제에 대한 유일한 해답은 그가 자기 자신보다 다른 사람을 더 사랑하는 방법을 배우는 일이었다. 그것은 물론 그의 성격과는 정반대되는 일이다. 그러나 그것만이 그의 문제를 해결할 수 있는 비결이었다.

그는 공공연하게 남과 다투는 일은 없었지만, 속으로는 그들에 대해 불쾌한 감정을 지니고 있었고, 그들을 비난했다. 그는 마음속으로 모든 사람들을 자기화시키려고 애썼다.

그는 상당히 예의 바르게 행동했지만, 사람들은 무의식중에 그에게서 냉담함을 느끼고 등을 돌리고 말았다. 남들이 자신을 따돌린다는 것이 그의 고민이었다. 그는 자기 자신을 지나치게 사랑하여 다른 사람들을 좋아할 수 없었던 것이다.

내가 그의 문제점을 지적하자 그는 매우 당황해 했다. 그러나 그는 곧 심각하게 자신의 문제점을 받아들여 성실하고 진지하게 일에 대처하려고 했다.

그는 자기를 사랑하는 대신 남을 사랑할 수 있도록 내가 가르쳐준 테크닉을 충실히 이행했다. 그것을 성취하려면 어떤 근본적인 변화가 필요했는데, 그는 마침내 성공했다.

내가 그에게 가르쳐준 방법의 하나는 밤에 잠자리에 들기 전에 그날 만난 사람들을 리스트로 만들어보라는 것이었다. 그가 만난 사람이라면 운전수든, 신문 파는 소년이든 모조리 리스트를 만들라고 했다. 그리고 그 리스트에 있는 사람들의 얼굴을 떠올리면서 친밀감을 느끼는 것이다.

그런 다음, 그 한 사람 한 사람에 대해 행복을 비는 기도를 한다. 그것은 자기를 둘러싸고 있는 작은 세계를 위해 드리는 기도이다. 우리 모두는 각기 나름대로의 작은 세계를 구축하고 있다. 그 곳에는 우리와 여러 가지 방법으로 관계를 맺고 있는 사람들이 있게 마련이다.

그가 가족 이외에 제일 먼저 만나는 사람은 그의 아파트의 엘리베이터 보이였다.

이제까지 그는 이 소년에게 형식적인 아침인사 외에는 말을 건 적이 없었다. 그런데 이번에는 그 소년과 잠시 이야기를 나누어보기로 했다. 그는 소년에게 가족사항이나 취미에 대해 물었다. 거기에서 그는 그 소년이 흥미있는 의견과 자기는 겪지 못한 훌륭한 경험을 가지고 있다는 사실을 발견했다. 지금까지는 단순히 엘리베이터를 조종하는 로보트에 지나지 않는다고 생각했던 그 소년에게서 새로운 가치를 발견한 것이다.

그는 그 소년을 좋아하기 시작했고, 그 소년 또한 그에 대해 느끼고 있던 생각을 고쳤다. 두 사람은 친밀한 관계를 맺게 되었으며, 그는 그런 식으로 다른 사람에게 접근했다.

어느 날, 그가 나에게 말했다.

"이 세상에는 재미있는 사람이 무척 많습니다. 전에는 전혀 깨닫지 못한 사실입니다."

그가 이와 같은 관찰을 했다는 사실은 자기 자신을 완전히 잊었다는 증거이다. 그는 자기 자신을 망각함과 동시에 새로운 자기를 발견했고, 나아가서 많은 새로운 친구들을 발견했던 것이다.

물론 많은 사람이 그를 좋아하게 되었다.

남을 위해 기도하는 것을 배웠다는 것은 그의 성격 개선을 위하여 매우 중요한 일이었다.

왜냐하면 당신이 어떤 사람을 위해 기도할 때는, 그 사람의 입장에 맞도록 당신의 태도를 고칠 수 있기 때문이다. 그리고 그렇게 함으로써 두 사람의 관계를 보다 높은 수준으로 끌어올릴 수 있다.

당신이 남을 위해 기도할 때, 상대방의 가장 좋은 면이 당신에게 흘러 들어옴과 동시에 당신의 가장 좋은 면이 상대방에게 흘러 들어간다. 두 사람의 좋은 면이 만나는 곳에서 한층 깊은 이해가 생겨나게 되는 것이다.

본질적으로 볼 때, 사람들이 당신을 좋아하는 것은 당신이 그들을 좋아한다는 것에 불과하다.

미국에서 가장 인기 있었던 사람 중의 하나는 이미 세상을 떠난 윌 로저스였다.

그가 한 수많은 말 중에서 가장 인상 깊은 것은 다음과 같은 말이다.

> "이제까지 나는 한 번도 싫다는 느낌을 주는 사람을 만난 적이
> 없다."

당신은 이 말에 과장된 점이 있다고 생각할지 모르지만, 로저스 씨 자신은 결코 이것을 과장이라고 생각하지 않았을 것이다.

바로 그것이 로저스 씨가 사람들을 대하는 태도였고, 그 결과, 사람들도 그를 만나면 마치 태양을 향해 피는 꽃처럼 마음을 활짝 열어 교제하는 것이었다.

상대방의 장점을 파악하라

때때로 당신의 마음은 어떤 사람은 도저히 좋아할 수 없다고 반박할지도 모른다. 사실 사람에 따라서는 천성적으로 남의 호감을 사지 못하는 사람이 있다. 그러나 만약 그를 이해하려고 노력한다면, 그에게도 남이 지니지 못한 장점과 사랑받을 만한 일면이 있음을 곧 발견하게 될 것이다.

어떤 사람이 그가 사귀고 있는 사람들에 대한 불만을 어떻게 극복하면 좋은가 하는 문제에 부딪힌 적이 있었다. 그는 몇몇 사람에 대해 억제할 수 없는 증오감을 지니고 있었다.

그는 자기를 화나게 만드는 사람들의 좋은 점을 찾아내어 리스트로 만듦으로써 그와 같은 감정을 억제했다. 그는 날마다 그들의 좋은 점을 발견해서 그 리스트에다 추가로 기록했다.

그 결과, 그는 도저히 호감이 가지 않던 사람들이 많은 좋은 점을 지니고 있다는 사실을 발견하고는 깜짝 놀랐다.

그 후 그는 지난날 이처럼 좋은 사람들을 미워하고 싫어했던 일을 후회하게 되었다.

그가 그처럼 그들에 대해 새로운 점을 발견해나가는 동안 그들도 그에게서 좋은 면을 발견하게 된 것은 물론이다.

만약 당신이 지금까지 만족할 만한 대인관계를 만들지 못하고 살아왔더라도 그것을 고칠 수 없다고 생각하지 말고 그 문제해결을 위한 아주 확실한 단계를 밟아나가야만 한다.

노력만 한다면 좋지 못한 상태를 고쳐 사람들이 좋아하고 존경하는 인간이 될 수 있다.

보통 사람의 최대의 비극은 자신의 결점을 감추기 위하여 자칫 인생의 귀중한 것을 헛되이 바치는 일이다. 인간은 어떤 결점을 몸에 붙이면 그것을 기르고 확대시켜 여간해서는 그 결점을 고치려고 하지 않는다.

마치 망가진 레코드판에 빠져들어간 전축바늘과 같이 몇 번이고 같은 가락을 되풀이하는 것이다. 당신은 즉시 그 바늘을 들어올려 다른 홈으로 옮기지 않으면 안 된다. 그렇게 하면 잡음은 사라지고 상쾌한 조화음을 들을 수가 있다.

원만한 대인관계를 가로막는 당신의 결점을 감추기 위해 더 이상 헛되게 시간을 소비해서는 안 된다. 왜냐하면 성공적인 인생이 되기 위해서는 좋은 대인관계를 맺는 것이 무엇보다 중요하기 때문이다.

상대방의 자아를 존중해주라

남의 호감을 사는 또 하나의 중요한 요소는 상대방의 자아를 존중해주는 일이다.

인간성의 불가결한 요소인 자아는 우리 모두에게 참으로 신성한 것이다. 모든 인간에게 있어서 자존심이라는 것은 마땅히 있어야 할 정상적인 욕망이다.

만약 내가 누군가의 자아, 즉 자존심을 건드렸다면 그 사람은 웃으며 일소에 붙일는지 모르지만 속으로는 깊은 상처를 입었을 것이다. 이처럼 인간이란 겉으로 보기보다 훨씬 민감한 존재이다. 사실 내가 당신을 경멸했다면, 입으로는 나를 용서한다고 말하더라도 당신의 자비심이 유달리 뛰어나지 않은 한 나를 진심으로 좋아하지는 못할 것이다.

이와 반대로 내가 남의 자존심을 북돋워주고 인격을 존중해준다면, 나는 그 사람의 자아에 대하여 아주 높은 존경을 표시한 것이 된다. 이처럼 당신이 상대방을 인정해주면, 그는 당신에게 고마움을 느끼고 당신을 좋아하게 될 것이다.

대부분의 사람들은 무의식적으로 남의 자아를 무시하게 된다. 당신의 사소한 말이나 행동으로 인해 상대방의 자존심은 깊은 상처를 입게 된다.

예를 들어 어떤 모임에서 한 사람이 당신이 전에도 들은 적이 있는 농담을 했다고 하자. 당신을 제외한 모든 사람들은 유쾌하게 웃었으며, 또 농담을 한 장본인은 의기양양하다. 이것은 지극히 당연한 일이다. 사람이라면 누구나 잠시라도 남을 기쁘게 해주는 것을 즐거워하기 때문이다.

그런데 당신이,

"참 재미있는 농담이야. 난 이미 그것을 어떤 잡지에서 읽었어."

라고 말한다면, 순식간에 그 자리에 있는 모든 사람의 얼굴에서 웃음이 사라질 것이다.

물론 당신은 남들에게 자기의 월등한 지식을 알리기에 적합한 기회라고 생각했을지 모른다. 그러나 농담을 한 사람은 어떻게 될 것인가? 당신은 재미있는 농담을 했다고 만족한 그 사람의 심정을 산산이 조각낸 결과가 된 것이다.

자기의 일시적인 우월감을 만족시키기 위해 그와 같이 몰인정한 짓을 해서는 절대로 안 된다.

한창 이 장(章)을 쓰고 있을 때, 옛 스승이며 지난날 오하이오 웨즈리언 대학의 총장이었던 존 W. 호프만 박사의 방문을 받고 참으로 기뻤었다. 나는 호프만 씨와 마주 앉아 있는 동안 지난날 그의 훌륭한 인격이 나에게 얼마나 많은 영향을 주었는가를 새삼스럽게 회상했다.

꽤 오래전, 내가 대학을 졸업하기 전날 밤이었다. 우리는 학생회관에서 연회를 가졌었는데, 당시 총장이었던 호프만 씨도 참석하여 일장 연설을 하였다. 만찬회가 끝난 후, 그는 나에게 총장 관사까지 산책하자고 청했다.

그날은 6월의 아름다운 달밤이었다. 그는 산책을 하는 동안 인생과, 성공할 기회와, 이제 막 사회에 첫발을 내딛는 나를 기다리고 있는 스릴에 대해 이야기해주었다.

총장 관사 앞에 도착했을 때, 그는 나의 어깨에 손을 얹으면서 말했다.

"노만, 난 언제나 자네를 좋아했네. 그리고 자네를 믿고 있네. 자네는 무한한 가능성을 지니고 있으며 난 그런 자네가 내 제자라는 사실을 언제나 자랑하고 싶었네. 내 말을 절대로 잊지 말게."

물론 그는 나를 과대평가한 것이지만, 그것은 남을 과소평가하는 것보다는 **훨씬** 낫다.

때는 6월이고, 졸업하기 전날 밤이어서 나는 꽤 흥분되어 있었다. 나는 애써 눈물을 참으면서 총장인 호프만 씨에게 작별 인사를 했다.

그 후 오랜 세월이 흘렀지만, 나는 그 옛날 6월의 달밝은 밤 호프만 씨가 나에게 해준 말을 한 번도 잊은 적이 없었다.

나중에야 깨달은 사실이지만, 호프만 씨는 그 대학을 졸업하는 무수한 젊은이들에게 나에게 한 것과 똑같은 말을 해주었다. 총장은 젊은이들에게 자기는 그들을 사랑하고, 믿고, 인정한다고 알려주었던 것이다. 그 결과, 젊은이들은 자기 인격을 존중해준 호프만 씨를 사랑하고, 존경하고, 그의 칭찬을 받으려고 더욱 분발했다. 그들은 총장이 자기를 잘못 판단하지 않았다는 것을 증명해야만 했던 것이다.

그 후 호프만 씨는 나나 다른 졸업생들에게 아주 조그만 일에도 축하하는 편지를 보내왔고, 그것은 우리 모두에게 굉장한 힘이 되었다. 호프만 씨의 그러한 행동이 수많은 졸업생들에게 많은 영향과 깊은 감명을 주었으리라는 사실은 조금도 의심할 여지가 없다.

당신이 자신을 갖도록 도와준 사람은 더 훌륭하고 더 강한 사람이 된다. 그러나 당신은 결코 이기적인 생각으로 남을 도와서는 안 된다. 단지 그가 좋고, 그에게서 가능성을 발견했기 때문에 돕는 것이어야 한다.

남의 호감을 사는 열 가지 법칙

사람들의 호감을 사는 기본원칙은 아주 간단하다. 어렵지도 않고, 복잡하지도 않아 누구나 쉽게 익힐 수 있다.

다음은 사람들로부터 존경을 받기 위한 열 가지 실제적인 법칙이다. 이미 많은 사람에게 그 효력이 증명된 이 기술을 실천해보라. 분명히 사람들이 당신을 좋아하게 될 것이다.

1. 상대방의 이름을 기억해두라. 어떤 사람이든 이름은 그 자신에게 둘도 없이 소중한 것이다. 누구라도 마음만 먹으면 상대방의 이름을 기억할 수 있다. 그러므로 상대방이 이름을 말할 때 주의 깊게 들어야 한다.

2. 당신과 함께 있는 사람이 조금도 긴장을 느끼지 않을 만큼 소탈한 사람이 되라. 즉, 헌 구두를 신었을 때처럼 부담스럽지 않고 편안한 사람이 되라.

3. 너그러운 사람이 되라. 어떤 일을 당해도 당황하거나 화를 내지 않는 여유있는 사람이 되라.

4. 이기적이어서는 안 된다. 절대로 아는 체하면서 나서지 말라. 자연스럽고 겸손한 태도를 몸에 익히라.

5. 무슨 일이나 관심을 갖는 태도를 취하라. 그러면 사람들은 당신과 교제하고 싶어하고, 또 당신과 교제함으로써 가치있는 것을 얻을 수 있다고 생각할 것이다. 그들의 생각을 충족시키기 위해서는 책을 많이 읽고, 많은 사람과 대화하고, 여행 등을 통해 견문을 넓힐 필요가 있다.

6. 원만한 성격을 갖도록 하라. 누구나 까다롭고 화를 잘내는 사람과 교제하는 것을 원치 않는다.

7. 당신이 갖고 있는 모든 오해를 풀도록 노력하라. 불평불만은 빨리 없애버리자.

8. 사람들을 좋아하도록 노력하라. "지금까지 단 한 번도 싫은 사람을 만난 적이 없다."라고 말한 윌 로저스의 말을 명심하고 그와 같이 되도록 노력하라.

9. 단 한 번이라도 다른 사람의 성공이나 행운을 축복할 기회를 놓치지 말라. 이와 마찬가지로 남의 슬픔이나 실패에는 위로의 말을 잊지 말라. 그렇게 함으로써 정신적으로 친교를 맺을 수 있는 것이다.

10. 사람들이 보다 더 강하고 진실된 생활을 하는 데 도움이 될 수 있도록 깊은 정신적 체험을 하라. 사람들에게 힘을 주라. 그러면 그들은 그 보답으로 당신에게 보다 더 애정을 줄 것이다.

마음의 고통을 제거하는 처방전

"마음의 고통을 제거하는 처방전을 만들어주십시오."

이런 기묘한 요구를 해온 남자가 있었다. 담당의사는 그가 주장하는 무력감이 육체적인 질병에 의한 것이 아니라고 분명히 말했다.

그의 고민은 슬픔을 딛고 일어설 수 없는 무력감에 있었다. 그 결과, 그는 너무나도 절망한 나머지 생긴 마음의 고통 때문에 괴로워하고 있었던 것이다.

담당의사는 그에게 정신적인 치료가 도움이 될 것이라고 충고했다. 그러자 그는 의학적인 용어까지 섞어가며 말했다.

"과연 저의 만성적인 정신적 고통을 덜어줄 수 있는 처방이 있을까요? 저는 슬픔이라는 것이 저에게만 국한된 문제가 아니기 때문에 충분히 그것을 극복할 수 있다고 생각했습니다.

그런데 아무리 노력해도 마음의 평정이 유지되지 않는 것입니다."

그는 억지로 미소를 지으면서 이렇게 호소했다.

"제발 마음의 고통을 없애주십시오."

의사는 빙그레 웃으며 그의 손을 정답게 잡았다.

"해야 할 일을 열심히 하면서 즐겁게 웃으십시오. 방법은 그것입니다. 당신의 경우 즐겁기 때문에 웃는 것의 반대 방법으로 가십시오. 그러면 웃기 때문에 즐거워질 수 있을 것입니다."

사실 마음의 고통에 대한 처방은 존재한다. 이 처방의 중요한 요소의 하나는 육체적 활동이다. 즉, 고민이 있는 사람은 언제까지나 의자에 앉아서 생각에 잠기고 싶은 유혹을 뿌리치지 않으면 안 된다. 아무 도움도 되지 않는 생각을 계속하는 것보다는 몸을 심하게 움직임으로써 마음의 긴장을 푸는 것이 훨씬 효과적이다.

건전한 인생관을 갖고 있는 한 시골 변호사는 슬픔에 잠겨있는 한 부인에게 이렇게 말했다고 한다.

"지금 부인에게 가장 좋은 약은 열심히 마룻바닥을 닦는 일입니다. 이런 경우, 남자들은 도끼를 들고 육체적인 피로를 느낄 때까지 장작을 패는 것이 좋습니다."

이 방법을 완전한 치료법이라고 말하기는 어렵지만, 다음의 고통을 완화시키는 데 도움이 되는 것은 분명하다.

당신의 고민이 얼마나 심각한 것인지는 알 수 없지만, 아무튼 당신은 당신을 감싸고 있는 패배적인 분위기에서 벗어나, 다시 건전한 생활환경으로 돌아가야만 한다.

당신의 오랜 친구들과 친분을 다지고, 새로운 사람들을 만나

교우관계를 맺으라. 그리고 산책을 하거나, 말을 타거나, 수영을 해서 혈액순환을 돕는 것이다. 반드시 앞에서 말한 행동만 하라는 것은 아니다. 그 밖에 다른 무언가에 열중하면 된다.

그러나 그 일은 할 만한 가치가 있는 건설적인 것이어야만 한다. 퇴폐적인 활동, 예를 들어 불건전한 파티라든가 도박 · 음주 등은 일시적으로는 고통을 잊게 할지 모르지만 근본적인 치료법은 될 수 없는 것이다.

슬픔을 억제하지 말라

오늘날 사람이 화를 내거나 눈물을 흘림으로써 슬픔을 표현하는 것은 지극히 원시적인 방법이며, 지성인이라면 슬픔을 밖으로 나타내서는 안 된다는 주장이 있다. 그러나 이것은 자연의 법칙을 부정하는 매우 어리석은 주장이다.

고통이나 슬픔을 느꼈을 때 눈물을 흘리는 것은 극히 자연스러운 현상이다. 눈물이란 전지전능하신 하나님께서 인간에게 주신 선물이므로 마땅히 사용해야 한다.

슬픔을 참는다는 것은 고통의 중압을 덜어주기 위하여 하나님께서 베풀어주신 방법을 거부하는 것이 된다. 인체의 모든 기관과 마찬가지로 이 방법 역시 제멋대로 남용해서는 안 되지만, 무조건 거부하는 것 또한 금해야만 한다.

남자아이든, 여자아이든 적당히 눈물을 흘림으로써 마음이 후련해지는 것을 경험한 일이 있을 것이다. 그렇지만 그것은 결코 습관적인 방법이 되어서는 안 된다.

나는 그 사랑하는 사람이 죽어서 비탄에 잠겨 있다는 내용의 편지를 헤아릴 수 없을 정도로 많이 받았다. 그들은 한결같이 죽은 사람과 함께 자주 다녔던 장소에 간다든가, 그 사람의 가족들과 마주 앉아 있는 것이 견딜 수 없는 고통이라고 말하고 있다. 그래서 그들은 의식적으로 추억의 장소나 그 가족들을 피한다고 말했다.

나는 이것을 중대한 잘못이라고 생각한다. 마음의 고통에서 해방되는 비결은 될 수 있는 대로 예사롭게, 자연스럽게 행동하는 것이다. 물론 이것은 불성실이나 무관심을 의미하는 것은 아니다. 이 방법은 슬픔이 이상상태로 발전되는 것을 막는 데 무척 필요하다.

적당한 슬픔은 자연스러운 현상이다. 그 슬픔이 보통 정도의 것이라면 그 사람은 자기의 일이나 직책으로 되돌아가서 이전과 같은 생활을 계속해나갈 수 있는 것이다.

하나님에 의한 위안

마음의 고통을 치유하는 가장 확실한 요법은, 당연한 일이지만, 하나님을 믿음으로써 얻어지는 위안이다. 따라서 마음의 고통에 대한 가장 기초적인 처방은 신앙을 갖고 마음이나 정신을 텅 비게 하여 하나님의 세계에 접근하는 것이다. 정신적으로 자기를 비게 하는 일은 슬픔을 몰아내는 힘을 지니고 있다.

마음의 고통으로 고민하는 모든 현대인들은 예수 그리스도가 통찰한 바와 같이 자비로운 신앙에 도움을 청하는 것이 고통을 제거하는 가장 확실한 방법이란 사실을 다시 한 번 인식해야 한다. 현대의 가장 위대한 인물 중의 하나인 브러더 로렌스는 이렇게 말하고 있다.

"만약 당신이 이 세상에서 천국과 같이 평화로운 생활을 누리려고 한다면 하나님에 대하여 친근한 생각을 갖고 겸허한 마음으로 접근하는 방법을 배우지 않으면 안 된다."

슬픔이나 정신적인 고통을 하나님의 도움 없이 처리하려는 생각은 바람직한 것이 못 된다. 왜냐하면 그것들의 무게가 인간이 홀로 지탱하기에는 너무나도 무겁기 때문이다.

다시 한 번 강조하지만, 마음의 고통에 대한 가장 간단하고 효과적인 처방은 하나님의 존재를 믿는 일이다. 당신이 굳은 신앙만 지니게 된다면 마음의 고통은 완화되고 결국은 상처가 아물 것이다. 커다란 슬픔을 맛본 많은 남녀들은 이 처방이 대단히 효과 있는 것이라고 말하고 있다.

생명의 불멸에 대한 신념

마음의 고통에 대한 또 하나의 빼놓을 수 없는 요소는 생에 대한 건전한 철학을 갖는 일이다. 나는 이런 생각을 가지고 있다.

① 죽음이란 존재하지 않는다.
② 모든 생명은 분리할 수 없다.
③ 현재도 미래도 하나로 이어져 있다.
④ 시간과 영겁(永劫)은 잘라버릴 수 없다.
⑤ 이 세상의 모든 것은 우주와 연결되어 있다.

이러한 것들에 확고부동한 확신을 갖게 되었을 때, 나는 신앙에 대한 건전한 철학을 갖게 되었다.

이러한 확신은 모두 성서라는 건전한 토대 위에 서 있는 것이다. 나는 성서가 '인간이 이 세상을 떠날 때 어떠한 변화가 일어나는가?'라는 커다란 의문에 대해, 과학적이며 체계적으로 대답해준다고 믿고 있다.

철학자 앙리 베르그송은 이렇게 말하고 있다.

"진리에 도달하는 가장 확실한 방법은 어느 특정한 문제에 대해 직관하고, 추리하고, 그런 다음에 대대적인 비약을 통해 순리적으로 진리를 파악하는 것이다."

이러한 과정을 통해 당신은 '깨달음'이라는 영광스러운 지점에 도달하게 된다. 이것은 나도 이미 겪은 과정이다.

나는 절대적으로 이 진리를 확신하고 털끝만큼의 의심도 갖고 있지 않다.

이 철학은 사랑하는 사람의 죽음, 즉 지상에서의 육체적 이별에 의해 생기는 슬픔을 막지는 못한다. 그러나 이것은 그 슬픔을 승화시키고 치료할 수 있는 것이다. 또 인간의 힘으로는 죽음을 막을 수 없다는 사실을 이해시켜 줄 것이며, 당신은 사랑하는 사람을 잃은 것이 아니라는 확신을 심어줄 것이다.

> 신앙 위에서 인생을 전개하라. 그렇게 하면 당신의 마음은 안정될 것이며, 마음의 상처는 아물 것이다.

나는 사람이 죽은 후에도 영혼은 소멸되지 않는다고 굳게 믿고 있다. 나는 죽음이라는 현상에 두 가지 면이 존재한다고 생각한다. 즉, 현재 우리가 살고 있는 면과 죽은 후에도 삶을 영위하게 될 다른 면인 것이다. 인간은 죽음에 의해 다시 태어나게 된다. 그리고 그 변화는 분명히 현재보다 좋게 발전할 형태의 것이다.

어머니가 나에게 가르쳐준 것은 내 생애의 어떤 경험에도 뒤

지지 않는 두드러진 것이었다. 어머니는 대단한 화술가였으며, 두뇌는 날카롭고 기민했다. 어머니는 기독교인으로서 전도를 위하여 온 세계를 여행하며, 널리 사람들과 사귀는 것을 매우 즐겼다. 어머니는 나의 좋은 친구였으며, 나는 어머니와 함께 있는 것이 즐거웠다. 어머니를 알고 있는 모든 사람들은 그녀가 매우 영향력이 강한 사람이라고 존경하고 있었다.

나는 성인이 되자마자 독립했는데, 기회가 있을 때마다 어머니를 만나기 위해 집으로 갔다. 어머니와의 대화는 매우 유익하고 즐거웠으므로, 나는 언제나 집에 가는 것을 들뜬 마음으로 기다리고 있었다.

그러던 중 어머니의 죽음이 찾아왔다. 우리는 정중하게 어머니의 시신을 그녀가 어린 시절을 보냈던 남부 오하이오에 있는 린치버그에 모셨다. 때는 한여름이었다.

가을이 되자 나는 어머니를 만나고 싶다는 강한 욕망을 느끼고 린치버그에 갈 것을 결심했다. 나는 기차 속에서 밤새도록 이미 과거가 되어버린 어머니와의 행복했던 순간을 회상했다. 그러나 두 번 다시 옛날로 돌아갈 수는 없다는 생각이 나의 가슴을 무겁게 짓눌렀다.

이윽고 기차는 린치버그에 도착했다. 날씨는 차가웠고, 내가 묘지에 도착했을 즈음에는 완전히 흐려 있었다.

나는 낡은 철문을 열고 낙엽을 밟으며 들어가서 어머니의 묘지 앞에 섰다. 내가 그 앞에 쓸쓸하게 무릎을 꿇었을 때, 갑자기 구름이 갈라지며 태양이 나타났다. 태양은 오하이오의 언덕을 현란한 가을빛으로 비추었다.

그런데 어디선가 어머니의 목소리가 들려오는 것만 같았다. 물론 실제로 들은 것이 아니라 그런 심정이 된 것이다.

어머니는 예전과 마찬가지의 상냥한 어조로 이렇게 말하는 것 같았다.

'왜 너는 죽은 사람 속에서 산 사람을 찾으려고 하느냐? 나는 이곳에 있지 않아. 너는 내가 이 침침하고 음산한 장소에 있다고 생각하니? 그렇지 않아. 나는 언제나 너와 함께 있단다. 내가 사랑하는 사람들과 언제나 같이 있는 거야.'

나는 눈앞이 환해지면서 갑자기 충만한 행복감을 느꼈다. 나는 내가 들은 말이 진실이라고 생각했다.

나는 정신없이 일어서서 비석 위에 손을 얹고 물끄러미 묘지를 바라보았다. 그것은 단지 육체가 누워 있는 장소일 뿐이었다. 몸은 확실히 그 곳에 있다. 그러나 육체는 단지 사람이 필요없게 되어 벗어 던진 옷에 지나지 않는다.

영광에 찬 어머니의 아름다운 영혼은 이미 그 곳에 계시지 않는 것이다.

나는 그 곳을 떠났다. 그리고 그 후로는 여간해서는 찾아가지 않았다.

가끔씩 린치버그에 가서 어머니의 추억에 잠겨보고 싶다는 생각이 들 때도 있지만 이미 그 곳은 음산한 장소일 뿐이었다.

어머니는 그 장소를 떠나 어머니가 사랑하는 사람들과 함께 계시는 것이다.

"어찌하여 산 자를 죽은 자 가운데서 찾느냐."〈누가복음 24 : 5〉

하나님의 세계와 영혼의 불멸을 가르치고 있는 성서를 읽고 그것을 믿으라. 그리고 신앙을 갖고 진심으로 기도하라. 신앙과 기도를 생활의 습관으로 삼으라. 당신이 이와같이 노력한다면 인간의 영혼은 소멸되지 않는 것이라는 굳은 확신을 갖게 될 것이다.

　생명과 영혼에 대한 건전하고 본질적인 견해에 입각한 신앙이야말로 당신의 마음의 고통에 대한 가장 좋은 처방인 것이다.

제 17장

어떻게 하나님의 힘을 구할 것인가

네 명의 남자가 한 게임을 마친 뒤 골프클럽 휴게실에 앉아 있었다. 골프의 스코어로 시작된 이야기는 점점 개인적인 고민이나 그 밖의 여러 가지 문제로 발전해갔다. 그 중의 한 사람은 몹시 실의에 차 있었다. 친구들이 그 사람의 불행을 알고 그의 기분전환을 위해 이 게임을 준비한 것이었다. 그들은 골프에 열중해 있는 몇 시간만이라도 그가 위안받기를 바랐던 것이다.

왜 하나님의 힘을 구하지 않는가

휴게실에 앉아 있던 사람들은 친구에게 많은 위로의 말을 해주었다. 그러나 실의에 찬 친구에게 별 도움은 못 되었다.

얼마 후, 그 중의 한 사람이 집으로 돌아가기 위해 자리에서 일어섰다. 그도 많은 장애에 부딪혔던 사람이었기 때문에 문제의 고통을 누구보다 잘 알고 있었다. 그리고 그는 문제를 해결하는 방법을 알고 있었다.

그는 잠시 주저하더니 친구의 어깨에 손을 얹고 말했다.

"결코 내가 설교하는 것이라고 생각하지는 말게. 단지 나는 자네에게 무언가를 암시해주고 싶네. 그것은 바로 내가 곤란을 극복할 수 있었던 방법일세. 만약 자네가 조금만 노력한다면 이 방법은 큰 도움이 될걸세. '왜 하나님의 힘을 구하려고 하지 않는가?'하고 자신에게 수시로 암시해보게."

그는 친구의 등을 우정어린 손길로 몇 번 두드리고 돌아갔다. 다른 사람들은 앉은 채 깊은 생각에 잠겼다.

이윽고 실의에 차 있던 남자가 말했다.

"나는 그의 말을 이해할 수 있네. 어딘가에 하나님의 힘이 존재한다는 사실을 분명히 알고 있으니까. 그러나 어떻게 해야 하나님의 도움을 받을 수 있는 걸까? 지금 나에게는 그것이 무엇보다 필요한데 말이야."

그 후 그는 마침내 하나님의 힘을 구하는 방법을 발견했다. 그런 뒤로는 모든 일이 술술 풀려나갔다. 현재 그는 건강하고 행복한 사람이 되어 있다.

친구의 충고는 그에게 매우 적절한 것이었다. 오늘날 무슨 일에서나 실패만 한다고 불평하는 사람들이 많이 있다. 그러나 그들은 결코 불행하다고 실의에 차 있을 필요가 없다. 그 비결은 단지 하나님의 힘을 구하는 데 있다.

순간을 사랑하라. 그러면 그 순간의 힘이 모든 한계를 넘어 퍼져가리라. ─켄트

편안한 마음가짐

그렇다면 하나님의 힘을 구하는 방법은 무엇일까?

여기에 대해 나의 개인적인 경험을 말하겠다.

오래전 내가 아직 젊었을 때, 나는 어느 대학촌의 커다란 교회의 목사로 초청된 일이 있었다. 교회의 교인들 중에는 그 도시의 지도자격인 유지들과 대학교수가 많이 섞여 있었다. 나는 나를 이 굉장한 교회의 목사로 초청해준 신뢰에 보답하기 위해 많은 노력을 했다. 그 결과, 나는 피로를 느끼게까지 되었다.

인간이라면 누구나 노력을 해야 하지만 정상적으로 활동을 못할 만큼 피로에 지친다면 모든 노력이 수포로 돌아가는 것이다. 당신이 골프를 할 때 만약 멋지게 치려고 한다면 도리어 실패할 것이다. 일도 이와 마찬가지라고 할 수 있다. 나는 피로에 지쳐 신경이 곤두서게 되었고 무기력해졌다.

그러던 어느 날, 나는 고(故) 휴 틸로 교수를 찾아갔다. 그는 훌륭한 교육자였는데, 내가 갔을 때 호수에서 낚시를 하고 있었다.

내가 큰 소리로 부르자, 그는 나에게로 보트를 저어왔다.

"여간 고기가 많은 게 아니야. 자네도 함께 하지."

나는 그와 함께 보트를 타고 한동안 낚시를 했다.

"무슨 일이 있었나?"

그는 마치 모든 것을 알고 있다는 투로 물었다. 그래서 나는 너무 일에 열중한 나머지 신경쇠약증에 걸린 것 같다고 대답했다.

"증세는 호전될 기미조차 보이지 않습니다."

보트가 호반에 닿자 그는 이렇게 전했다.

"나와 함께 저리로 가세."

우리는 호숫가에 있는 조그만 오두막집으로 들어갔다.

그가 나에게 말했다.

"내가 좋은 글을 읽어줄 테니까 저 의자에 편안히 누워서 들어보게. 내가 그 구절을 찾을 동안 눈을 감고 마음을 편안하게 하고 있게."

나는 그가 시키는 대로 했다. 나는 그의 철학책이나 그와 비슷한 종류의 책을 읽어줄 것이라고 생각했다. 그러나 그는 전혀 뜻밖의 말을 했다.

"이건 내가 자네에게 읽어주려는 글이야. 내가 읽는 동안 열심히 듣고 그 뜻을 음미하게. '너는 알지 못하였느냐, 듣지 못하였느냐. 영원하신 하나님 여호와, 땅끝까지 창조하신 자는 피곤치 아니하시며, 곤비치 아니하시며, 명철이 한이 없으시며, 피곤한 자에게는 능력을 주시며, 무능한 자에게는 힘을 더하시나니 소년이라도 피곤하며 장정이라도 넘어지며 자빠지되 오직 여호와를 앙망하는 자는 새 힘을 얻으리니 독수리의 날개 치며 올라감 같을 것이요, 달음박질하여도 곤비치 아니하겠고 걸어가도 피곤치 아니하리로다'〈이사야 40 : 28~31〉."

그리고 그는 나를 책망했다.

"성서에 대해서는 나보다 자네가 더 잘 알고 있겠지. 그런데 자네는 왜 그것을 실행하지 않는 거지? 마음을 편안하게 가지고 크게 심호흡을 해보게. 하나님이 자네에 힘을 주신다고 믿고, 그 힘이 흘러 들어올 수 있도록 마음의 문을 열어놓게."

이것은 이미 꽤 오래전의 일이지만, 나는 아직까지 이 가르침을 기억하고 있다. 그는 나에게 하나님의 힘을 구하는 방법을 가르쳐주었던 것이다.

하나님의 힘

하나님의 힘을 구하는 두번째 방법은 모든 문제에 대해 적극적이고 낙관적인 태도를 취하는 일이다. 당신이 갖고 있는 신앙심의 정도에 따라 문제에 알맞는 힘이 주어지는 것이다.

"너희 믿음대로 되리라."(마태복음 9 : 29)라는 말씀은 알찬 생활을 보내기 위한 기본원칙인 것이다.

하나님의 힘은 존재한다. 그리고 그 힘은 당신의 어떤 문제도 해결해줄 수 있다. 그 힘을 구해 그것이 얼마나 적절한 도움을 주는가를 경험하라. 당신이 자유롭게 그 힘을 구할 수 있는 한 결코 패배를 걱정하지 않아도 된다.

당신의 고민을 하나님에게 알리고 그것에 대한 명쾌한 해답을 구하라. 그리고 하나님의 도움에 의해 당신의 난관을 제거할 힘을 얻었다고 확신하라.

어느 날 밤, 버지니아 주의 런워크 호텔에서 찰스라는 이름의 한 남자가 나에게 다음과 같은 이야기를 들려주었다.

2년 전에 그는 자타가 공인하는 절망적인 알코올중독자였다. 그는 꽤 수완이 좋은 실업가였지만, 술에 대해서는 완전히 자제심을 잃어 점점 무능력한 사람이 되어갔다.

그러던 중 그는 내가 집필한 《자신있는 생활로의 인도》를 읽고 뉴욕에 가면 자기의 알코올중독을 고칠 수 있다는 확신이 들어서 뉴욕에 왔다. 도착했을 때 그는 만취되어 있었으며, 그의 친구 한 사람이 그를 호텔로 데려다 주었다.

얼마 후, 그는 정신이 들자 보이를 불러 자기를 타운스 병원으로 안내해 달라고 부탁했다. 의학계의 최고 권위자의 한 사람인 고(故) 실크위스 박사가 주재하는 그 병원은 알코올중독에 관한 유명한 연구소였다.

보이는 그를 즉시 타운스 병원으로 데려다 주었다.

며칠 후, 실크워스 박사는 침대에 누워 있는 찰스에게 이렇게 말했다.

"당신의 상태는 많이 좋아졌습니다. 그러나 나로서는 더 이상 어떻게 해볼 도리가 없습니다."

물론 실크워스 박사는 그를 치료할 자신이 없어서 이런 말을 한 것은 아니었다. 단지 환자에게 하나님의 힘을 깨닫게 하기 위해서였다.

찰스는 즉시 병원을 나와 뉴욕 시 29번가에 있는 마블 협동 교회로 갔다. 그날은 마침 공휴일이어서 교회는 닫혀 있었다 (공휴일 이외에는 언제나 교회를 열어놓고 있다). 그는 기도를 하고 싶었으나, 안으로 들어갈 수가 없었으므로 한 가지 재미있는 착상을 했다. 그는 지갑에서 명함 한 장을 꺼내 우편함 속에 집어넣었다.

그 순간, 그는 이상한 안도감과 함께 날아갈 듯한 해방감을 느꼈다. 그는 교회문에 머리를 기대고 서서 마치 어린아이처럼 흐느껴 울었다. 그러자 자기에게 중대한 변화가 일어난 것 같은 생각이 들었다. 그 증거로 그는 그 후 완전히 술을 끊었다.

이 실례에는 인상에 남는 몇 가지 특징이 있다.

그 하나는 실크워스 박사가 참으로 적절한 순간에 그를 병원에서 내보낸 점이다. 이것은 박사 자신이 하나님의 인도에 따르고 있었다는 것이다.

다른 하나는, 그로부터 2년 후 내가 찰스에게서 이 이야기를 들었을 때, 전혀 처음 듣는 것 같지 않았다는 점이다. 그렇다고 지난날 이 이야기를 들은 것은 결코 아니다.

그렇다면 이 사건은 그것이 일어남과 동시에 내 잠재의식 속에 전달된 것이 분명하다.

그는 왜 명함을 우편함 속에 집어넣었을까? 이것은 그가 절망적인 인생과 결별하고 하나님의 힘을 구하려는 적극적인 행동이었던 것이다. 그래서 하나님은 즉시 그에게 구원의 손길을 뻗친 것이다.

하나님은 반드시 당신을 돕는다

당신이 도움을 구한다면 전지전능하신 하나님은 반드시 당신이 원하는 것을 주실 것이다. 마치 다음과 같은 편지를 보낸 사람이 구원된 것처럼.

'친애하는 필 선생님, 제가 선생님을 만나고 마블 교회에 다니게 된 이래 저에게 일어난 굉장한 변화를 생각하면 그저 기적이라고밖에 표현할 수 없습니다.

6년 전 저는 사업에 실패하여 수천 달러의 부채를 짊어지게 되었으며, 지나치게 술을 마신 나머지 친구조차 잃고 말았습니다. 그때 선생님은 저에게 우리들의 행운이 전혀 꿈이 아님을 일깨워주기 위해 그러한 시련을 겪게 되는 것이라고 말씀해주셨습니다.

선생님도 알고 계시는 바와 같이 6년 전 저의 문제는 비단 술만은 아니었습니다. 저는 선생님으로부터 당신이 만난 이래 가장 소극적인 사람이라는 말을 들었습니다. 그러나 이것은 사실의 반 정도밖에 맞히지 못한 것입니다. 저는 선생님이 만난 사람 중에서 가장 성급하고 자만심이 강한, 도무지 어떻게 해볼 도리가 없는 사람이었습니다.

아직도 저는 이러한 강박관념을 모조리 극복한 것은 아닙니다. 저는 단지 날마다 저에게 부여된 일을 수행하지 않으면 안 될 평범한 인간에 지나지 않습니다.

저는 선생님이 가르쳐준 테크닉을 성실히 실행함으로써 점점 분노를 자제하거나 남을 원망하지 않는 법을 배웠습니다. 지금 저는 마치 감옥에서 석방된 듯한 기분입니다. 이전에는 인생이 이처럼 멋진 것이라고 생각해본 적이 결코 없습니다.'

디크로부터

에필로그

당신은 이 책을 다 읽었다. 그런데 무엇을 이해하였는가? 아마 인생을 성공으로 이끌기 위한 실용적이며, 효과적인 일련의 기술을 이해하고 익혔을 것이다.

이 책에는 내가 가르쳐준 테크닉을 믿고 실제로 적용한 사람들의 이야기를 실었다. 그것은 당신도 그들과 같은 방법을 사용하면 같은 결과를 얻을 수 있다는 사실을 일깨워주기 위해 예로 든 것이다. 그러나 그저 읽기만 해서는 아무 소용이 없다.

다시 처음으로 돌아가서 이 책에 씌어 있는 모든 테크닉을 실천해보라. 당신이 기대하는 결과를 얻을 때까지 중단하지 말고 노력하라.

나는 진심으로 당신을 돕고 싶다는 생각으로 이 책을 썼다. 그러므로 이 책이 당신에게 도움이 된다는 것은 커다란 기쁨이다.

나는 이 책에 요약한 교의와 테크닉을 굳게 믿고 있다. 그것은 모두 과학적인 실험이나 많은 사람의 경험을 통해 그 효과가 실증된 것들이다.

아마도 나는 당신과 직접 만날 기회는 없을 것이다. 그러나 우리는 이 책을 통해 만난 것이나 조금도 다름이 없으며, 그런 의미에서 우리 모두는 정신적인 친구들이다.

나는 진심으로 당신의 행복을 위해 기도하겠다. 하나님은 반드시 당신을 도와줄 것이다.

노만 V. 필

적극적 사고방식

1994년 1월 31일 / 1판 1쇄 인쇄
1994년 2월 5일 / 1판 1쇄 발행
2015년 12월 15일 / 11판 1쇄 발행
2017년 1월 25일 / 12판 1쇄 발행
2018년 8월 5일 / 13판 1쇄 발행
2019년 8월 20일 / 14판 1쇄 발행
2021년 5월 10일 / 15판 1쇄 발행
2023년 6월 15일 / 16판 1쇄 발행
2024년 2월 20일 / 17판 1쇄 발행

글쓴이 │ 노만 V. 필
옮긴이 │ 이정빈
펴낸이 │ 김용성
펴낸곳 │ 지성문화사
등 록 │ 제5-14호(1976. 10. 21)
주 소 │ 서울시 동대문구 신설동 117-8 예일빌딩
전 화 │ 02)2236-0654
팩 스 │ 02)2236-0655, 2236-2952

정 가 │ 15,000원